吉田山叢書
001

満洲農業開拓民

「東亜農業のショウウィンドウ」建設の結末

今井 良一 著
Ryoichi Imai

三人社

目　次

序章　課題と方法　　　　　　　　　　　　　　　　　　　　　　　　　7
　　第1節　「満洲」農業開拓民政策の概要　　　　　　　　　　　　　　8
　　　（1）「満洲」農業開拓民の目的／（2）試験移民の送出／（3）大量移民政策の開始と農業者としての定着化政策／（4）農法の問題
　　第2節　研究史と本書の課題　　　　　　　　　　　　　　　　　　24
　　　（1）研究史の整理と本書の課題／（2）本書の構成

第Ⅰ部　試験移民期（1932〜1935年）　　　　　　　　　　　　　35

第1章　共同経営および共同生活の解体と森林資源収奪
　　　　　　　　―第1次試験移民団弥栄村を事例に―　　　　　　43
　　はじめに　　　　　　　　　　　　　　　　　　　　　　　　　　43
　　第1節　第1次試験移民団の編成と入植　　　　　　　　　　　　44
　　　（1）第1次試験移民団の編成／（2）入植までの経緯
　　第2節　部落単位共同経営および部落単位共同生活の実態（1932〜1935年）　50
　　　（1）団共同経営および団共同生活の放棄／（2）部落単位共同経営の解体とその理由／（3）部落単位共同生活の解体とその理由
　　第3節　組単位共同経営および組単位共同生活の実態（1936年）
　　　　　　―農作業の合理的単位の解体―　　　　　　　　　　58
　　　（1）組単位共同経営の解体とその理由／（2）組単位共同生活の解体とその理由
　　第4節　「未熟な小農経営」と森林資源収奪（1937年〜）　　　　　63
　　　（1）「未熟な小農経営」の内実／（2）耕作地の放棄と森林資源収奪／（3）収奪の上に成り立った生活
　　おわりに　　　　　　　　　　　　　　　　　　　　　　　　　　74

第2章　試験移民における地主化とその論理
　　　　　　―第3次試験移民団瑞穂村を事例に―　　　　　　　86
　　はじめに　　　　　　　　　　　　　　　　　　　　　　　　　　87
　　第1節　雇用労働力への依存と商品作物栽培への特化
　　　　　　―雇用労働依存経営化の論理―　　　　　　　　　　88
　　　（1）満洲在来農法の特徴と家族労働力の脆弱性／（2）水田作経営および畑作経営への特化

第2節　雇用労賃の高騰と農業経営における労働粗放化
　　　　　―地主化の論理―　　　　　　　　　　　　　　　　　　　　93
　　(1)　水田作経営状況／(2)　畑作経営状況／(3)　非農家の状況
第3節　生活改善政策の未整備と影響　　　　　　　　　　　　　　102
　　(1)　生活における現金獲得の必要性／(2)　体力の低下および農業への意欲の低下
おわりに　　　　　　　　　　　　　　　　　　　　　　　　　　　105

第Ⅱ部　大量移民政策期（1937～1945年）　　　　　　　　　111

第3章　北海道農法先進開拓団の農業経営と生活
　　　　　―第7次北学田開拓団および第6次五福堂開拓団を事例に―　　115
はじめに　　　　　　　　　　　　　　　　　　　　　　　　　　　116
第1節　農業経営の急速な衰退　―第7次北学田開拓団を事例に―　　117
　　(1)　雇用労働力への依存と地力減退の加速／(2)　生活物資の購入とその影響
第2節　北海道農法導入の限界　―第6次五福堂開拓団を事例に―　　129
　　(1)　役畜問題と耕耘過程の畜力化の限界／(2)　生活問題による体力の低下
第3節　農具、役畜、普及員、満洲現地研究機関の問題点　　　　　134
　　(1)　農具、役畜における問題点／(2)　普及員における問題点／(3)　満洲現地研究機関における問題点
おわりに　　　　　　　　　　　　　　　　　　　　　　　　　　　137

第4章　分村開拓団における試験移民以上の地主化
　　　　　―長野県泰阜分村第8次大八浪分村開拓団を事例に―　　　143
はじめに　　　　　　　　　　　　　　　　　　　　　　　　　　　144
第1節　泰阜分村大八浪分村開拓団の編成　　　　　　　　　　　　144
　　(1)　開拓民の出身階層および家族構成／(2)　入植地の状況
第2節　共同経営および共同生活の早期解体（1940～1941年初頭）
　　　　　―試験移民より早い個別化―　　　　　　　　　　　　　147
　　(1)　共同経営の早期解体と影響／(2)　共同生活の早期解体と影響
第3節　家族経営の破綻と農業経営の低迷（1941年～）
　　　　　―試験移民以上の地主化―　　　　　　　　　　　　　　152
　　(1)　家族員の役割と雇用労働力への依存　―試験移民以上の雇用労働依存経営化―／(2)　農業資金の欠乏と農業経営の低迷　―試験移民以上の地主化―

第4節　生活資金の急激な欠乏と生活程度の低下
　　　　　―試験移民以上の生活の悪化―　　　　　　　　　　　　　　161
　　(1)　家族入植と急激な生活資金の欠乏／(2)　生活程度の急激な低下とその影響
　おわりに　　　　　　　　　　　　　　　　　　　　　　　　　　　162

第5章　満洲開拓青年義勇隊派遣の論理と混成中隊における農業訓練の破綻　169
　はじめに　　　　　　　　　　　　　　　　　　　　　　　　　　　170
　第1節　混成中隊の編成　　　　　　　　　　　　　　　　　　　　171
　　(1)　混成中隊の特徴／(2)　当該期における訓練制度
　第2節　混成中隊の組織的破綻とその理由　　　　　　　　　　　　172
　　(1)　隊員の共同意識のあり方／(2)　渡満前における共同意識の欠如／(3)　現地訓練期における意欲の低下と組織的破綻
　第3節　混成中隊における農業技術指導体制の不備　　　　　　　　178
　　(1)　隊員による農業技術の習得状況／(2)　現地訓練期における農業技術習得の阻害要因
　第4節　農業訓練に対する生活上の問題　　　　　　　　　　　　　182
　　(1)　現地での生活における共同意識の低下／(2)　病気の蔓延と農作業への影響
　おわりに　　　　　　　　　　　　　　　　　　　　　　　　　　　185

第6章　満洲開拓青年義勇隊郷土中隊における農業訓練
　　　　　―第5次義勇隊原(はら)中隊を事例に（元隊員への聞き取りから）―　193
　はじめに　　　　　　　　　　　　　　　　　　　　　　　　　　　194
　第1節　第5次郷土中隊原中隊の編成　　　　　　　　　　　　　　195
　　(1)　期待された原中隊／(2)　構成員の特徴　―混成中隊以上の低年齢化―
　第2節　共同意識の欠如とその理由　　　　　　　　　　　　　　　197
　　(1)　共同意識のあり方／(2)　渡満前からの共同意識の欠如／(3)　現地訓練期における農業への意欲の低下
　第3節　農法習得の阻害要因　　　　　　　　　　　　　　　　　　204
　　(1)　農法の習得状況／(2)　農法習得の阻害要因
　第4節　生活指導体制の不備とその影響　　　　　　　　　　　　　206
　　(1)　訓練期の生活と農業訓練における意欲の低下／(2)　病気の蔓延と農業訓練への影響
　おわりに　　　　　　　　　　　　　　　　　　　　　　　　　　　210

終章　総括　　　　　　　　　　　　　　　　　　　　　　　　214

第1節　試験移民における問題点　　　　　　　　　　　　　　　　215
(1) 自立可能性のない個別化／(2) 花嫁招致の明と暗／(3) 「購入に依存した生活」がもたらしたもの／(4) 開拓民の行動

第2節　北海道農法導入の試み　—逆効果の対処策①—　　　　　　218
(1) 能率の向上がもたらしたもの／(2) 北海道農法による破壊作用／(3) 普及員・農具・役畜の不足／(4) 日本人開拓民の増産効果

第3節　分村政策　—逆効果の対処策②—　　　　　　　　　　　　220
(1) 家族入植の明と暗／(2) 地縁的な結びつきの脆弱性　—実現できなかった農家間協業—／(3) 開拓民の行動

第4節　義勇隊における農業訓練　—逆効果の対処策③—　　　　　223
(1) 農学校を目指した義勇隊訓練所／(2) 隊員（未成年男子）の適応性

第5節　開拓民の寄生的性格　　　　　　　　　　　　　　　　　　224
(1) 地域資源、「満人」・「鮮人」への寄生　—再生産・持続視点の欠落—／(2) 寄生化を生み出したもの

第6節　後継者について　　　　　　　　　　　　　　　　　　　　229
(1) 開拓民の暮らし／(2) 高い死亡率／(3) 子の将来を案じる

第7節　今後の課題　　　　　　　　　　　　　　　　　　　　　　230
(1) ほかの分村開拓団および義勇隊開拓団における営農分析／(2) 戦時緊急農産物増産方策要綱（「満農」の本格的動員）と満洲農業開拓民

あとがき　232

人名索引　236
事項索引　237

序章　課題と方法

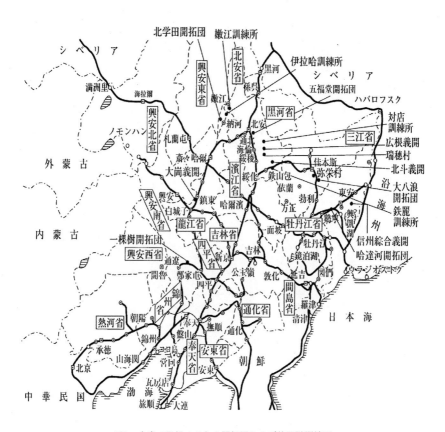

図1：本書で登場する主な開拓団および義勇隊訓練所
〔今井良一「「満洲」における地域資源の収奪と農業技術の導入」野田公夫編『日本帝国圏の農林資源開発―「資源化」と総力戦体制の東アジア―（農林資源開発史論Ⅱ）』京都大学学術出版会、2013年、217頁〕

第 1 節 「満洲」農業開拓民政策の概要

(1)「満洲」農業開拓民の目的

　「満洲」農業開拓民政策において、最高の憲典と称された「満洲開拓政策基本要綱」および開拓政策の基本法である「開拓農場法」には、「満洲」農業開拓民の最大の目的は、「強固で持続可能な農業を営むこと」とされている（資料1）。農民であるはずなのに、その部分を抜きにして語られることも多い「満洲」農業開拓民であるが、はたして彼ら・彼女らは、理想とされた農業を営むことができたのであろうか。

　そのような根本ともいえる問いに対して、従来の研究では、農業開拓民は農業をまともに営むことができなかったとする説がある一方で、農業開拓民は理想的な農業を営み、それは敗戦によって崩壊したとする説がある。このように農業開拓民に対する評価は様々であるが、いずれの説もその理由や根拠が必ずしも示されているわけではない。実際にはどうであったのか。本書はそんな素朴な疑問から生まれた研究の成果である。

資料1：満洲農業開拓民の目的

○「満洲開拓政策ハ日満両国ノ一体的重要国策トシテ東亜新秩序建設ノ為ノ道義的新大陸政策ノ拠点ヲ培養確立スルヲ目途トシ…」（満洲開拓政策基本要綱：基本方針）
○「開拓農民ノ農業経営ニ関シテハ家族的勤労主義並ニ部落的協同勤労主義ヲ目途トシ其ノ型態ニ付テハ自作農ヲ主眼トシ協同経営ヲ加味シ（中略）機械営農併用ノ協同経営又ハ必要ナル鮮満人トノ合作ニ関シ考究ス」（同上：基本要領8(6)）
○「本法ハ開拓農場ノ世襲家産制ニ依リ鞏固ナル農業経営ノ根拠ヲ確立シ以テ健全ナル開拓農家並ニ之ヲ基盤トスル農村ノ生成発展ヲ図ルヲ目的トス」（開拓農場法：第1条）
○「農家ハ自ラ其ノ農場ヲ経営耕作スルコトヲ要ス　農家ハ自家労力ヲ以テ一時農場ノ経営耕作ヲ為スコト能ハザルトキ其ノ他正当ノ事由アルトキハ組合ノ許可ヲ得テ農業労働者ヲ使用（中略）ヲ得」（同上：第38条）

序章　課題と方法

　「満洲」とは、現在の中国東北地区のことであり、いわゆる「満洲国」領域（図1〜3）を指す。「満洲国」は独立国ではあったが、傀儡性を帯びるものであったため、本書では括弧を付した。ただし、これ以降、括弧を略して記す。また本書では、満洲で統一するが、引用文では満州のままのところもある。

　また、彼ら・彼女らは満洲農業移民であるとか、満洲移民とよばれることも多い。彼ら・彼女らはまぎれもなく移民であったが、「内閣拓甲第二八三号」（1939年12月22日）において、「従来の移民なる名称は満洲開拓の意義よりみまして適当でありませんので、今後は開拓民と呼ぶことになりました」[1]とあるように、1939年12月の「満洲開拓政策基本要綱」発布以降、移民は開拓民へ、移民団は開拓団へと名称が変更された。これは、彼ら・彼女らには「満蒙開拓」（図4）という大きな使命が課せられていたことにもよるが、何より移民や移民団では侵略性を帯びる語であると考えられたからである。そこで本書では、時代背景にあわせて、開拓民や開拓団の語を用いることとする。筆者としては、この方が満蒙開拓の欺瞞性を際立たせることができると考えるからである。ただし、「試験移民」と「大量移民」の語については、そのまま「移民」を用いる。

　満蒙開拓あるいは満洲開拓とは、当初は日本内地の過剰人口対策（貧農対策）、満洲の「治安」対策、そして対ソ防衛としての性格が強かった（図5）。特に「治安」対策・対ソ防衛の役割は終戦まで重視され、開拓民の5割が満洲国とソ連との国境沿いに、4割が、当時、「匪賊」であるとか「馬賊」とよばれた反満抗日部隊の活動地域に入植した（図6・7。この2つの図を比べると、このことがよくわかる）。その後、満蒙開拓の最大の目的は、次第に帝国圏（円ブロック）における食糧確保へと変化していくが、それはいずれにしても東アジア農業のモデル（＝「東亜農業のショウウィンドウ」）として、内地では到底望むことができなかった近代的大農業経営を、満洲の地に確立するという「大義名分」のもとに、「帝国」日本が威信をかけて取り組んだ国家的大プロジェクトであった。

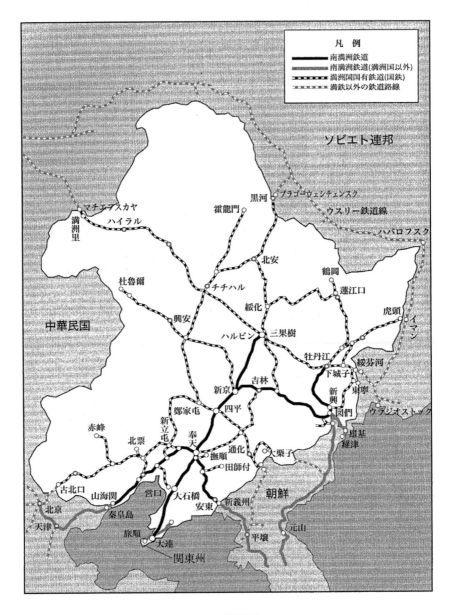

図2：満洲国図

〔太田尚樹『満洲帝国史』新人物往来社、2011年、85頁〕

序章　課題と方法

図3：満洲国行政区域図
〔同上 7 頁〕

図4：満洲開拓民募集ポスター
〔満州開拓史復刊委員会編『満州開拓史』満州開拓史刊行会、1980年、写真資料1頁〕

図5：義勇隊における軍事教練
〔同上 写真資料9頁〕

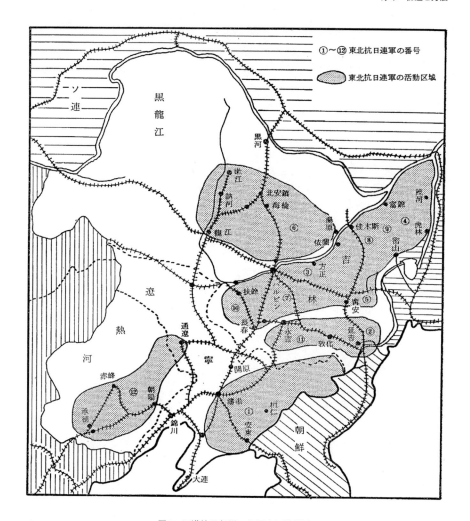

図6：反満抗日部隊の主要な活動地域
〔田中恒次郎「日本帝国主義の満州侵略と反満抗日闘争——中国革命の展開と関連して—」『日本帝国主義下の満州移民』龍渓書舎、1976年、682頁〕

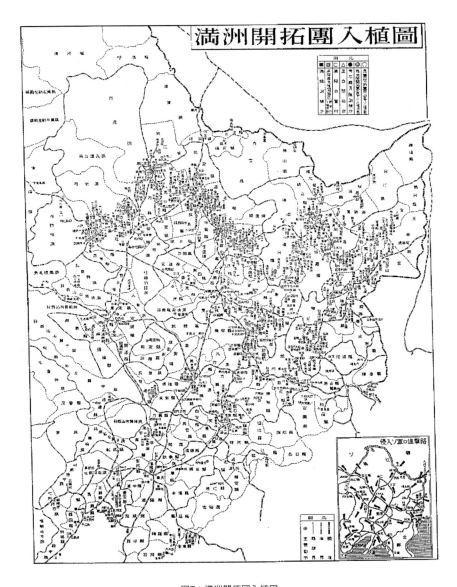

図7：満洲開拓団入植図
〔松下光男編『弥栄村史 満州第一次開拓団の記録』弥栄村史刊行委員会、1986年、613頁〕

目指された「東亜農業のショウウィンドウ」は、日本農業の発展形態である以上、強固で安定した家族経営として営まれることに意味があった。これは、膨大な「満人」雇用に依存（雇用労働依存経営化）したり、地主化したりすることは、満洲国のスローガンである「五族協和」（資料2、図8）のタテマエからも好ましいことではなかったからでもある。

資料2：満洲国建国のスローガン

「王道楽土」…「王道」とは「覇道」に対する用語で、「覇道」が武力による制圧・支配であるのに対し、「王道」は支配者としての道徳性、倫理、文化水準の高さによって国民を感化し、恭順・敬愛の精神を持たせることを政治の理念としたもの。
「五族協和」…五族とは、日本民族、漢民族、満洲民族、朝鮮民族、モンゴル民族を指し、この5族が協調して暮らせることを理念としたもの。

図8：満洲国国旗
黄地に上から赤・青・白・黒の5色を用い、五族協和を表した。
〔大日本雄弁会講談社編『満洲事変上海事変新満洲国写真大観』大日本雄弁会講談社、1932年、口絵〕

（2）試験移民の送出

まず、1932～1935年にかけて、つまり、第1～4次にわたって、試験移民として約1,800戸が送出された。1937年から、満洲農業開拓民事業は、広田弘毅内閣によって7大国策（国防の充実、教育の刷新改善、中央・地方を通ずる

税制の整備、国民生活の安定、産業の振興および貿易の伸長、対満重要策の確立（移民政策および投資の助長策等）、行政機構の整備改善）のひとつとなり、20ヶ年100万戸移住計画（大量移民政策）が始まった。敗戦までに送り出された開拓団は900団以上にのぼった。それらに属した開拓農家は約7万戸にもおよび、開拓民の数、つまり団員とその家族は合計で27万人もしくは32万人に達したといわれている(2)。

　試験移民は、主に日本内地の過剰人口対策および対ソ防衛、満洲の「治安」対策との関連で、関東軍（満洲に駐屯していた日本陸軍部隊）と拓務省（1929年に創設され、植民地の事務や海外拓植事業に関する事務を司り、1942年に大東亜省に編入）の主導によって実施された。そのため、構成員（団員）として既教育在郷軍人（予備役、つまり有事や訓練の際に再招集される兵）であると同時に、貧農の次三男、つまり独身の成年男子が主体となった。また、彼らは日本全国という広範囲から、地縁的な共通性（住む土地に基づく縁故関係）がほとんど考慮されることなく、募集・選抜された。したがって、試験移民とは軍隊的な組織力で、強固な日本人村を定着させようという試みであったといえる。しかし、まだ国策ではなく、大量移民政策期に比べ、政府からの支援は少なかった。

　入植後、開拓民は「北満に於ける集団農業移民の経営標準案」(3)、いわゆる「四大営農方針（＝自作農主義・農牧混同主義・共同経営主義・自給自足主義）」に基づき、専業農家として農業経営と生活を確立することが求められた。

　その方法とは、1戸当たり平均計10町歩をもとに、「畑作を主とし、これに一部水田作を取入るるとともに、家畜飼養を加えたる混同農業」(4)を営み、「収入増加を図るため、放牧、林草地利用の牧畜（中略）を営む外、可及的共同経営（中略）を採入」(5)れ、「自家労力を主とし自給自足を原則とする自作農経営を為すことを標準とする」(6)というものであった。つまり、家族労働力を主とし、農家間で協力して、水田・畑・家畜をバランスよく取り混ぜて多角的に経営し、自給自足的な生活を営むというものであった。また、入植後の数年間、つまり農業経営と生活の基盤が確立されるまでは、「団」や団の下部組織である「部落」、部落の下部組織である「組」で、共同経営および共同生活を営むこととされた（このように、団全体の共同経営および共同生活を営むことから始めて、次第にその下部組織である部落や組へと共同の単位を縮小させながら

個別経営および個別生活へと至る過程を、本書では「個別化」と表現している)。しかし、四大営農方針には農法に関する記述はなく、当時、満洲農村で一般的に利用されていた満洲在来農法(畑作)や「鮮式」在来農法(水田作)の採用が前提であった。

　ところが、試験移民では多くの問題が噴出して、農業経営を確立するという計画はたちどころに頓挫した。開拓農家は、専業農家として自立できる条件が整っていないにもかかわらず、早々に共同経営および共同生活を解体して、「個別化」、つまり「未熟な小農経営」(小農とは、基本的に家族労働で農業経営を行なうもので、場合によっては補充的に雇用労働を用いることがあるものを指す)へと移行し、その結果、「満人」や「鮮人」など、大量の雇用労働力を導入して、まず農業生産から手を引き(雇用労働依存経営化)、その後、農業経営自体から手を引いた(地主化)。さらには開拓地からの離脱も相次ぎ、1937年には、試験移民の退団者率は平均して22％にも達したのである(7)。

(3) 大量移民政策の開始と農業者としての定着化政策

　試験移民の経験を踏まえ、1937年から国策化された大量移民政策では、開拓民の農業者としての定着を確実なものとするため、様々な施策が講じられた。主な施策として、次の5点があげられる。

　第1に、急増する開拓民の入植にあわせて、強制的な土地買収が、それまで以上に強力に進められたことである。1941年までに満洲拓植公社と開拓総局によって収奪された土地は2,000万haであり、これは満洲国の面積の14％、日本の農地面積の約3.3倍にも達した。また、これによって、単純計算で、開拓農家100万戸分、つまり1戸当たり20町歩を確保したことになる。

　第2に、開拓民への政府による様々な支援が拡大したことである。国策となって、1戸当たり1,000円以上(現在の価値に換算すると300万円以上か)もの補助金が出るようになった(融資金は1戸当たり1,600〜3,700円)。

　第3に、開拓民事業の宣伝や移住者の斡旋・訓練などを担当する満洲移住協会、開拓民への融資・土地の分譲などを担当する満洲拓植公社、そして満洲国側の開拓機関として、開拓民の入植計画、開拓地の調査・取得・開発、勤労奉仕隊にかかわる事項を担当する開拓総局、義勇隊に対する訓練にかかわる満洲開拓青年義勇隊訓練本部などの支援機関が整備・拡充されたことである。

第4に、上記に伴い、入植前に満洲現地の訓練機関や開拓団で、様々な訓練が実施されることになったことである。団員のうち、基幹開拓民とよばれた幹部・指導員・先遣隊など、ひとつの開拓団につき50〜60人の団員に対して、それまでほとんど行なわれていなかったリーダーシップの発揮のしかたや農業技術などの訓練が約1年間実施されることになった。これら基幹開拓民は、本隊入植の1年前に開拓地に入植して、本隊招致のための準備をした。これは、試験移民期に食糧や家屋、農具、役畜などの確保が非常に困難であったこと、その結果、すぐに農作業にとりかかることができなかったこと、などの問題があったために、後続の開拓民を招致する条件を速やかに整えるための施策であった。

　第5に、入植形態の変更が進められたことである。分村開拓団などのように、家族によって組織された開拓団と、未成年男子によって組織された義勇隊という2つの潮流にわけられ、次のようにまとめることができる。

1）　開拓民として、できるだけ既婚者かつ同郷者を選抜することへと変更された。試験移民のような独身の成年男子による入植形態から既婚者による入植形態に切り替えることで、入植当初から家族という安定した生活単位をつくり、家族労働力を増やして家族内協業（家族で協力して生産に従事すること）を成立させようとした。かつ、試験移民のように全国からの選抜ではなく、県や郡、市、町、村などを単位として、ひとつの開拓団を組織させ、団員間や農家間の地縁的共通性に依拠して結びつきを強め、農家間協業（農家どうしで協力して生産に従事すること）を成立させようとした。これらの効果によって、農業経営の安定を図ろうとしたのである。これは、前述の幹部・指導員のリーダーシップの強化とあわせて、屯墾病（ホームシックを指し、重症になると、ノイローゼ状況を呈することがあった）や退団を防止する意味もあった。このなかで最も期待されたのが、次に述べる分村開拓団である。

　分村政策とは、その名のとおり、内地農村の移植策であった。これは経済更生運動の延長線上に行なわれた。1936年の宮城県南郷村がその最初であるが、本格的に送出されたのは1938年の長野県大日向村以降である。これは、試験移民のように「小作貧農のみを「過剰農家」として送出するものではなく、「村内各階層」を網羅した「村を縦半分」にする計画」[8]であった。その結果、「はじ

めて老若男女が一団となりて移住され現地農業経営に必要なる労力の供給が円滑に行われ（中略）我国農山漁村固有の美風たる隣保共助の精神はそのまま満州の野に移植され共同事業の遂行を確実にし（中略）満州に新日本農村を建設せんとする大理想を確実になし得べし。このことは移民の定着力を高むる」(9)とされた。つまり、同一村から階層バランスをとった（直系）家族の入植によって、同一村出身者のため備わっていると考えられる地縁的共同関係を利用し、すべての階層を参加させることで、中・上層農家からリーダー的人物を確保して結合力を強め、さらには家族労働力を最低限であれ確保して、農業経営で農家間協業および家族内協業が可能になるとされた。また馴染みのある人間関係と家族の存在によって、開拓民の精神的安定にも最も効果的とされ、屯墾病対策および退団者対策としての側面ももっていた。

　この分村開拓団は、送出形態によって、「大日向型」、「南郷型」、「庄内型」の3つに分類される。大日向型とは200～300戸の独立分村をつくるもの、南郷型とは逐年に若干戸数を送出しながら、ある開拓団の一部落を構成させるもの、庄内型とは分郷開拓団の一種で、一郡または数郡内の数ヶ村が合同して毎年送出し、200～300戸の開拓団をつくるもの、であった。したがって、大日向型という同一村を単位とする分村開拓団は、部落を除けば最も共通性が高いと考えられる行政村内から選抜された農家で組織することとされたため、分村開拓団のなかで定着力と即効性に最も優れていると期待された。

　したがって、分村政策とは入植当初の諸問題を共同経営で乗り越え、その後、個別化して自立するという試験移民が果たせなかった農業開拓民定着のための必須過程を確実にするために採用されたものであった。しかし、その効果は惨憺たるもので、効果があがらなかったというよりはむしろ一層早期に共同経営および共同生活は解体し、その結果うみだされた「未熟な小農経営」は、脱農傾向をかえって強めるという驚くべき事態に陥ったのである。

　2)　一方で、基本的には16～19歳の未成年男子の開拓民である義勇隊の送出が始まった。義勇隊は、成年開拓民のように、すぐに開拓地に入植するのではなく、満洲現地の訓練所で3年もの間、様々な訓練をうけた後に開拓団（義勇隊開拓団）へと移行した。このように未成年男子（以下、隊員と記す）の送出が始まったのは、「一九四三年以降の満州移民事業の全面的崩壊をかろうじ

てくいとめ」[10]ていたのは義勇隊であること、つまり、戦争の長期化によって成年開拓民の送出が困難に陥っていたことが大きな要因であった(入植戸数に占める義勇隊開拓団の割合：表1)が、一方で、隊員に対して3年もの訓練が行なわれたのは、未成年は身体的にも「思想的にも柔軟性に富」[11]み、妻帯までに期間があるため、徹底した訓練によって、入植前に技術を習得するとともに、満洲の気候風土や衣食住に順応でき、さらには屯墾病にかかりにくいから動揺も少なく、「団体生活を通じ訓練と実習を通じて(中略)(開拓団への移行後も)そのまま協働」[12]可能で、「最初の年から失敗なしに農耕」[13]でき、試験移民での種々の問題を容易に解決できると考えられたからである。当時、「義勇軍は相当教育の仕方によつて良くもなり、又悪くもなる。(中略)(成年)開拓民は捨て石と考へれば、義勇軍は(中略)理想的によいものを作つてゆくのではないか」[14]とさえいわれたことからも、彼らがいかに期待されていたかがわかる。

表1：入植戸数に占める義勇隊開拓団の割合（1941〜1945年）

	成年開拓団	義勇隊開拓団(A)	計(B)	(A)／(B)
1941年	5,052	16,110	21,162	76.1
1942年	4,526	10,100	14,626	69.1
1943年	2,895	9,049	11,944	75.8
1944年	3,738	11,541	15,279	75.5
1945年	1,056	10,300	11,356	80.7
合計	17,267	57,100	74,367	75.8

〔浅田喬二「満州農業移民政策の立案過程」『日本帝国主義下の満州移民』龍渓書舎、1976年、100頁より抜粋〕

さらに、義勇隊は、次の2期にわけられる。
ひとつは1938〜40年にかけて送出された混成中隊である。混成中隊は地縁的な共通性に配慮することなく、複数府県出身者で編成されたものであった。複数府県出身者で組織することは、試験移民が失敗した大きな要因のひとつであったにもかかわらず、こうした方法がとられたのは、未成年男子を徹底的に訓練することによって、農業集団として鍛え上げることができると考えられたからである。しかし、混成中隊では、義勇隊開拓団への移行を待つまでもな

く、すでに訓練期において、農業集団はおろか、集団としてさえ機能しなかった。そこで、混成中隊に代わるものとして、「小隊編成拓植訓練実施要項」(1939年11月) をもとに、1940年以降に送出されたのが、もうひとつの形態である郷土中隊であった。郷土中隊は、隊員の送出が困難になるなかで、質量ともに「優れた」隊員を確保するために、主な募集源を高等小学校在学児童に転換するとともに、合宿形式の訓練(拓務訓練)を実施し、その上で地縁的な共通性を高めるために郡単位の小隊編成を導入したものであった。それでも、試験移民の対処策となるどころかかえって悪化する様相を呈した。

大量移民政策期以降のこうした動きは、日中戦争の泥沼化によって円ブロック内の食糧需給が逼迫し、食糧増産対策が緊急重要課題となったことにも対応していた。当時、何よりも解決されなければならなかったのは、「急速に日満のアウタルキー(自給自足経済)を完成させることであり、そのための満洲における農産開発(満洲の食糧基地化)であった。(中略)日本人開拓農民の大

表2：定員と実数との乖離(1932～1942年)

単位：戸、%

	計画戸数(A)	1942年当時の戸数(B)	(B)／(A)
1932年	600	376	62.7
1933年	555	518	93.3
1934年	300	225	75.0
1935年	610	548	89.8
1936年	1,690	1,439	85.1
小計	3,755	3,106	82.7
1937年	4,690	3,741	79.8
1938年	6,000	4,689	78.2
1939年	12,270	7,334	59.8
1940年	19,085	9,091	47.6
1941年	30,555	17,780	58.2
小計	72,600	42,635	58.7
1942年	22,412	11,257	50.2
合計	98,767	56,998	57.7

義勇隊開拓団を含む。
〔同上 90頁より作成〕

量招致は、もはや日本農村の経済更生や対ソ防衛のためであるよりは、満洲における農産開発のための要員としてで」(15)あり、開拓民の農業者としての定着は急務になっていたのである。この頃には内地では人口過剰ではなく、逆に送出難に陥っていた（表2）が、それにもかかわらず、開拓民の送出は強力に推し進められたのである。

(4) 農法の問題

以上のように、満洲農業開拓民事業の主要な目的が内地農村の過剰人口対策や対ソ防衛、満洲国内の治安対策から、円ブロック内の食糧確保に移行するとともに、農法の問題が急浮上した。満洲の自然に適合する農法を開発して、開拓民にそれを習得させることが、彼ら・彼女らを農業者として定着させ、食糧増産を可能にする必要な条件であったからである。満洲開拓政策基本要綱は、四大営農方針では等閑視されてきた農法問題に踏み込むものであった。

満洲在来農法は、土壌水分の保持と雨期の排水の役目を果たす高畦形態をとるため、主に除草および収穫に際して畜力を利用できなかった。加えて寒冷地である満洲では無霜期間が約120日と、日本に比べてはるかに短く、迅速な作業が求められたため、膨大な人力を必要とした。

開拓農家は家族労働力のみで農業を営むことができなかったため、多量の雇用労働力を導入せねばならず、多額の雇用労賃が経営と生活を圧迫した。また、地力維持増進機能に乏しく、その減退も大きな問題であった。さらに、畜産が組み込まれていないことが、寒地満洲における栄養問題（脂肪・動物性たんぱく質の欠乏）を引き起こした。こうした様々な問題から、開拓民の農業からの離脱が相次いでいた。しかし、前述のように、目標とされた「東亜農業のショウウィンドウ」は、強固で安定した家族経営として営まれる必要があった。この結果、上記の課題に応えうる農法の確立が急務となった。そこで、満洲開拓政策基本要綱では、「開拓民ノ農業経営ニ就テハ開拓地ノ自然的経済条件ヲ考慮シ之ニ即応スル営農型態ニ拠ラシメ大陸新農法ノ積極的創成ヲ目途トス（満洲開拓政策基本要綱：基本要領7）」および「開拓民ノ衣食住、(中略)生活様式ニ関シテハ大陸的新環境ニ即応スル様適切ナル方途ヲ講ズルモノトシ適地適応主義ニ則リ其ノ綜合的改善ヲ期スルモノトス（同：同8(7)）」と定め、新農法導入の記述が盛り込まれたのである。

その結果、満洲在来農法に代わって、自然条件が類似し、適用可能性が大きいと考えられた北海道農法の導入が試みられた。玉真之介は、当時、「公式には北海道農法とは呼ばれず、「改良農法」「完全耕起農法」「プラウ農法」などと様々な呼び方がなされた。これは、雨期に高畦にするなど北海道農法を改良したものであったことにもよるが、加藤完治などが執拗に北海道農法を攻撃していたこともその理由の一端と考えられる」[16]としているが、本書では、北海道農法の名称で統一する。

　北海道農法とは、プラウ、ハロー、カルチベーターなどの畜力用農具を用い、平畦で耕作することによって労働能率を上げ、長期輪作、緑作休閑により、労働力配分を平均化することで適期作業を実現するとともに、輪作体系を確立し、輪作・緑作効果および畜産との結合によって地力を維持増進し、さらには多作物栽培および数頭の乳牛飼養による生活の安定化と乳製品を食生活に取り入れることによって栄養を改善して、体力の改善をもはかろうとする体系的なものであった。こうした農法の転換によって、1戸当たり平均計10町歩をもとに、安定的な自家労作経営と生活を確立して、食糧増産を成し遂げようとしたのである。

　こうして1938年以降、満洲各地に実験農場が設置されるとともに、北海道農家が送り出された。彼ら・彼女らの多くは家族労働力のみで1戸当たり6～10町歩の耕作に成功した。ただ、これらは熟練した北海道出身農家の成果であり、一般の開拓民に可能かどうかは大いに疑問視された。しかし、1940年に、第7次北学田開拓団において、北海道農具の利用により、ほぼ雇用労働力を排除するという成果をおさめた。これが契機となり、開拓総局は1941年1月に「開拓民営農指導要領」（資料3）を定め、開拓民に対して北海道農法の導入を本格的に開始した。その際、特に分村開拓団や義勇隊が期待されたことはいうまでもない。

　「優秀な」日本人（開拓民）こそが、東アジアにおける安定的で生産レベルの高い近代的なモデル農業を容易に実現できると高らかに宣伝され、満洲農業開拓民事業は強力に推進された。こうして、多くの人々が海を渡ったのである。

資料3:「開拓民営農指導要領」における北海道農法に関連する内容

1. 開拓民ノ農業経営ハ家族的労作主義ニ依ル独立自営ノ組織ヲ確立スルヲ目途トシ、雇用労働ニ依存シ、又ハ小作ニ付スル事ヲ厳ニ避クルモノトス
2. 開拓民ノ農法ハ原則トシテ畜力改良農具ヲ使用スル農法ニ據ラシムルヲ方針トス（後略）
3. 開拓民農業経営ノ形態ハ有畜農業経営ヲ原則トシ、経営ノ安定ト地力ノ維持増進ニ力ヲ注グモノトス
4. 開拓民営農ニ関シテハ（中略）努メテ協同経営並ニ協同作業ヲ加味シ、経営手段ノ合理的節約並ニ農業経営ノ円滑化ヲ企図スルモノトス
5(2). 労力ノ期節的分配ヲ考慮シ、各期節ニ於ケル労力ノ平均化ヲ企図スルモノトス
6. 食糧、飼料、種子、肥料其ノ他ノ必需品ハ努メテ之ヲ自給自足セシメ、其ノ経済的独立ヲ確保シ徒ラニ金銭収入ノミニ捉ハルゝガ如キハ厳ニ之ヲ戒ムベキモノトス
6(1). 食糧ハ徒ラニ米ノミニ依存スルノ弊ヲ避ケ努メテ自己ノ農場生産物ノ合理的利用ニ依リ生活ノ刷新ヲ図リ生活内容ヲ豊富ニシ、以テ現金支出ヲ少カラシムルト共ニ、生活ノ安定ヲ期スルモノトス

第2節　研究史と本書の課題

(1)　研究史の整理と本書の課題

　「帝国」日本がその威信をかけて実施した満洲農業開拓民政策は、果たして成功したのか。すでに述べたように、当初、この政策は、主に過剰人口対策（貧農対策）であり、後には食糧増産対策へと、その目的は変化するが、いずれにせよ、内地農村では決して望めない大規模な農業経営を営むことによって、安定的で生産力レベルの高いモデル農業・モデル農村・モデル農家を確立するという「大義名分」のもとに実施された。だから、「なんでもよいから単に儲かればよい」というものではなかった。これほど高らかな理念が掲げられた政策にもかかわらず、私たちがまず知るべきはその成否である。それが未だに明らかにされていない。したがって、満洲農業開拓民研究は、何よりもその評価を確定することから始められなければならないのであり、それこそが本書の課題である。

現在、満洲農業開拓民研究において、開拓民の農業者としての評価が再び問い直され、注目を浴びている。なぜなら初期の研究は、開拓民が早期に脱農・地主化したことを重視し、彼ら・彼女らの「寄生的性格」を明らかにすることに力点が置かれていたのに対し、近年、開拓民の経営実態と生産力レベルを高く評価する研究が出てきていて、評価がゆれているからである。

　そこで本書では、満洲農業開拓民の実態を主に経営と生活という側面において明らかにすることを主要な課題とする。最も注目したい事実は、「共同を経て個別へ」という構想が、大量移民政策期には試験移民の失敗を踏まえて、様々な対処策がとられたにもかかわらず、より深刻な事態として現れたことである。農業経営的あるいは農業生産力的合理性からみれば、彼ら・彼女らが正反対の行動をとったという事実にこそ、彼ら・彼女らにとっての最重要課題、つまり、「経営と生活」の課題が大きな影響をおよぼしていたと考える。

　以上の認識をもとに、開拓民にとっての「経営と生活」の意味を考え、これを本書の中心課題としたい。

　1)　　戦後歴史学における満洲農業開拓民研究は、1960年代に徐々に始まり、1970年代に大きく進展した。それ以前は、主に回顧録などに限られ、「自分史」の域を出ないものであった。そのようななか、本格的な共同研究としてまとめあげられ、後に大きな影響を与えたものが、満州移民史研究会による『日本帝国主義下の満州移民』である。

　小林英夫[17]、浅田喬二[18]は、満洲現地における開拓民の農業経営の実態を分析し、満洲農業開拓民政策の意図を、日本国内の農村過剰人口対策と関連させてとらえ、政策的意図に反して、雇用労働依存経営化や地主化が生じていたことを明らかにした。そのほかにも、小林弘二[19]の研究があるが、彼らの研究には、次の2つの課題が残されたままとなっている。

　まず、小林（英）、浅田は、開拓農家の雇用労働依存経営化や地主化という現象を初めて明らかにしたが、その内実や根拠を明らかにしたとはいえないことである。それに、雇用労働依存経営化や地主化の前提には、共同経営の解体（個別化）という事実があるが、それは指摘のみで終わっている。したがって、開拓民の多くが、「個別化～雇用労働依存経営化～地主化」という過程をたどらざるをえなかった理由を明らかにする課題が残されているといわなければなら

ない。こうした過程の意味を明らかにするためには、農業経営のあり方の問題であるから、従来のような土地所有の分析ではなく、経営分析が必要となるし、さらに、この問題は、家族のあり方の問題でもあるから生活分析が必要となる。ただ、生活分析とはいっても、本書では、「個別化〜雇用労働依存経営化〜地主化」の理由を明らかにすることが課題であるから、それらに関連する局面を取り扱っている。

　以上から、現在、小林（英）、浅田らが土地所有分析を通じて明らかにした地主化に至るまでの過程を、経営と生活の視点から明らかにすることが求められているといえる。

　小林（英）、浅田が残したもうひとつの課題は、農業開拓民政策の前期と後期では、大きな性格の変化を遂げたことが考慮されず、個々の分析から得られた諸特徴が、まるで政策全体に共通するかのように扱われていることである。しかし、前述のように、大量移民政策は、試験移民の反省の上に実施されたものであり、両者の性格には大きな違いがあった。

　たとえば、浅田は、「個人経営に到達するまでの期間は、入植年次によって相違するが、（中略）第1次移民団の場合には入植5年目であり（中略）第3次移民団の場合にも、同じく入植5年目であった。しかし第8次移民である大八浪（ターパラン）移民団（分村開拓団）の場合には、入植4年目であった。したがって、入植年次のおそい新参移民団では、個人経営への移行が早くなったようである」[20]とし、小林（英）は、「第八次に入植した大八浪移民団にいたると第三次移民団に比較し、はるかに小作地比率は高いという結果をうることができよう」[21]と述べているが、このような事実において問題にすべきは、試験移民の対処策として立案・実施された分村開拓団で、なぜ試験移民における諸問題が改善されることなく[22]、試験移民よりも一層早く個別化せざるをえなかったのか、そして試験移民よりも一層地主化せざるをえなかったのか、でなくてはならない。

　そのようななか、後藤晃[23]は、「試験移民から分村開拓団へ」という政策的な性格の変化に初めて着目し、分村政策の破綻を指摘した。しかし、後藤が取り上げている農業経営の実態は、第3次試験移民団「瑞穂村（みずほむら）」や第4次「哈達河（ハタホー）」試験移民団のものであり、分村開拓団における農業経営についてはほとんど触れられていない。そのため、なぜ分村政策が全面的に破綻したのかが解明

されていないままなのである。

　したがって、後述する義勇隊も含めて、政策変化に対応した開拓団の置かれた状況の変化に注意を払うことが求められているのである。

　2）　1990年代になると、旧植民地や旧支配地域に関する研究が一層活発化してくる。実証研究では、戦時体制論的研究の動向をうけ、満洲農業開拓民研究においても、新たな研究が登場する。そのうちのひとりが、玉真之介である。
　玉[24]は、それまでの研究とは異なり、まず満洲農業開拓民の性格が大きく変質したことを強調した。すなわち、日本農村の過剰人口対策（貧農対策）としての性格が強かった初期のものから、戦時体制下における円ブロック内の食糧増産対策への位置づけの変更である。これによって、玉は、開拓民の地主化による農業からの離脱・営農の破綻を強調する小林（英）、浅田らとは正反対の評価をくだした。
　玉の見解で特徴的なのは、開拓民への北海道農法の導入が成功したと説明したことである。当時、開拓民を農業者として定着させ、かつ食糧増産を達成させるための切り札として、開拓民に対して北海道農法の導入が試みられたことはすでに述べた。しかし、小林（英）説や浅田説とは異なり、玉は、北海道農法による農耕実施面積比率や1戸当たり耕作面積の急激な伸び[25]に着目し、北海道農法が「移民定着の条件を拡大するものだったことは事実の問題として確認される」[26]、または五福堂開拓団および「北学田（開拓団）の例が端的に示すように、移民定着の条件を拡大することに効果をもったとすれば、その意味は小さくない」[27]として、その意義を高く評価したのである[28]。
　しかし、玉の分析は、政策史的視点から、戦時体制下における開拓民の政策的役割を位置づけ直したことは評価できるが、開拓民農業経営の実態が明らかにされていないために、北海道農法が開拓民を農業者として定着させたのかについては論証できないという大きな限界をもつことになった。したがって、北海道農法が開拓農家にどれほど普及したのか、つまりどれほど開拓農家の農業経営や生活を改善したのかを明らかにすることが残された課題となっている。その際、満洲における全般的な傾向だけではなく、上記のように、玉自身が高く評価する五福堂開拓団と北学田開拓団における開拓農家の農業経営および生活についても分析し、実際に開拓民定着の条件が拡大したのかを解明する必要

がある。また、農業者としての定着力が抜群に優れていると期待された分村開拓団や義勇隊での北海道農法の普及程度を明らかにし、それが何を意味するかを考えることも、満蒙開拓と北海道農法についての理解を一層深めてくれるであろう。

　3）　義勇隊の農業開拓民としての評価は、満洲農業開拓民政策について考える上で不可欠である。なぜなら、前述のように、義勇隊は満洲農業開拓民事業における主軸であったにもかかわらず、従来の研究では、義勇隊が農業者たりえたのかがほとんど検討されないまま、その農業経営や農業生産力が、試験移民だけでなく、その後の大量移民政策期における成年開拓民のそれらよりも悪化したと低く評価するものがある一方で、農業が飛躍的に発展したと高く評価するものがあるからである。

　従来の研究において、義勇隊の農業のあり方についての評価にかかわるものは、次の相反する指摘に絞られる。白取道博は、義勇隊開拓団は、戦況の悪化とともに、急激に隊員の低年齢化が進んだため、「一般の（成年）開拓団に比して営農能力を低く見積もらなければならなかったから（中略）農業移民としては形骸でしかなかった」(29)と指摘し、その評価は低い。つまり、白取は、義勇隊が試験移民などの成年開拓団よりも農業経営が悪化したとしているのである。一方、上笙一郎は、「（隊員は）三年間の現地訓練所で、満洲式の農業技術（満洲在来農法）についてひととおり学んだはずであったが、それは、実地にはほとんど役立たなかった」(30)としつつも、北海道農法への「大転換をおこなってからは、各地の義勇軍開拓団の営農成績は、目に見えて上がってゆきはじめた」(31)と一転してその農業経営を高く評価した。ここで、いずれの説にも共通する問題は、義勇隊における農業に関する詳細な分析がないことであり、何よりも義勇隊開拓団への移行後の農業経営に決定的な影響を与えたはずの現地訓練所での農業訓練の実態がほとんど明らかにされていないことである。その上、上の説には無理がある。上の説では、義勇隊開拓団での農業経営のみならず、その前に行なわれたはずの北海道農法の訓練を高く評価することになるからである。上自身も認めるように、訓練組織がその体をなさないなかで、農業にかかわる訓練が成功したとは考えられないし、また農業開拓民の本来の目的は、持続的な農業の確立であるのに、その成否を「一時的な」収量の増加

（または減少）だけで判断すべきではないからである。

　したがって、義勇隊の現地訓練所における農業訓練の実態を明らかにしつつ、義勇隊の農業が、成年開拓民のものよりも悪化したとすれば、それはなぜかを具体的に明らかにすることが求められているといえよう。

　その際、留意すべきこととして、次の2点があげられる。

　第1に、前述のとおり、義勇隊は、試験移民の対処策としての性格をもっていたことである。したがって、試験移民での諸問題を踏まえつつ、義勇隊を考察する必要がある。しかし、従来の研究では、このような視点に着目して分析したものはない(32)。ただ、本書における検討範囲は現地訓練期であって、義勇隊開拓団での農業経営に関して分析しておらず、対処策としての最終的な評価は、今後の課題としなければならないが、かかる視点を意識することは義勇隊における問題について、より深い理解を可能にしてくれるであろう。

　第2に、混成中隊と郷土中隊とを区別して分析することである。混成中隊では数多くの問題が発生し、その対処策として同一府県出身者によって編成された郷土中隊の送出が始まった。したがって、混成中隊と郷土中隊とでは性格が異なるため、区別して検討する必要がある。こうした区別の必要性は、郷土中隊の編成と前後して、国策に順応した「良質な」義勇隊員の確保を目的とした拓務訓練や義勇隊訓練本部の設置など、諸制度の改編が行なわれたことからも理解できる。

　義勇隊に関する研究は多数あるが、義勇隊の試験移民の対処策としての性格に着目しつつ、農業訓練に関して検討したものはほとんどないし、白取も述べているように、いずれも混成中隊と郷土中隊との区別への着目が希薄である。また、義勇隊における北海道農法の訓練の実態を明らかにすることは、前述の議論を補うことにもなる。

　4)　以上の研究史を踏まえ、本書の課題として、以下の3点を設定する。

　第1の課題は、小林（英）、浅田らの指摘以来、注目されてきた満洲農業開拓民の営農からの離脱傾向、つまり「個別化〜雇用労働依存経営化〜地主化」という現象の原因と意味を、経営と生活の視点から明らかにすることである。

　第2の課題は、大量移民政策が、試験移民の対処策であったにもかかわらず、何の成果もおさめなかっただけでなく、むしろ逆効果として終わったことを重

視し、その理由を明らかにすることである。このことは、第1の課題である「個別化〜雇用労働依存経営化〜地主化」の論理をより深くとらえなおすことでもあり、また、開拓民による食糧増産政策への寄与を強調する玉説に対する批判にもなるであろう。

第3の課題は、北海道農法が開拓農業の現場でどれほど普及したのかについて、その実態を明らかにすることである。前述のように、北海道農法を高く評価する見解は、実態分析の裏打ちがあるわけではない。本書では、これを実証的に分析することにより、普及程度と現実的な効果について明らかにしたいと思う。

以上の課題を検討することにより、満洲において、「帝国」日本がプライドをかけてのぞみ、内地農村では困難であった近代的大規模農業経営の確立、つまり、経営的にも生活的にも安定し、かつ生産力も非常に高い専業農家の確立が可能であったのかについて評価を確定できるであろう。

(2) 本書の構成

本書では、満洲農業開拓民のうち、試験移民、北海道農法関連開拓団、分村開拓団、義勇隊混成中隊、義勇隊郷土中隊を事例として分析する。

第Ⅰ部では、次の2つの試験移民を取り上げる。試験移民の営農の実態を明らかにすることは、そこでの反省が、その後の大量移民政策期にどのように生かされることになったのかを考える上で非常に重要となる。そこで、第1章では、第1次試験移民団「弥栄村（いやさかむら）」を事例として、試験移民における個別化の論理を明らかにする。つまり、なぜ開拓農家が個別化を強行して、「未熟な小農経営」となることを選んだのかを明らかにしたい。第2章では、第3次試験移民団「瑞穂村（みずほむら）」を事例として、個別期の営農に着目し、「未熟な小農経営」における地主化の論理を明らかにする。つまり、開拓農家がどのような経緯で雇用労働依存経営化し、かつ地主化したのかを明らかにしたい。

第Ⅱ部では、大量移民政策期における代表的な開拓団および義勇隊を取り上げる。第3章では、北海道農法に関して代表的な2つの開拓団、つまり、第6次「五福堂（ごふくどう）」開拓団と第7次「北学田（きたがくでん）」開拓団を事例として、北海道農法の導入が果たして成功したのか否かを明らかにする。また、この章では、北海道農具の質や量、役畜、普及員における全般的な問題点、そして北海道農法を広め

るために重要な役割を果たすはずであった農事試験場などの研究機関における研究のあり方についてもあわせて検討したい。第4章では、様々な種類の開拓団のなかで最も期待された、大日向型とよばれた分村開拓団である第8次「大八浪(ターバラン)」分村開拓団を事例として、なぜ試験移民よりも営農が悪化し、地主化が深刻化するという驚くべき事態に陥ったのかを具体的に明らかにしたい。第5章では、義勇隊混成中隊における農業訓練のあり方を分析する。具体的には、義勇隊開拓団への移行前に、現地の訓練所で、農業を行なう上で不可欠となる北海道農法および協業体制確立のための訓練が、なぜ不可能であったのかを明らかにしたい。第6章では、義勇隊郷土中隊（第5次原(はら)中隊）を事例として、第5章と同様の問題について明らかにしたい。第5章および第6章で、義勇隊における農業が試験移民の対処策となるどころか、悪化する可能性をもっていたことを具体的に明らかにできると考える。

　以上から、各期における開拓民の入植後の展開を明らかにすることによって、開拓民の活動実態と、その特性について、従来よりも理解を深めることができ、これまで揺れていた開拓民の農業経営実態と生産力レベルに対する評価を決定づけることができるであろう。

　なお、本書では一部を除き、開拓団の調査報告を中心に分析している。これらは、従来の研究においてすでに用いられたものであるが、これらを用いるのは、共同経営の解体と脱農化の論理を明らかにするためには、労働過程や経営に関する史料の分析が中心となるため、調査報告以外に求めるのは極めて困難なことによる。ただ、これらの史料は「支配者」の調査資料であることにちがいはない。しかし、それだけに調査密度は高く、再構成することによって、十分に研究の素材になることはもちろん、本書の主要課題である経営分析には最も頼りになる史料群でもある。

　なお、調査者の判断が含まれるような部分については捨て去るのではなく、様々な現象の前後関係を検討した上で用いることにした。また、戦時末期に関しては史料が少なく、分析は困難を極めるが、2次的な資料を用いる場合において、不整合があると感じられた部分は除外するように努めた。ただし、義勇隊郷土中隊については、元隊員の方々から貴重な証言をいただいた。

註

(1) 満州開拓史復刊委員会編『満州開拓史』満州開拓史刊行会、1980 年、351～352 頁。
(2) 同上『満州開拓史』によれば、このうち満洲開拓青年義勇隊開拓団は 213 団（訓練所にいた義勇隊は含まない）、日本国内の中小商工業者の転失業対策としての転業開拓団（1941 年～）が約 60 団含まれる。また、そのほかに鉄道自警村開拓民や漁業開拓民、林業開拓民、酪農開拓民、煙草開拓民などがあったが、これらは非常に少なかった。
(3) 「四大営農方針」の定式化は 1936 年であるが、それ以前から原型となるものは存在していた。この成立過程については、浅田喬二「満州農業移民政策の立案過程」満州移民史研究会編『日本帝国主義下の満州移民』龍渓書舎、1976 年を参照。
(4) 前掲 満州開拓史復刊委員会編『満州開拓史』183 頁。
(5) 同上 183 頁。
(6) 同上 184 頁。
(7) 同上 171 頁。
(8) 柚木駿一「「満州」農業移民政策と「庄内型」移民―山形県大和村移民計画を中心に―」『社会経済史学』42 巻 5 号、1977 年、53 頁。
(9) 後藤晃「ファシズム期における農村再編問題と満州農業移民」『商経論叢』26 巻 1 号、1990 年、66 頁。
(10) 前掲 浅田「満州農業移民政策の立案過程」106 頁。
(11) 陳野守正『先生、忘れないで！「満蒙開拓青少年義勇軍」の子どもたち』『教科書に書かれなかった戦争 Part6』梨の木舎、1988 年、119 頁。
(12) 拓務省拓務局『満洲青年移民の栞』拓務省拓務局、1938 年、11 頁。但し括弧内は筆者記す。
(13) 同上 28 頁。
(14) 満洲移住協会「座談会 決戦下の満洲開拓」『開拓』第 7 巻第 4 号、1943 年、72 頁。但し括弧内は筆者記す。
(15) 玉真之介「戦時農政の転換と日満農政研究会」『村落社会研究』第 4 巻第 2 号、1998 年、19 頁。但し括弧内は筆者記す。
(16) 玉真之介「満洲産業開発政策の転換と満洲農業移民」『農業経済研究』72 巻 4 号、2001 年、164 頁。
(17) 小林英夫「満州農業移民の営農実態」『日本帝国主義下の満州移民』龍渓書舎、1976 年。
(18) 浅田喬二「満州農業移民の富農化・地主化状況」『駒澤大学経済学論叢』第 8 巻 3 号、1976 年、同「満州移民の農業経営状況」『駒澤大学経済学論叢』第 9 巻 1 号、1977 年。
(19) 小林弘二『満州移民の村 信州泰阜村の昭和史』筑摩書房、1977 年。
(20) 前掲 浅田「満州移民の農業経営状況」92 頁。但し括弧内は筆者記す。大八浪分村開拓団における個別化は先遣隊の入植から 3 年目（本隊の入植から 2 年目）であることを付け加えておく。
(21) 前掲 小林「満州農業移民の営農実態」459 頁。括弧内は筆者記す。

(22) 送出側から分村政策の破綻を示したものに、高橋泰隆「日本ファシズムと満州分村移民の展開―長野県読書村の分析を中心に―」満州移民史研究会編『日本帝国主義下の満州移民』龍溪書舎、1976年、や、前掲 柚木「「満州」農業移民政策と「庄内型」移民―山形県大和村移民計画を中心に―」、同「「満州」移民運動の展開と論理―宮城県南郷村移民運動の分析―」『社会経済史学』48巻3号、1983年、があげられる。また戦時末期を対象にした安孫子麟「戦時下の満州移民と日本の農村」『村落社会研究』5巻1号、1998年、がある。
(23) 前掲 後藤「ファシズム期における農村再編問題と満州農業移民」、同「満州農業移民とユートピア―民族の移植および日本の郷土としての入植村建設―」小林一美・岡島千幸編『ユートピアへの想像力と運動 歴史とユートピア思想の研究』御茶ノ水書房、2001年。
(24) 玉真之介「満州開拓と北海道農法」『北海道大学農経論叢』41号、1985年、同「日満食糧自給体制と満洲農業移民」野田公夫編『戦後日本の食料・農業・農村 第1巻 戦時体制期』農林統計協会、2003年、同『総力戦体制下の満洲農業移民』吉川弘文館、2016年に詳しい。玉は1990年以前から満州への北海道農法の導入を高く評価している。
(25) これに対して、白木沢旭児は、なかには貸付地が含まれている可能性があることを示唆している（白木沢旭児「満州開拓における北海道農業の役割」『日中両国から見た「満洲開拓」：体験・記憶・証言』寺林伸明・劉含発・白木沢旭児編、御茶ノ水書房、2014年）。
(26) 前掲 玉「満州開拓と北海道農法」20頁。なお藤原辰史は、『ナチス・ドイツの有機農業―「自然との共生」が生んだ「民族の絶滅」』柏書房、2005年のなかで、満洲で北海道農法が「支配的な農法」（同、248頁）になったとしているが、その実態が明らかにされていない。そのほかに、蘭信三『「満州移民」の歴史社会学』行路社、1994年、小都晶子「「満洲国」の土地改良事業と日本人移民政策 錦州省盤山県を事例として」（富士ゼロックス小林節太郎記念基金小林フェローシップ2004年度研究助成論文）、「「南満」日本人移民とその記憶―錦州省盤山県鯉城開拓団の「満州」体験」『満洲』山本有三編、2007年、などの研究も同じといえる。
(27) 前掲 玉『総力戦体制下の満洲農業移民』136頁。
(28) 玉が、「高度成長期の新産業都市や東京オリンピックのプランナーが満州都市計画者達であったように、農業基本法に体現される戦後の近代化農政の一原点として満州開拓を捉え返す必要」（前掲 玉「満州開拓と北海道農法」2頁）があるとしていることについては評価できるが、開拓団における開拓民農業経営の実態を分析することなく、満洲での北海道農法の経験を戦後に直結させるのは非常に危険であろう。
(29) 白取道博『満蒙開拓青少年義勇軍史研究』北海道大学出版会、2008年、208頁。
(30) 上笙一郎『満蒙開拓青少年義勇軍』中央公論社、1973年、139～140頁。但し括弧内は筆者記す。
(31) 同上141～142頁。
(32) 森本繁『ああ満蒙開拓青少年義勇軍』家の光協会、1973年、櫻本富雄『満蒙開拓青少

年義勇軍』青木書店、1987年、長野県歴史教育者協議会編『満蒙開拓青少年義勇軍と信濃教育会』大月書店、2000年、Louise Young『総動員帝国』加藤陽子・川島真・高光佳絵・千葉功・古市大輔訳、岩波書店、2001年、田中寛「「満蒙開拓青少年義勇軍」の生成と終焉―戦時下の青雲の志の涯てに―」『大東文化大学紀要』42号、2004年、小林英夫・張志強共編『検閲された手紙が語る満洲国の実態』小学館、2006年、西田勝・孫継武・鄭敏編『中国農民が証す「満洲開拓」の実相』小学館、2007年、安藤房美『洛陽の王道楽土　ああ満蒙開拓青少年義勇軍』光陽出版社、1995年など。

第Ⅰ部

試験移民期（1932〜1935年）

1929年10月24日（木）、ニューヨーク・ウォール街の株価が大暴落した（暗黒の木曜日）。これをきっかけに、全世界を深刻な不景気が襲った。世界大恐慌である。特に農産物価格の下落が著しく（図9）、農民の窮乏は頂点に達した（農業恐慌）。もちろん日本も例外ではなく、都市では失業者があふれた。農村では、不況のために兼業の機会も少なくなっていた上に、都市の失業者が帰農したため、東北地方を中心に農家経済は疲弊した。特に、1931年および1934年には東北地方を大凶作が襲い、困窮のあまり、東北地方や長野県では青田売りが横行して、欠食児童や女子の身売りが深刻な問題となった。困窮にあえいでいた小作人や農家の次三男にとって、土地をもち、困窮から脱することが何物にも代えがたい夢であった。

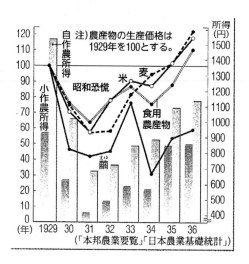

図9：農産物価格と農家所得の変化
〔浜島書店編集部編『よみとき総合歴史』浜島書店、2015年、168頁〕

　一方、中国では、孫文の死後に中国国民党を率いた蒋介石が、1927年に南京に国民政府をつくり、翌1928年には中国をほぼ統一した。そうしたなか、中国では奪われた主権を回復しようという声が高まり、日本が中国にもつ権益

の中心であった南満洲鉄道に並行する鉄道を建設する動きも起きた。これに対し、日本では、「満蒙は日本の生命線」の掛け声のもと、既得権益の維持・拡大をねらい、交渉による解決ではなく、武力をもって相手を屈服させることを主張する強硬論が台頭した。

そのような社会情勢のもとに、1931年9月18日、関東軍は、南満洲鉄道の線路を中国軍のしわざに見せかけて爆破し、柳条湖事件を起こした。満洲事変の勃発である。この後、関東軍は満鉄の全面的支援を得て、満洲全域に侵攻し、翌1932年2月には哈爾濱(ハルビン)を攻略し、満洲の主要都市を占領するに至った。同年に、清朝最後の皇帝である宣統帝愛新覚羅溥儀(プーイー)を執政とし担ぎ上げ、「王道楽土」と「五族協和」を建国理念のスローガンとして、満洲国の成立を宣布させた。9月15日には、日本は満洲国との間で日満議定書(主な内容：①満洲国の国防と治安維持は、経費を満洲国が負担し、日本が行なう、②満洲国は鉄道・港の管理や開設などを日本に任せる、③満洲国は日本が必要な施設を援助する、④日本人を満洲国の政治・行政に登用する)を締結し、在満日本人の安全確保を基礎とした条約上の権益の承認と、関東軍の駐留を認めさせた(1942年には、関東軍の兵力は最大で65万人にも達した)。そして、1934年には満洲帝国となり、溥儀は皇帝となった。これに伴い、元号は「大同」から「康徳」へと変わった(表3)。

このように、関東軍は、満洲国を打ち立てたものの、当時、「匪賊」や「馬賊」とよばれた反満抗日部隊が各地に展開し、「治安」が非常に悪かった。満洲国建国当時には36万の「匪賊」が展開していたといわれる。さらに、日本、特に関東軍にとっては、ソ連も非常に大きな脅威であった。こうした日満双方における諸問題(日本における農村問題や人口過剰問題、満洲における「治安」の問題や対ソ戦略上の問題など)を解決する方策を、関東軍は屯田兵方式に見出した。つまり平時は農耕に従事し、有事には軍隊として参戦する人々を開拓民として配置することにしたのである。

この案を直接的に具体化しようとした人物が、関東軍司令部付吉林軍顧問歩兵大尉であった東宮鉄男(図10)と、当時、日本国民高等学校長(茨城県)であった加藤完治(図11)である。そして、農林次官の石黒忠篤、農林省農務局長の小平権一、東京帝国大学農学部教授の那須皓、京都帝国大学農学部教授の橋本伝左衛門らの協力をとりつけた。彼らは1932年6月14日に、奉天で

表3：西暦・日本元号・満洲国元号対応表

西暦	日本元号	満洲国元号
1932年	昭和7年	大同元年
1933年	昭和8年	大同2年
1934年	昭和9年	大同3年／康徳元年
1935年	昭和10年	康徳2年
1936年	昭和11年	康徳3年
1937年	昭和12年	康徳4年
1938年	昭和13年	康徳5年
1939年	昭和14年	康徳6年
1940年	昭和15年	康徳7年
1941年	昭和16年	康徳8年
1942年	昭和17年	康徳9年
1943年	昭和18年	康徳10年
1944年	昭和19年	康徳11年
1945年	昭和20年	康徳12年

図10：東宮鉄男
〔前掲 満州開拓史復刊委員会編『満州開拓史』写真資料8頁〕

開拓民計画を話し合い、彼らの案が関東軍参謀石原莞爾によって採用された。日本国内では五・一五事件が起き、開拓民送出反対派の蔵相高橋是清が孤立した。ここに、関東軍の強力なバックアップのもと、拓務省は同年8月の臨時議

図11：加藤完治
〔同上 写真資料11頁〕

会で予算を通過させて、開拓民の募集を開始し、10月には、第1次試験移民団425名が渡満したのである。

開拓民の土地を確保するにあたり、多くの土地が現地住民からタダ同然で取り上げられたことは周知のとおりである。「王道楽土」や「五族協和」とは名ばかりであった。ここで、加藤完治と農林省役人であった田中長茂との間で行なわれた物騒な会話を紹介しておきたい(1)。

加藤「これは誰の土地で幾らなんてぐずぐずしていると、立ち遅れになってしまいます。第一次の自衛移民なんかも入ってから後で買ったくらいで、初めから買って入ったものではないのです」
田中「泥棒みたいですなぁ（笑声）」
加藤「戦争は大泥棒で、人殺しだから」
田中「泥棒の親方みたいなものですなぁ（笑声）」

このようにして始まり、入植した試験移民であるが、前述のように、彼ら・彼女らは、農業において雇用労働に依存（農業労働からの離脱）し、たやすく地主化（農業経営からの離脱）し、退団する者（入植地からの離脱）も多数でたのである。つまり、試験移民では、敗戦以前にすでに農業は破綻していたのである。

ここで、満洲とはどのようなところなのか、そしてそのような気候風土のも

とで、ほとんどの開拓民が採用した満洲在来農法についてみておきたい。
　満洲の気候は大陸性気候（冷帯気候）に属し、農業開拓民が主に入植した北満洲での農作業の期間は4月～10月の7ヶ月間（うち無霜期間は120日前後）で、1年1作であった。しかもこのうちの6～8月の3ヶ月が雨期で、これは作物の最盛生育期にあたり、農耕はこの限られた期間内に間隙を縫って行なわれなければならなかった。一方、満洲の土壌は、一般に有機質に乏しく粘着力大であった。
　そのような気候風土のもとで発達した農法が満洲在来農法であった。上記のように、農業の適期が日本内地などよりもはるかに短い上、土壌が粘着性で抵抗力が強く、さらには1年1作であったことが経営面積を大にし、人力よりも力の強い役畜の導入を不可欠にした（図12）。主要作業の概略は次のようになる。

① 施肥…人間労働は肥料を車に積み、下ろし、耕作地への往復に、車をひかせた役畜を操作する。
② 整地…主として、役畜の牽引力を利用して行なう。
③ 播種…播種作業において最も力を要する労働は、作条を切り、土をかぶせ、鎮圧をすることで、これら3つの作業ともに、もっぱら役畜の牽引力により行ない、人間労働は役畜を操作し、犂そのほかの農具を使用し、または種子を播くだけである。つまり、古い畦をふたつに割って、畦と畦の間の溝の上に新しい畦をたてるだけで、種子はこの新しい畦の上に播かれる。
④ 除草…人力によって「鋤頭」（草削り）という農具を使用して行なう。
⑤ 中耕除草…役畜に犂を引っ張らせる。人間労働はその役畜を操作する。
⑥ 収穫…もっぱら人間労働が鎌を使用して行なう。
⑦ 収穫物運搬…人間労働は収穫物を車に積み、下ろし、その車を引っ張る役畜を操作する。
⑧ 脱穀調製…脱穀においては人間労働は役畜を操作し、役畜は石のローラーを引っ張り回して撰穀する。調製は穀粒と茎稈類の屑、塵埃との選別は直接人間労働が簡単な農具で行なうが、穀物の精白は役畜の力による。

　上記より、除草と収穫が完全に人間労働によって行なわれたことがわかる。満洲では作物の成長期に1年間の降雨量の大部分が降り、耕起破砕が不十分

であるため、雑草の繁茂する理想的条件を備えており、その上、すべての農作物の生育期がほとんど同時であった。除草作業は、短期間、つまり約40〜50日に2、3回行なわねばならなかった。そのため非常に多量の労働力を必要としたのである。一方、収穫はその最適期に作業が行なわれないと霜害をうけたり、腐熟したりする恐れがあった（図13）。そのためこれらの時期におびただしい臨時労働力が必要であった。そして、雇用労働者のなかにも、特に次の3種類の役割があった。①体力が最も優れていて、農業技術のすべてに精通習熟し、他の労働者の指導的役割をする者、②鞭と舌句、言葉で巧みに役畜を使いこなす能力や技術をもつ者、③ふつう一般の労働のできる者、であった。そのほかに、炊事専門の者や家畜飼育専門の者も存在し、それぞれの労働に専念できるようになっていた。

　肥料については、もっぱら家畜糞に土を混ぜた「土糞」が2〜3年に1回程度用いられ、化学肥料や人糞尿はほとんど普及していなかった。また、大豆を取り入れた輪作によって地力の維持が期待されたが、これに大きな期待をかけることは無理であった。

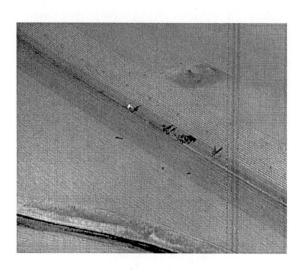

図12：満洲での農業風景
〔『満州の記録　満映フィルムに映された満州』集英社、1995年、158頁〕

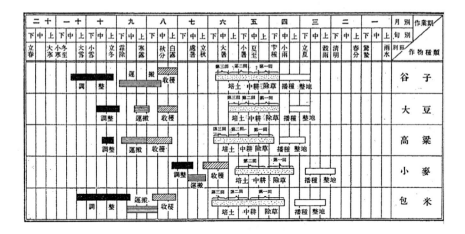

図13：満洲における農事暦

1：春分…新暦 3/21、清明…4/6、穀雨…4/21、立夏…6/22、立秋…9/24、立冬…11/8、冬至…12/23
2：谷子とは粟を、包米とはとうもろこしをさす。

〔満鉄総裁室弘報課編『満洲農業図誌』非凡閣、1941年、142頁〕

註

(1) 井出孫六『終わりなき旅』岩波書店、1995年、森武麿『アジア・太平洋戦争　日本の歴史⑳』集英社、1993年、47頁。

第1章　共同経営および共同生活の解体と森林資源収奪
　―第1次試験移民団弥栄村を事例に―

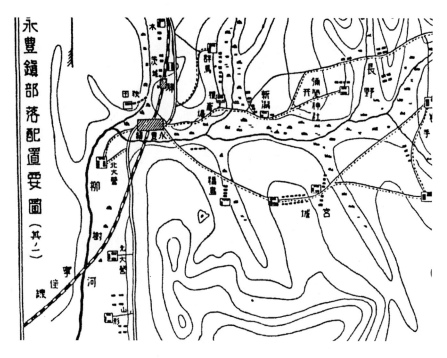

図14：第1次試験移民団弥栄村部落配置図
〔前掲 松下編『弥栄村史』目次より〕

はじめに

　本章の課題は、第1次試験移民団弥栄村（図1・14）を事例として、共同経営および共同生活が、雇用労働依存経営化や地主化を阻止するために不可欠であったにもかかわらず、なぜそれらをたやすく解体し、早々に「未熟な小農経

営」へと移行したのか（試験移民における個別化の論理）を、経営と生活の視点から明らかにすることである。

　入植後、開拓民は農業者として自立できるまで、共同経営および共同生活を営むことが求められた。第1次試験移民団の場合、部落は同一県出身者で組織され、組は部落のなかで習慣や価値観を比較的共有している者で組織された。したがって、個別化の最初の過程である「団から部落へ」という経営および生活単位の縮小は、「地縁性という結びつき」が配慮され、また、次の過程である「部落から組へ」は「気が合った者どうし」であるとともに、「農作業の合理的単位」であることが配慮されたのである。

　しかし、この団では、団全体の共同経営および共同生活はほぼ営まれず、部落単位共同経営および部落単位共同生活は3年で解体し、しかも期待された組単位共同経営および組単位共同生活は、ほぼ効果を発揮することなく、わずか1年で解体した。つまり、開拓民は、「初期の方針以上に速かに」[1]個別化を強行し、農業者としての個別経済が未確立な「未熟な小農経営」へと移行したのである。

　その後、開拓農家は「早く充実したる農業を営み、範を後続移民に示す」[2]ため、「土地を転貸」[3]したり、「射利心に駆られて妄りに農業以外の事業に着手せざること」[4]とされていたが、農業よりもはるかに稼ぎのよい森林伐採・木材運搬作業に従事し、農業から離脱する道を選んだのである。

第1節　第1次試験移民団の編成と入植

(1)　第1次試験移民団の編成

　満洲国成立と同年に、さっそく満洲農業開拓民の募集が始まった。第1次試験移民団の主な応募資格は、「農村出身者ニシテ多年農業ニ従事シ経験ヲ有スル既教育在郷軍人（中略）家庭上係累少キ者（成ル可ク二男以下ノ者ヲ可トス。）（中略）約三年間ハ独身生活ニ差支ヘナキ者」[5]であった。当時、「山間の小さな農村は極度に疲弊し、我々二、三男坊は将来の活路を考えていた時なれば、満洲にさえ渡れば、後は何とかなり、日の丸は我々を見捨てはせぬと過信し、一攫千金の夢も加わり、前後を考えずに双手を揚げて応募した」[6]ので

ある。

　その後、出身町村長、所属在郷軍人分会長の推薦をうけ、「各県庁所在地に於て県及び連隊区（陸軍の師管区を構成し、区域内の徴兵・招集・在郷軍人会に関する事務を所掌）係官の施行による身体検査、身上調査終了の上」[7]、425名が選ばれた。第1次試験移民団では、構成員（団員）の95％が既教育在郷軍人であるとともに、ほとんどが東北全県、北関東（栃木、茨城、群馬）、信越地方出身の「平均年齢二十四歳余」[8]の「入植前には妻帯してゐた者は極めて少」[9]ない成年男子となった。予備役かつ貧農の次三男（「長男は僅かに頭初入植数の十五％」[10]）が選ばれたのは、満洲事変直後で、「治安」が極度に悪かったからである。つまり、「国防上の重要点を考慮し、精鋭なる屯墾隊として充分自衛し、一朝有事の際は鍬に代えるに銃を以てする」[11]ことが期待されたのである。また、これらの地方の出身者が選ばれたのは、「当時満洲に出動しありし師団の管区より募集することは入植後、精神上脈絡あり警備其の他の点で好都合」[12]と考えられたこと、そして、「農村の疲弊は全国的な現象とは謂へ、殊に東北地方に於て甚しき点、（中略）気候の点より大いに特性ある故、可及的これと類似せる点等考慮」[13]されたこと、「将来に於いて部落[14]等構成する場合一地方出身者を以つて編成すれば統制、親和等の点にて良好」[15]と考えられたことが理由としてあげられる。

　これに先立つ1932年8月中旬に、拓務省が陸軍省と協定し、「北満方面ニ対スル在郷軍人移民ノ教育指導、補助、保護等ニ関スル施設要領」[16]が発表された。試験移民に対する主な補助内容は、次の4点となる。

　第1に、「（内地）講習所入所並ニ講習期間、現住所ヨリ講習所入所迄ノ旅費並ニ講習中ノ食費（金二十円）」[17]であったこと、第2に、「移住並ニ生活ノ補助、移住者一人毎」[18]の「旅費、八十円（中略）農具其他、農具費百五十円、家畜費、七十五円、被服費、三十円（中略）家屋建築費、二百五十円（中略）生活費、昭和七年十月ヨリ同八年三月迄月額五円（中略）家族招致費（中略）ニ於テ大人一人当八十円（子供ハ半額）」[19]が提供されたこと、第3に、「土地、一戸当リ約十五町歩トシ成ル可ク無償下付ノ希望ナリ。而シテ有償払下ノ已ムヲ得ザル場合ニ於テモ一反歩ノ価格ハ一円以内トシ最初ノ三ヶ年ハ据置以後数年間ノ年賦償還ニ依ル予定」[20]とされたこと、第4に、内地にて「軍帽一個、軍衣袴一組（中略）編上靴一組、巻脚絆一組、飯盒、水筒、雑嚢外套各一個」、満洲

にて「防寒覆面一個、防寒靴（徒歩用）一組、防寒胴着、防寒外套（毛布製）各一個」(21)が提供されたこと、である。

しかし、予算委員会では、「五百名の経費総額二十万七千八百五十（1人当たり約420円。上記金額を合計すると、1人当たり約600円となる）」(22)円では「予算僅少」(23)ではないかと、委員のひとりが拓務次官を追及している。1935年代と現代の貨幣価値は、1：3,000といわれている(24)。したがって、現在の価値になおすと、1人当たり126万円ということになるが、いずれにせよ、大量移民政策期と比べて少なかったことは確かである。

(2) 入植までの経緯

団員425名は、「即日軍帽以下、軍衣袴、軍靴、巻脚絆等軍装一式が交付され（中略）九月十日より」(25)、岩手県六原、山形県大高根、茨城県友部の3ヶ所に分かれ、「主として勤労を通じての精神訓練に重点を置かれ、残暑の中を黙々として猛烈なる肉体労働に励む傍ら、満洲事情、農業経営、農産加工等に関する講話、武道など（中略）三週間」(26)の訓練をうけた。そして、彼らはいったん帰宅し、10月3日に明治神宮外苑に集合し、「軍隊に準じ四個中隊を編成」(27)した。「一個中隊は三個小隊を以つて編成、小隊は一県出身者を単位」(28)として編成された。こうして「佳木斯屯墾第一大隊」や「拓務省第一次武装移民団」、「拓務省第一次永豊鎮移民団」、「第一次特別農業移民団」などとよばれる第1次試験移民団が結成されたのである。

その後、「明治神宮に必成功を祈願宣誓の後（中略）宮城遥拝の上拓務省に至つて時の拓務大臣（中略）より訓示」(29)をうけ、同日夕方、「出征将士の如き感激の見送りを受けつゝ東京駅を出発西下した。途中伊勢大廟に詣で更に成功を祈願」(30)した。このとき、団員の士気は弥が上にもあがったにちがいない。10月5日に、神戸の湊川神社に参拝後、神戸〜大連間を結ぶバイカル丸にて出航した。10月8日には大連に上陸し、奉天で北大営国民学校（友部国民高等学校分校：「加藤完治氏の訓育の下にあつた一団」(31)）の68名が加わった。ここで「兵器を分与され、操作訓練、実射見学が行なはれたが、（中略）満洲大陸に在るの切迫感を各人に痛感」(32)させた。10月14日には佳木斯まで進んだ。この時点で、各小隊に属する団員は、青森小隊38人、岩手41人、秋田35人、山形39人、宮城37人、福島42人、新潟40人、長野41人、北大営68人（大

部分が山形県出身者)、栃木39人、茨城31人、群馬41人の計492人で、幹部・指導員9人をあわせると501人であった。

しかし、入植地と定められた「三江省」(三江省は、1936年に満洲農業開拓民政策が「20ヶ年100万戸移住計画」として国策化された際、100万戸中30万戸を入植させる予定の地区であった(33))樺川県永豊鎮(図們から528km、佳木斯から53kmの北緯46度25分、東経130度40分に位置した)に、すぐには入れず、そのまま佳木斯にとどまり、冬を越した(佳木斯冬営)。これは、当時、永豊鎮が「匪賊」に「占拠」されていたことによる。ただ、佳木斯も、団員にとって心の休まる町ではなく、「全員の神経はクタクタになる程疲労」(34)し、なかには「酒乱する者、満人を暴圧する者すら発生し、(中略)悪評」(35)が広まった。「性格破産的な現象が見られた」(36)と評されている。こうした現象は、「生活」に「急角度に大変化を来した」(37)ことで起きた。具体的な理由として、次の7点があげられる。

第1に、「匪賊」を征伐に出る北境警備隊(吉林軍)の代わりに、「不完全な(中略)兵器」(38)で、「治安」の非常に悪い佳木斯市街を警備しなければならなかったからである。当時の佳木斯は「匪団の横行に全く死の町」(39)で、「夜間などの外出、用弁等思ひも寄らぬことゝされてゐた。市内でさへ此の有様で(中略)市外へ一里遠出したら生還は期せられない」(40)といわれた上に、「到着早々匪襲を受け」(41)たために、毎日、「立哨勤務者(団員)の心憺を寒からしめ」(42)た。その後も度々「激戦ヲナシ」(43)たのである。

第2に、「衣ハ拓務省補助ニ依ル三十円ニテ冬物一式ト防寒具ヲ軍隊ヨリ廃品ヲ払下ゲ」(44)られたものであったからである。「同一勤務に服してゐる現役軍と比較」(45)すると、「装備の不均衡な事は正に珍妙な好対照」(46)で、「防寒外套ハ一見実質的ナル如ク見ユルモ(中略)蚊帳ノ如キモノ少カラズ、手套、靴下ハ(中略)全ク破レタリ。一着ノ服ハ破ルルモ着替ナク(中略)藁縄ニテ破レタル防寒靴ヲシバリテ歩行セルタメ足指凍傷ニカゝレル者多数」(47)あった。

第3に、「粟、高粱を常食」(48)とし、「毎食一汁一菜、肉ノ如キハ一週二、三匁、魚類ハ絶対ニナク(中略)悲惨」(49)であったからである。その上、守られることはなかったが、「厳格な禁煙禁酒が掟」(50)であった。

第4に、「大多数の者が恐らく始めての経験であらうところの、温突(オンドル)(床下暖房)にアンペラ(莚)を敷いた上への万年床、一様に一個小隊宛収容された

家屋内で、隙間風の寒さと、出来の悪い温突から漏るもうもうたる煙に悩まされ乍らの集団生活」(51)であるとともに、「入浴の設備が全く無かつた」(52)からである。そして、「感冒続出」(53)したからでもある。

第5に、1人当たり「拓務省補助に依る月額五円」(54)の「不充分な給与」(55)であったからである。

第6に「何等ノ娯楽モ慰安モ世間ノ同情モナ」(56)かったからである。ただ、1933年1月の数日間、哈爾濱東本願寺住職が屯墾軍を訪問した。その後まもなくして、「(哈爾濱)市特務機関ヲ始メ在郷軍人会、婦人会、其ノ他哈爾濱日日新聞社等ヨリ各種娯楽品ヲ始メ新聞等ノ寄贈ヲ受ケ且ツ広ク全国大新聞ニ実況ヲ伝ヘラレ、内地、特ニ大阪方面ヨリポツポツ慰問ヲ受クルニ至」(57)ったという。

第7に、「人情風俗の全く異つた多民族の中に」(58)いたからである。

その後、いよいよ先遣隊による永豊鎮への入植が始まるが、先遣隊に加わった団員は、肉体的にも精神的にも一層追いつめられた。その理由として、次の5点があげられる。

第1に、1933年2月に−38℃の酷寒のなか、150名の先遣隊は、東宮鉄男指揮のもと、関東軍とともに永豊鎮を占領しなければならなかったからである。

第2に、その後、開拓地付近の「治安」の確保や家屋の買収、食糧や役畜、農具の確保などといった、佳木斯に残る本隊を開拓地に迎える準備の最中に、数名の戦死者をだしたからである。輸送車両を「護衛スルタメ各車両群ニ五乃至九名ノ兵ヲ付」(59)さなければならないほど「治安」が悪かった。

第3に、食糧が不足したからである。「野菜がない、味噌がないで夜盲患者（主にビタミンAの欠乏によって、夜間や暗所でものが見えにくくなる症状）」(60)が続出し、「耐りかねた連中が戸外へとび出し（中略）雑草の芽を、未だ解け切らない大地から採取して来て塩で汁に作ると云つた有様」(61)であった。

第4に、非常に不衛生であったからである。たとえば、「入浴セザルタメ「インキン」に罹レル者多数」(62)あった。

第5に、作業が思い通りに進まなかったからである。「治安」が悪い上に、体力が低下し、慣れない土地で「不自由な満語を操り乍ら」(63)であれば、作業が予定どおり進捗するはずもなかった。

その後、次第に「兵員不足（労働力不足）」(64)が顕在化したために、佳木斯で待機していた本隊の入植が始まり、1933年4月に完了した。

第1章　共同経営および共同生活の解体と森林資源収奪

　本隊入植に先立ち、1933年3月27〜28日に、第1次試験移民団代表者と樺川県との間で土地協定が結ばれ、4万5千町歩（種子島の面積にほぼ相当する）もの土地がかなり乱暴なやり方で取得された。乱暴なやり方というのは、両者で交わされた「第一次特別移民用地議定書」の内容と大きく異なっていたことである。議定書では、「農耕中ノ満洲人ノ生活ニ脅威ヲ及ボサザルコト（第2条）」[65]および「未耕地ヲ主トシテ選定スルコト（第3条）」[66]などと、「満人」の生活に悪影響を与えないことが大前提であったが、一切守られなかった。「居住民九十九戸、約五百人」[67]に「大、小人の別を問はず一人当り五円の移転料」[68]を与え、「四月下旬に原住民の全部の移転を終了し（中略）一人の満農もなくなつた」[69]とあるように、強制的に彼らを立ち退かせた。5円（現在の貨幣価値で約15,000円か）といえば、佳木斯冬営期に、団員の不満が噴出した月給と同額である。それに、周知のとおり、「満農」から「比較的豊沃」[70]な農地（700町歩）を奪った。奪ったのは農地だけではない。家畜や農具などの生産手段や家屋、そして「満農」が何らかのかたちで生活の糧を得ていたであろう膨大な森林地帯などをすべて奪った。具体的には、約3,000〜5,000町歩の可耕地（二荒地（耕作放棄地）を含む）や35,600町歩の森林地帯、約4,200町歩の低湿地帯（当時の技術では耕作不能）である。特に、この森林資源は、開拓民にとって重要な役割を果たすことになる。「農業移民というのにクワもスキも持ってこないで、鉄砲だけ持ってくるんだ。そしてウマも農具も中国人から取り上げるんだよ」[71]とあるように、永豊鎮地区の現地住民の「土地、家屋はすべてその手（開拓団）に帰し、われら（現地住民）が購入した土地も自分で築いた家屋もすべて屯墾軍に占領された。このため、多数の村民は失業し、生計の手段を失」[72]い、「移転しようとしても資金はなく、困り果てた状況」[73]となった。「村のなかに日本人のいうことを聞かない奴がいたが、木にしばりつけて殺された」[74]という。

　開拓地の気候条件は、雨温図（図15）で示したとおり、典型的な大陸性気候（冷帯気候）であることがわかる。無霜期間は5月中旬から9月中旬までの約120日で、農業の適期は日本内地と比べて非常に短かった。一方、満洲では土壌が重粘であった。これらのことが、集中的に大量の労働力を必要とした理由であった。

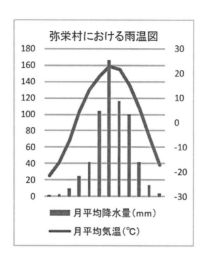

図15：第1次試験移民団弥栄村における雨温図
平均気温、平均降水量ともに、1934～1941年までの平均値である。
〔弥栄村開拓協同組合編『弥栄開拓十年誌』満洲事情案内所、1942年、5～6、11～12頁より作成〕

第2節　部落単位共同経営および部落単位共同生活の実態（1932～1935年）

（1）　団共同経営および団共同生活の放棄

　入植当初、幹部・指導員は、団全体による共同経営および共同生活を計画していた。団全体による共同経営が必要であると考えられた理由として、次の2点があげられる。

　第1に、「匪襲に対する警備は自ら集団とし、一朝有事の際には直ちに隊を編成」(75)する必要があったからである。特に「何んな場合でも夜間の警備は最も重点を置かねばならなかつたので、各小隊共其の方へ割かれる人員は相当大きなものであり、夜間警備服務者は翌日半日作業を休止」(76)したほどであった。これは「通信設備がないために（中略）警備連絡に付て最も困難」(77)で、「乗馬伝令に依るを唯一の方法」(78)としたことにもよる。そのため、輸送に際しても、「往復安全に護衛」(79)しなければならなかった。

　第2に、「各個人が独立の立場で各人の事業を建設するよりも、多数の者が

一団となつて準備時代を共同的に経営した方が有利」(80)であったからである。具体的には、①当時、まだ妻を迎えておらず、農作業において家族内協業が成立しなかったこと、②満洲における農業技術を習得するには、集団の方が都合がよかったこと、③「僅か七〇〇町歩の既耕地では五〇〇戸の戸数に対しては当然不足」(81)し、「開墾に依る耕地の拡張」(82)が必要であったこと、④役畜や農具などが不足したこと、⑤開墾作業や防御施設（城壁補修、塹壕、地下室）、公共施設（本部、種畜場、農産加工場、神社、医院など）の建築があったこと、などがあげられる。

　これらは、「道路らしい道路はなく（中略）一雨降つたら正に泥濘の道であり、道の上でなしに道の中を歩」(83)くようなものであったことも大きく関係していた。後年、「各部落を連ねる主要道路建設に着手し（中略）尽力して居るものゝ（中略）不完全」(84)で、「雨期、降雨後の泥濘、極めて甚だしく、之が為に、数日交通杜絶する事も稀でな」(85)かった。

　他方、団全体の共同生活が必要とされた理由として、次の4点があげられる。
　第1に、上記と同様に「治安」が悪かったからである。第2に、病人が続出する可能性があったからである。事実、「赤痢に全員近い団員が罹病」(86)し、労働力が不足した。第3に、家屋が不足していたからである。入植直後には、「適当に分散家屋のあつたものを（現地住民から）買収して利用」(87)し、その後、各部落一斉に「共同家屋を建築」(88)したのである。第4に、共同炊事を行なうことによって、様々な効果が期待されたからである。具体的には、①ひとつの部落の炊事を「二、三人の労力で」(89)行なえるため、労働力をより多く確保できること、②「材料は持ち寄りのため大した現金支出も無く（中略）多忙の各農家の食事よりも美味しく、栄養的で而も主食の所要量は自然減少するため費用はかえつてかゝら」(90)ないこと、③「共同炊事を機会に夫人の食物教育（中略）栄養教育が徹底し易」(91)かったこと、などがあげられる。

　しかし、「団員は速かに小隊単位の独立を主張、指導員案に反対」(92)した。その理由として、次の2点があげられる。
　第1に、「開拓団全体の諸事情を討議すると云つても動もすると利害得失を伴ふ場合、各出身小隊（部落）のみの利害を強調することがあり（中略）運営上阻害を来す如き結果も往々に見受けられた」(93)からである。第2に、「言語、人情、風俗、習慣等の相類似してゐる同一地方出身者を以つて」(94)集ってい

ることが「落着（く）方法として」(95)よかったからである。「他府県のものと同一家屋内に起居する場合には言語、習慣等に差異があつて時々は飛んだ滑稽を演」(96)じることがあった。

第1次試験移民団では、表4、5に示したように、部落単位や組単位の共同は容易に解体した。これらによると、1933～35年には部落単位共同経営および部落単位共同生活が、1936年には組単位共同経営および組単位共同生活が、1937年以降に個別経営および個別生活が営まれたことがわかる。以下、この変化に沿って分析を進める。

表4：第1次試験移民団の経営および生活形態の変遷（1933～1937年）

	経営形態	生活形態
1933年	部落	部落
1934年	〃	部落（住の個別化開始）
1935年	〃	〃
1936年	組（個別化開始）	組（炊事の個別化開始）
1937年	個別	個別

〔京都帝国大学農学部第一調査班編『弥栄村綜合調査』開拓研究所、1942年、71頁、第30表より作成〕

表5：群馬部落における経営形態の変遷（1933～1937年）

	部落共同	4戸共同	3戸共同	2戸共同	個人
1933年	1（41戸）				
1934年	1（35戸）				
1935年	1（28戸）				
1936年		5組	1組		4戸
1937年				2組	23戸

1：部落の名称は主に出身県名からつけられた。
2：年数を経るにつれ、戸数が減少しているのは退団によるものである。
3：1936年における4戸の個別経営は「農耕を行はず主として建築に従事した大工職」（前掲 京都帝国大学農学部第一調査班編『弥栄村綜合調査』71頁）の人たちであった。
〔同上〕

(2) 部落単位共同経営の解体とその理由

部落規模での共同経営が必要であったのは、幹部・指導員が提唱していた団全体共同経営が必要とされた理由とほぼ同じである。しかし、「団員中には独立自営の欲望すら頻りに訴へる状態に至つたので、此の部落単位の共同経営も亦全般的には（中略）円滑に行はれなかつた」(97)のである。そのため、1933年には、「四〇〇町歩の耕耘播種」(98)を行なったが、「田園は雑草と化し（中略）成り行きに任するの惨状を呈」(99)し、「収穫皆無に近い悲惨な結果」(100)となった。翌1934年も、「自給し得るの収穫をなし得ず（中略）損害見積約十三万円に及」(101)んだ。このように、「正常なる農耕は行はれてゐない」(102)ために、「自給糧食の不足を長期間に亙つて購入」(103)しなければならなかった。では、なぜ団員自身が望んだ部落単位共同経営が円滑に機能せず、容易に解体したのであろうか。

共同経営が円滑に機能するには、「構成員による共同意識（農業への意欲、組織の安定）」や「構成員による農業技術の熟練」、「生活の安定・充実」、そして、それらをサポートする「中心人物のリーダーシップ」などが不可欠となる(104)が、このように、第1次試験移民団で、共同経営がたやすく解体した理由として、次の7点があげられる。

第1に、部落が同一県出身者で編成されていたとはいえ、地縁的な共通性をほとんど考慮せず、「人選を寛にした多数の移民を（中略）集めた」(105)からである。そのため、農作業で共同できるほどの結びつきを確保できなかった。

第2に、「団員中に農業未経験者、若しくは多少混入して居り、一時の満洲熱に冒され漫然渡満したる者。もつとも、厳格に調査したならば、団員として渡満した恐らく大多数の者の、参加を決意した出発点に於ける各人の心性の裡には、その動機として多少不純と見られる点があつた」(106)からである。「共同経営に於ては余程精神的に訓練されたものゝ結合でなければその成果を期待出来ず」(107)、「勤勉な者が却つて共同を忌避」(108)したのである。

第3に、団員が満洲での農業に不慣れであったからである。満洲では、内地よりも「短期間の中に比較的広大な面積を耕作する関係上、耕作の点より見るも畜力の必要性が大き」(109)かったことによる。

第4に、「永豊鎮入植後も佳木斯冬営中と同様と云ふよりはむしろ夫れ以上と云ふ悪い治安状態が連続した」(110)からである。そのため、「部落員の半数位

53

は何時も警備勤務か、討匪行」(111)となる場合もあり、「野良仕事をするのに銃を背負つた儘の、つまり武装した農夫と云つた姿である。作業者がそんな姿勢である許りでなく、更に作業場全体を眺望出来る丘陵上には必らず看視員を置くと云ふ警戒振り」(112)であった。この団では、1938年までに20人の団員が戦死した。負傷者となれば、さらに多い。「戦死傷者を出した如き場合の衝動は実に大きく計り知れない」(113)のは当然であった。

　特に1934年の春に起きた土竜山事件（日本軍による「土地買収」、「銃器回収」、「種痘」に反対した武装蜂起である。当時、北満洲の土地相場は7反5畝で、熟地が10～18円、未墾地が1円以下であったが、軍はすべて1円で買うようにした(114)。満洲全体で2,000万haにもおよぶ土地が収奪されることになるが、国有地や未利用地だけでは到底足りず、また未利用地はすぐに耕作できないため、現地住民が所有する既耕地が狙われ、脅されて奪われたのである。拒んだ農民は殺されることもあった(115)）では、「「日本人を殺せ！」「日本開拓民を追放せよ」」(116)といって、「幾万を算へる匪団が永豊鎮を攻撃」(117)した。これに対して、「猛烈な、飛行機も参加しての日本軍の攻撃」(118)が続けられた結果、4月末にようやく危機を脱したが、「未だ必らずしも平穏とは云へない。（中略）復た来るんぢやないか、と云つた不安が多分に残され」(119)たのである。

　第5に、「第一回の入植であつたがために（中略）満拓或ひは先遣隊開拓団の建設班等の経験及び指導によって建設作業が進められるが如き条件が与へられず（中略）凡てを団の力で解決せねばならなかつた事は建設作業進行上団員にとつては大なる負担であつた」(120)からである。そのため、「家屋建設等の建設作業の為めに団員は之に追はれ自ら農耕を軽視せざるを得」(121)なかった。

　第6に、退団や死亡、上記のような事態によって動揺が広がるとともに、開拓民の体力が低下して、労働力が急激に不足したからである（団員数は入植時493人であったが、1938年には299人へと激減）。労働力を補充するため、1933年秋～1936年にかけて、花嫁招致が実施され、「約二十数名の家族が招致せられたのを初めとして、夫より昭和九年春秋二期に、約一五〇名、昭和十年約一〇〇名が招致され、十一年度春に八〇余名の招致を以て殆ど一段落」(122)した。「武装姿も甲斐々々しい護衛を兼ねた花聟の御す大車に乗つての入植地入り」(123)であった。それでも彼女たちは、「お国のために」、そして内地では考えられない「自由な夫婦生活」(124)を求めて渡満した(125)（資料4）。なぜなら、

「小さい頃から、母や姉が封建的な家風に虐げられてる姿を見て」(126) 育ったからである (127)。しかし皮肉なことに、この措置は共同経営の運営を一層困難なものにした。なぜなら、家族をもったことによって、最低限でも家族内協業が成立し、個別経営への欲求が高まったからである。

　大量移民政策期になると、「大陸の花嫁」の需要が高まり、拓務省、農林省、文部省共同で総力をあげて「花嫁百万人送出計画」を策定し、開拓女塾などの「大陸の花嫁」養成機関が登場した。訓練の過程で、満洲の気候風土になじめず、訓練所を去る者が少なからず存在した。また結婚後の開拓団での生活があまりにも不自由なため、自信をなくす者が続出した。なかにはこうした訓練所に入所することなく、いきなり開拓地へ嫁ぐ女性もいたのである (128)。「大陸の花嫁」については、池田玲子『「帝国」の映画監督　坂根田鶴子』吉川弘文館、2011年、相庭和彦ほか『満洲「大陸の花嫁」はどうつくられたか』明石書店、1996年などに詳しい。

資料4：花嫁募集のポスターの言葉（東宮鉄男作）

```
新日本の女性よ大陸に嫁げ
ペチカ焚きつゝ帰りを待てば　　雪の小道に鈴の音響く
響く鈴の音近くなる　扉明ければ毛皮に粉雪
小雪払へばこぼるる笑顔　　笑顔こぼるる茶はたぎる
```

〔前掲 弥栄村開拓協同組合編『弥栄開拓十年誌』253頁〕

　第7に、幹部・指導員は、「対匪戦の指導に、農業技術の指導に、団全体の向上、発展のための所要計画樹立、外部と折衝、或は環境に屈服して挫折せんとする一部団員の誘導に、開拓民集団の枢軸」(129) であり、「あらゆる場合に於いて、動じない確固たる信念の所有者」(130) であるはずが、実際には、「部落毎に中心となるべき先導者を欠」(131) き、彼らが諸問題に対処するリーダーシップをもたなかったからである。

　このように、「作業は益々以て意の如くならず」(132)、「団員の中には相当多数、精神的に動揺」(133) して、「将来への希望を失はせ」(134)、共同作業がいよいよ困難になったのである。

こうした深刻な状況を反映した事件が、1933年7月の幹部不信任運動である。この事件は、「斯うなつたら最後の手段だ。移民を討伐するまでだ。（中略）吉林軍では駄目かも知れない（討伐できないかもしれない）から、日本軍の中隊、それで駄目なら連隊、師団を出しても良い、徹底的に討伐する」[135]という東宮鉄男の脅迫により収束したが、「一時は（中略）凄愴な雰囲気を醸成し、更に一部団員間には、携帯している兵器を以つてする不穏行動を計画する者すら」[136]あった。この事件に加わった団員たちが、当時の拓務大臣、永井柳太郎に提出した「幹部不信任案」の内容から、当時の団員がどのような状況にあったかの一端を垣間見ることができる（資料5）。

資料5：幹部不信任案

○「連絡円滑ヲ欠キタルタメ度々匪賊ノ襲撃ニ遭…」（「治安」関連）
○「（指導員の）無経験ニ起因シテ作製セル農具ハ使用ニ堪エズ、無謀ナル水田計画モ労力、費用ヲ徒費シ中途ニシテ放棄スルノ止ムナキニ至レリ」「未開墾地ニ等シキ荒地ニ徒ラニ反別ノミ播種セシメ総テ半作以下ト推定サルゝ如キ状態ナリ」（農事関連）
○「佳木斯上陸以来（中略）防寒装備不充分、且ツ風土激変ヲ顧慮セズ計画セルニ依り、疾病者続出、内地送還ノ止ムヲ得ザルニ至リシ者多数アリ」（生活関連）
○「幹部互ニ我ヲ主張シ相反目セルタメ、警備、農事、作業ノ円滑ヲ欠キ隊員ハ団結ノ核心ヲ失フ」「（幹部・指導員は）隊員（団員）ノ決議事項ヲモ受ケ容レズ差別的待遇ヲナシ、屯墾隊懲罰令ヲ濫用シ勝手ニ除名処分ヲナシ」「高価ナル娯楽品、化粧品等不必要ナル物品ヲ購入シ又、慰問トシテ寄贈セラレタル物品ヲ販売シ、売上金ヲ以テ各自日用品ヲ分配スルコトニ言明セシモ、分配サレタルコトナシ」「戦病死者ノ待遇冷酷ニシテ何等遇スルノ道ヲ講ゼズ（中略）隊員ニ悲憤ノ念ヲ抱カシム」（幹部・指導員関連）

〔前掲 弥栄村開拓協同組合編『弥栄開拓十年誌』236～239頁、但し括弧内は筆者記す〕

（3）　部落単位共同生活の解体とその理由

　部落規模での共同生活が必要であったのは、団全体の共同生活が必要であった理由とほぼ同じである。しかし、「各人の基礎は極めて薄弱であるにも不拘、（中略）個人単位の生活へ分立兆候を見せて来て、共同生活に破綻を来し始め

たのは昭和九年春」(137)であった。部落単位共同生活が不安定で、農業を発展させることに寄与せず、これほど容易に解体した理由として、次の8点があげられる。

第1に、「共同生活中に一部無理解者があり、夫れ等の行動が真面目な者に著しく刺戟を与へた」(138)からである。

第2に、「完成する個人家屋を見て大きな落着きを感じ出した結果、共同長屋当時は兎角招致する気にもなれなかつた家族を、此の頃から招致希望者が急に続出」(139)し、プライバシーのある生活が求められたからである。花嫁招致はたしかに団員を「落着かせる為にも必要な手段であるとの考慮の下に早急」(140)に実施されたが、皮肉にもかえって共同生活を破綻に導いた。

第3に、非常に多くの団員およびその家族の体力が低下し、病気にかかったからである。これは、「粟と米の四分六飯で（中略）味噌汁と野菜煮付けが普通」(141)であり、満洲の気候風土に適した食生活とはほど遠かったことや不潔であったことなどによる。そのため、たとえば「全団員の殆んどが（中略）赤痢に罹患」(142)して「毎日百数十名の欠勤者」(143)がでたのである。「其の後渡航した家族も（中略）夏季に於て例外なしに一遍は体験」(144)した。また、トラコーマ（クラミジアによる結膜炎）も「日本内地より高率」(145)であった。「医師として、その人を得なかつた為、往々にして、団員の不平をかもし」(146)た。

第4に、「精神的、肉体的両面からの極度の疲労と、之れを補ふに足る充分な給与が伴はないために、（中略）耐えられない淋しさを感じさせ」(147)たからである。「煙草銭まで遣い尽くしたる後の寂しさ」(148)や「冬越食費すら欠乏」(149)ということから、その惨めさがわかる。

第5に、「洋服とも支那服とも、さりとて和服ともつかざる弊衣」(150)であったからである。これでは、夏はよくても、冬を越すことは困難であった。

第6に、団員の不安定な精神状態を落ち着かせるような娯楽や慰安がなかったからである。1933年11月から「二十五、六頁見当の月刊雑誌、「北辰」が創刊された」(151)が、1936年春に「種々の事情で中止するの已むなきに至つた」(152)という。また、「昭和八年から、二－三年間は年賀郵便が四月に入つて配達されたり、新聞が二週間分位一度に到着―それも二ヶ月位前のもの―したり、一－二ヶ月遅れの新刊雑誌？が普通の状態だつたりと云つた有様であつた。それも図佳線の開通（1936年～）によつて一変し」(153)たものの、「内

地との文書の往復所要日数は三週間前後」(154)もかかった。「簡易な図書館が新設」(155)されるのは、1941年暮れになってからで、「村にて新規に購入せるものと、一般よりの寄贈とを併して現在五〇〇部余の蔵書」(156)となった。特に「満洲内にて発行するものは勿論、内地発行の新聞始め、月刊雑誌多数が購買され（中略）婦人雑誌が首位を占め、全数の七十％を算へ（中略）総合、農畜産専門雑誌が残数」(157)であった。弥栄神社や寺院が建立され、「祭礼当日は村民鮮満系も含んだ多数を加へて、終日嬉々として送り限りなき悦楽の日である。村に於ける年中を通じての最大行事」(158)であった。さらに東本願寺からは僧が派遣され、開拓民の精神安定をはかった。しかし、開拓民への農業への関心・意欲の低下・喪失を防ぐことはほとんどなかったのである。

第7に、前述のように、退団者が続出するとともに、戦病死者も22人に達し、団員を動揺させたからである。

第8に、このような諸問題を解決できるリーダーシップを、幹部・指導員がもたなかったからである。

第3節　組単位共同経営および組単位共同生活の実態（1936年）
―農作業の合理的単位の解体―

(1)　組単位共同経営の解体とその理由

気の合う者どうしの集まりであるとともに、農作業の合理的単位として「数戸を単位とする共同経営は奨励され」(159)、彼らは「三、四名の共同経営」(160)を行なった。これは、1936年前後、各戸に1人の労働力（夫）と、1頭の役畜（表6）があったことが主な理由である。つまり、4人の労働力と4頭の役畜というのが、1戸では足りない耕地（表7）や家族労働力、役畜、農具などを補い合って、雇用労働力を導入することなく、農作業が可能となる理想の経営単位と考えられたのである。

表6：1戸当たりの役畜数の変化（1934、1935、1937、1938年）

単位：頭

経営形態	年	青森	岩手	宮城	福島	長野	新潟	群馬	栃木	茨城	秋田	北大営	山形	平均
部落単共同	1934	0.7	0.7	0.5	0.5	0.5	0.6	0.5	0.9	1.3	0.9	0.5	0.4	0.6
部落単共同	1935	1.1	0.9	0.9	0.9	0.9	0.9	1.1	0.9	0.9	2.5	0.8	0.8	1.0
個別	1937	2.1	2.0	2.0	3.2	2.3	3.7	2.1	2.7	2.1	2.1	1.8	3.2	2.4
個別	1938	1.9	2.7	2.8	3.0	2.5	2.6	2.7	2.9	2.5	3.4	1.4	4.2	2.7

〔前掲 松下編『弥栄村史』121頁、山名義鶴『弥栄村建設の五年』満洲移住協会、1938年、164～165、194～195頁、山崎芳雄『弥栄村要覧』満洲移住協会、1936年、91～92頁より作成〕

表7：1戸当たりの耕作面積の変化（1933～1937年）

単位：町歩

経営形態	年	青森	岩手	宮城	福島	長野	新潟	群馬	栃木	茨城	秋田	北大営	山形	平均
部落共同	1933	0.7	1.8	1.4	0.6	0.9	1.2	1.5	1.8	1.6	0.8	1.0	1.2	0.9
部落共同	1934	0.7	0.8	1.1	0.6	1.1	0.8	0.8	0.7	0.6	1.0	1.2	0.7	0.9
部落共同	1935	0.8	1.6	2.6	1.8	1.5	1.8	1.4	1.2	1.7	1.7	1.7	1.6	1.7
組共同	1936	1.4	3.7	2.7	4.8	2.6	2.4	2.8	2.6	2.3	3.4	2.9	4.0	3.4
個別	1937	3.7	5.2	3.5	6.0	5.1	5.3	4.3	4.3	5.3	3.5	3.7	4.8	4.5

〔前掲 山名『弥栄村建設の五年』155～156頁、前掲 山崎『弥栄村要覧』133頁、古山勝夫『移民地調査資料第二輯』満鉄産業部農林課、1937年、16～17、43～46頁より作成〕

　そのほかに、組単位の共同経営が好都合とされた理由として、反満抗日部隊の襲撃に備えるとともに「営農上必要な物置、畜舎等の付属建物は（中略）建造され」(161)る必要があり、こうした作業には組での共同作業が適していたことがあげられる。

　しかし実際には、「必ずしも規定通りに厳守されたものでなく、最早や単独経営に移つたものも」(162)あり、組単位共同経営は機能しなかった。この理由として、次の5点があげられる。

　第1に、入植当初よりも「治安」が回復してきて、集団でいる必要がうすれてきたからである。土竜山事件の後、軍が永豊鎮付近に駐屯した。また、1936年末には、図佳線（図們～佳木間の鉄道で、第1次試験移民団入植地内に弥栄駅が設置）の開通によるところが大きい。鉄道が開通したことで、満鉄鉄道警備隊が配置されたからである。1937年春の「村内警備電話架設」(163)も「治安」

の回復に貢献した(164)。

　第2に、前述のように、組単位共同経営は同一県出身者で気の合う者どうしで編成されたにすぎず、地縁的な結びつきが脆弱で、農業現場で共同作業が実現するほどの共同性を確保できなかったからである。

　第3に、「耕地は既耕地と併せて三、〇〇〇余町歩を得るに至つた」(165)からである。これは、「昭和十年に至り哈爾濱鉄路局より同局所有のトラクター二台を借受け六月末より開墾を開始し、同年度内に一五〇町歩を開墾した（中略）更に翌十一年度に於ては更にトラクターを増加し、満洲拓植公社より一一台を借受け同年度内に一、〇〇〇町歩の開墾をなした」(166)ことで得られた。その結果、1戸当たり10町歩の耕地を確保した(167)ことになる。つまり、開墾事業は「満拓との間に請負契約を結んで、満拓が此の事業を遂行することゝなつて、移民団としては此の方面への労働需要」(168)がなくなったのである。

　第4に、農耕に必要な労働力を確保できるようになったからである。①「昭和十一年には大部分の家族（花嫁）招致を終了」(169)し、最低限の家族労働力を確保でき、家族内協業が成立した（ただ、すぐに始まる出産ラッシュによって、妻は主要な労働力とはなりえなかった）。②雇用労働力を導入できるようになったことが何よりも大きい。本来であれば、開拓民自身が「精神方面並に技術方面より満洲農業に自信を有すること」(170)が必要であったが、「雇用満農の入村が増加」(171)したことで、家族労働力の不足をカバーできた。「中国人農民は日本「開拓団」に雇われれば、軍隊に徴用される義務労働が軽減あるいは免除された」(172)といわれる。1938年には「二千を超える満人の居住する現在と入植当時とを比較する時、僅か五ヶ年の幾月を経過した相異とは思はれない」(173)といわれ、1940年には「一千六百余戸（人口約七千）ノ満鮮人カ集」(174)まり、村の総人口は14,000人に達した（表8）。

表8：人口内訳（1942年）

民族		移民（日本人）	「鮮人」	「満人」	計
戸数		328戸	154戸	2,260戸	2,742戸
人口	男	834人	464人	6,807人	8,105人
	女	770人	360人	5,150人	6,280人
	計	1,604人	824人	11,957人	14,385人

〔前掲 弥栄村開拓協同組合編『弥栄開拓十年誌』297頁より作成〕

第 1 章　共同経営および共同生活の解体と森林資源収奪

　ただ、雇用労働力の導入には多額の現金が必要であったが、その現金は、開拓民に対して「林地利用の自由が許されて」(175) いたことで確保できた。しかし、森林伐採および木材運搬を円滑にするためには、役畜を確保しなければならず、役畜を確保するためには飼料を十分に確保しなければならない。開拓農家は、どのようにそれらを確保したのか。

　まず、役畜については「最少限必要な農具や家畜も揃」(176) って、「各戸に牛か馬かいづれかの一頭（団で合計320頭）が交付」(177) された。これらのうち、多くの役畜が、「先住民から買収」(178) された。このことは開拓民が土地だけではなく、役畜なども現地住民から奪ったことを意味している。

　次に、新潟部落および群馬部落における作付面積の変化をみると、1936〜1937年に燕麦を中心とする麦類（燕麦・小麦・大麦など）の作付割合が40〜50％に達し、それまで割合が高かった大豆やとうもろこし、粟が大幅に減少していることがわかる（表9、10）。また、満洲在来農法における大豆と小麦に必要な1町歩当たりの労力・畜力を比較すると、大豆よりも小麦の方がはるかに少ない労力・畜力で栽培できることがわかる（表11）。つまり、開拓農家は、雇用労働力を節減するとともに、農業や木材運搬に必要な役畜に対する飼料を多量かつ安定的に確保しようとしたのである。しかし、地力維持作物（大豆）の作付を減らしたことで、地力の維持がますます困難になったことはいうまでもない。

表9：新潟部落における作付面積の変化（1933〜1937年）

単位：町歩、％

		大豆	とうもろこし	粟	小麦	大麦	燕麦	その他	計
実数	1933年	12.46	5.83	15.72	8.10	—	—	1.85	43.98
	1934年	11.60	—	1.60	4.30	2.20	—	2.70	22.40
	1935年	13.20	2.30	5.50	10.25	4.68	1.80	10.60	48.33
	1936年	10.70	6.00	6.30	12.10	6.40	12.50	21.16	75.16
	1937年	25.00	10.00	13.00	22.00	15.00	28.00	24.30	137.30
割合	1933年	28.3	13.3	35.7	18.4	—	—	4.3	100.0
	1934年	51.8	—	7.1	19.2	9.8	—	12.1	100.0
	1935年	27.3	4.8	11.4	21.2	9.7	3.7	21.9	100.0
	1936年	14.2	8.0	8.4	16.1	8.5	16.6	28.2	100.0
	1937年	18.2	7.3	9.5	16.0	10.9	20.4	17.7	100.0

〔前掲 古山『移民地調査資料第二輯』43〜46頁、前掲 山名『弥栄村建設の五年』155〜156頁〕

表10：群馬部落における作付面積の変化（1933〜1937年）

単位：町歩、%

		大豆	とうもろこし	粟	小麦	大麦	燕麦	その他	計
実数	1933年	18.00	6.00	13.00	6.85	2.50	—	6.10	52.45
	1934年	12.00	—	1.00	7.50	—	—	2.60	23.10
	1935年	10.76	2.54	3.43	10.18	5.12	—	6.53	38.56
	1936年	13.96	4.50	8.85	18.72	9.85	5.72	13.11	74.71
	1937年	32.40	3.60	3.60	16.00	7.00	21.50	22.80	103.30
割合	1933年	34.3	11.4	24.8	13.1	4.8	—	11.6	100.0
	1934年	51.9	—	4.3	32.5	—	—	11.3	100.0
	1935年	27.9	6.6	8.9	26.4	13.3	—	16.9	100.0
	1936年	18.7	6.0	11.8	25.1	13.2	7.7	17.5	100.0
	1937年	30.3	3.4	3.4	15.0	6.5	20.1	21.3	100.0

〔同上〕

表11：満洲在来農法における1町歩当たり所要労力・畜力

	大豆		小麦	
	労力	畜力	労力	畜力
整地	0.3人	1.0頭	0.4人	1.4頭
播種	4.2人	6.0頭	4.0人	2.8頭
除草中耕　第1回	6.4人	—	4.8人	—
第2回	5.3人	—	—	—
第3回	1.1人	—	—	—
第4回	0.8人	2.3頭	—	—
計	18.9人	11.6頭	9.2人	4.2頭

〔安田泰次郎「北満開拓地農業経営の新動向」『帝国農会報』31巻4号、1941年、77頁より作成〕

第5に、幹部・指導員が共同作業を持続させるリーダーシップをもたなかったからである。

(2) 組単位共同生活の解体とその理由

1936〜1937年にはほとんどの団員が家族をもつようになったため、彼らはプライバシーのある、そして一家団欒のある生活を強く求めるようになった。妻が炊事を担当できるようになり、また「昭和十年度既に大部分」[179]の「家

屋の準備が終」(180)わった結果、共同炊事はもちろん共同生活そのものが解体することになったのである。そのようななか、開拓農家が個別生活化を強行できたのは、やはり森林伐採・木材運搬から得られる多額の現金収入があったからにほかならない。そして、結局、開拓民の急速な個別生活への動きに対して、幹部・指導員は共同生活を持続させ、農業生産を発展させるような手立てをとることができなかった。

共同生活の解体の契機となったのが、「家族」であった。家族によるこの欲求を抑えるか、またはそれに代わる新たな策を講じるかが、後の大量移民政策期に求められることになったといえる。

第4節　「未熟な小農経営」と森林資源収奪（1937年～）

(1)　「未熟な小農経営」の内実

こうしてうまれた「未熟な小農経営」とはどのようなものであったのか。ここでは、『弥栄村綜合調査』から、「代表的中庸農家二十戸」(181)の平均値を例としてみる。本節では、これを調査農家とよぶ。ここから読み取ることができる「未熟な小農経営」の特徴として、次の4点があげられる（表12）。

第1に、内地の農家とはずいぶん異なり、「典型的家族構成は経営主たる団員とその妻及び乳幼児の三名」(182)で、家族労働力が実質、団員（夫）だけであったことである。これは、「普通の開拓民はほとんど単身入植して後、家内を持つた者」(183)であるため、「二、三年もしたら頭数はふへるであらうがそれは却つて労働力をマイナスする増加である。内地などではよく畑の畔に子供を置いて働いてゐるさまを見受けるが、満洲の開拓地では最も人手がゐる除草期には蚊（ブト）子が多くて到底子供を外へ置いて働くと云ふ様な事は出来ない。今弥栄村では平均三名程の子供がゐるから、一家の労働能力は一、二名か或ひは一名」(184)であったからである。このように妻が主要な農業労働力とならなかったのは、「"生めよ増やせよ"の国策に副ってたくさんの子供を産んだ」(185)ことと、「親の世代が極めて少数であった」(186)ことから、彼らの援助を望めないなかで、「育児及び炊事」(187)を担ったことによる。そのため、妻は自宅の庭で、「蔬菜畑（主に「馬鈴薯、胡瓜、茄子、蕃椒、向日葵、西瓜、トマト、葱、

南瓜、牛蒡、菜豆、甜瓜等」(188)の栽培)の手入をなす位のものであり、結局農業労働供給源としては極めて、軽少な意義を有するに過ぎない」(189)状態であった。「内地農村等に於て経営主、夫婦の他に老父、母等の同居して炊事育児の事に当つて、経営主夫妻専ら農耕に従事するを得しめて居る状態とは可成りの相違」(190)があった。したがって、なんらかの事情で、団員（夫）が農業を担うことができない事態が生じた場合、それだけで開拓農家そのものが農業から離脱することになったのである。特に、「「第一号の農村」視察(弥栄詣で)は皇室（高松宮や閑院宮春仁殿下）をはじめ、開拓行政者は勿論、文学、言論関係者、満洲国高官、日本軍隊関係者らによって、ひきもきらぬような毎日で」(191)、農作業の妨げになったとすらいわれている。

第2に、前述のように、「共同を有利とする場合は相互間の約束により共同するも差支へな」(192)かったが、団員間の地縁的な結びつきが脆弱で、内地農村では通常行なわれていた農家間協業が成立しなかったことである。

表12：第1次試験移民団弥栄村調査農家における家族構成

単位：人

主として農業に従事			補助的に農業に従事			農業に従事せず			計
男	女	計	男	女	計	男	女	計	
1.05	0.35	1.40	―	0.50	0.50	1.00	1.70	2.70	4.60

1：「主として農業に従事」とは普段農業のみに従事する者、「補助的に農業に従事」とは家事等の副務を有する者をいう。
2：主として農業に従事する女性（妻）は自宅の庭で野菜作りを行なっていた者がほとんどであったと考えられる。
〔前掲 京都帝国大学農学部第一調査班編『弥栄村綜合調査』98 頁〕

第3に、開拓民は、満洲での「耕作の技術（中略）不充分」(193)であったことである。多くの者が、特に満洲での耕作に不可欠な役畜操作を苦手とした。後に、満馬に比べてはるかに大型で牽引力の大きな日本馬が導入（日本馬移植事業）されても、ほぼ無駄に終わった(194)。事実、「畜舎設備、飼育管理不充分」(195)のため「病馬の続出」(196)し、日本馬はその能力を発揮できなかった（図16）。その結果、「日本馬の現地に於ける抵抗力弱き（中略）在来の満馬が抵抗力強く且つ粗悪飼料に耐へ、而も牽引力の旺盛」(197)となった。また、役畜の「盗難事件が頻発し、之が補充（中略）困難」(198)であったことも、耕作を困難にした。

第4に、開拓民の体力が低下した状態にあったことである。このことに関し

第1章　共同経営および共同生活の解体と森林資源収奪

ては本節の第3項で詳しくみることにする。

　そのため、開拓農家は大量の雇用労働力を導入しなければならなかった。満洲では、日本の多くの地域とは異なり、「冬季土壌凍結の為め二毛作は不可能で、麦の如き冬作は夏作の位置を奪ひ、又春季の緑肥栽培も不可能である等土地利用は極めて制限」(199)され、また、「土壌の重粘とは相俟つて所要労力を大」(200)にし、「広大なる耕地面積を耕作することは家族員の僅少なることより決して容易なものではな」(201)かったのである。

　こうした雇用労働力の大量導入は、家屋と耕地との距離も大きく関係していた。つまり、「遠く離れた場所に土地を持つたものは二粁或ひは四粁以上もの処に耕作地を持つことになる。時間に労働力に途中のロスは云ふ迄」(202)もなかった。こうした事態が起きた理由として、次の2点があげられる。

図16：日本馬と満馬の比較
図の左にある一番大きな馬が日本馬である。
〔大瀧真俊「日満間における馬資源移動」前掲『日本帝国圏の農林資源開発
―「資源化」と総力戦体制の東アジア―（農林資源開発史論Ⅱ）』107頁〕

　第1に、「土地分割ハ原則トシテ百米突ニ千米突帯状ニ定メタルモ地形ニ依リ或は地域ノ広狭ニ依リ他ノ形状ヲ採用」(203)したために、各戸の耕地が分散して存在したからである。これは耕地の肥沃度に配慮するとともに、弥栄村地域が、満洲ときいて一般的に想像される「広漠たる大平原的なものでなく大波

65

状型をなしてゐる丘陵地帯」(204)であったことによる。

　第2に、個人家屋の分散建築が、「治安」の関係から、基本的には「厳重に禁止」(205)されていたからである。部落によっては、家屋が「一地に集団せるものと、一定の間隔を置いて散在せるものとがある」(206)が、「各個人所有地が何処になるか（中略）判明しない裡に個人家屋の建築を急いで完成した部落或は、治安の関係で個人家屋の分散建築を到底望み得ない状勢下に於いて家屋を竣工させした部落等は（中略）自己所有地と家屋との距離が頗る大きくなつて来る結果となり農業経営上不便となり大きな欠陥を生じ」(207)ていた。

　こうして、開拓農家では、雇用労賃の支払いが農業経営費の約36％にも達したことからわかるように、「多額の労賃を支払はねばならず、従って経営費のみ嵩み（農業）経営は不利に陥入る」(208)ことになった（表13）。

表13：弥栄村の調査農家における農業経営状況（1940年）

農業粗収益	農業経営費				農業純収益
	雇用労賃支払い	飼料	その他	計	
2705.70円	507.50円	326.46円	588.65円	1,422.61円	1,283.09円
―	35.7%	22.9%	41.4%	100.0%	―

〔前掲 京都帝国大学農学部第一調査班編『弥栄村綜合調査』101～103頁より作成〕

　そのようななか、開拓農家に重宝されたのが、年雇（常雇・常傭・年工）で、調査農家では、1.2人(209)の年雇が導入された。開拓農家にとって、年雇は「臨時傭（月雇・月工や日雇・日工）の数多くして常傭を無くすると言ふ様なことは考へられぬ」(210)存在であった。なぜなら、「常傭は農耕に関して一つの技術とも言ふべき（中略）家畜による耕耘が上手」(211)で、彼らがいなければ、「能率が著しく低下」(212)したからである。家畜の操作だけでなく、「耕種作業は勿論、家畜の飼養管理から各々の雑作業にも従事し、家事の手伝もやる場合が多」(213)く、雇用労働者への賄い作業をも担当した。なかには、「（日本人の）世話でさえ、俺たち（雇用労働者）がした」(214)ことがあったという。年雇の多くは、「移民団入植前此の付近に於て農耕に従事しつゝあつた満人農業者であつて、彼等が移民団入植後其の土地家屋を失ひたるを団に於て臨時雇入れ、使役して居る内、引続き年工として働く様になつた」(215)のであり、年雇の家

族（特に妻）も農繁期には月雇や日雇たち（20～30人）への給食のために過酷な労働を強いられた(216)。当時、「日工、月工、年工何れも賄付のものが多いのであつて無賄のものは例外」(217)であり、三江省地域では一般的に1日3食であった。このように、年雇が家事の多くを、開拓農家の妻の代わりに担ったために、大量の雇用労働力の導入が可能になるとともに、開拓農家の妻は自宅の庭での野菜作りが可能となったのである。

このように、雇用労働依存経営化したことに加えて、次の点も農業経営を一層不安定化させた。4点あげられる。

第1に、雇用労働力の導入（農業経営費の増大）を抑えるために労働粗放化が進み、雑草を完全に取り除くことができなくなるとともに、ほとんど肥料を施すことがなく、地力が減退したからである(218)。特に、「肥料を使用して居る農家は殆んど無く、僅かに蔬菜栽培に於て堆厩肥を施用して居るに過ぎない（中略）厩肥の如きも殆んど無価値物同様に厩舎裏に堆積せられて」(219)いた。

第2に、鳥獣害対策がとられなかったからである。たとえば、「山に近い丘陵地帯に於ける部落にありては野猪の大群襲来し来たりて蒙むる被害も亦少くなく、更に狼による家畜の被害も軽視し得」(220)ず、「新潟屯の一農家の如きは主力を傾注せる緬羊飼育が一夜にしてその害を被り殆ど再起不能の状態」(221)となった。そのほか、野鼠や渡鳥の害も甚大であった(222)。

第3に、病虫害を防ぐことができなかったからである(223)。つまり、「未だ病虫害の防除に対し注意を払う（中略）農業を行つてゐない。殊に開拓地にあつては、その傾向が強」(224)かった。防除には、「熟練せる人の指導の下」(225)に、その上で、「病害駆除に対する講習会等をしばしば開き（中略）絶対に病害を除かねばならぬと云ふ観念を植付けるべきである。其他ポスターに依る宣伝、病害防除に関する法令の発布、又は懸賞金付きで防除を奨励する等の方法も大いに利用」(226)して、種子の「風選、水選」(227)や温湯消毒、「薬剤消毒」(228)、抵抗力の強い品種の栽培、そして、当時、「最も手軽で且最も有効な防除法の一つは被害植物体の除去、焼却」(229)、などを徹底的に行なうことがすすめられた。

特に、除去・焼却に関しては、「学童の閑暇（中略）小学校生徒の労力を利用」(230)するだけでなく、「一戸の者のみが自己の畑にのみ行つたのでは効果は薄いもの故、或一定の単位（組単位）を以て互いに助け合つて一斉に除去、撲滅に努めるべきである」(231)とされたが、こうした共同作業が困難であったこ

とは前述のとおりである。それに、「連作を避け」[232]るようにしばしば奨励されていることから、輪作が適切でなかったこともわかる。

　上記の事態は、「一村に対して数人の指導員を置いて絶えず防除に関して指導することが望ましい。弥栄村にも嘗ては指導員が置かれたが現在は居ない」[233]ために引き起こされた。したがって、「播種より収穫まで常に病気発生の恐怖にさらされ」[234]ていたのである。

　第4に、河川工事が行なわれず、「度々洪水による災害等を蒙つた」[235]からである。「低地にある農耕地は水害を受け易く（中略）排水の条件悪く、之が為め被害の程度を一層深刻」[236]にしていた。なかには、「殆ど毎年水害を蒙むり（中略）収穫皆無の処すら少くな」[237]かった。また、「降雹の被害も蒙むりその収量は殆んど二割乃至三割程度」[238]となった。たとえば、「昭和十三年には収穫期の八月に於ける降雹の為め北大営、福島、宮城、岩手及び青森の諸部落は八割の減収となり、又十四年度には結実期に於ける降雨の為め作物は腐敗せる等の被害があつて、これは全般的に蒙むりたるものにして、その収量も半減」[239]した。さらに「十五年度に（中略）作物成熟期に於ける降雹の為め蒙むりたる被害は栃木、群馬の二部落に於ては八割減の減収であり、秋田及び太平の両部落に於ては三割の減収となり、これ等の被害は決して少く」[240]なかった。

　その結果、農産物の「収量少なく、食味亦不良で価格低廉」[241]となった。一方、「蔬菜は自家用には差支ない様だが、気候の関係より種類の範囲は狭められ、且つ金肥の供給不可能の為め大量に作ること困難」[242]であった。

(2)　耕作地の放棄と森林資源収奪

　こうして、「未熟な小農経営」は、「純農業としての経営は困難なことと判断して、大部分の所有耕地を小作に付」[243]した。開拓農家273戸の所有耕地面積の合計「二、七八四・三町歩の中一、八四〇・七町歩は貸付地」[244]で、その割合は「実に三分の二以上に達して居り、僅かに八五八・六五町歩が自家経営用地として利用せられて居るに過」[245]ぎなかった。開拓農家1戸当たりでは3.99町歩の自家経営地と6.74町歩の貸付地を有したことになる。その後、「自家所有の八割以上を満農に小作させてゐる。これも手不足を補ふ便法としては止むを得ないのかも知れぬが、今の弥栄では、手に負へず投げ出した」[246]の

第 1 章　共同経営および共同生活の解体と森林資源収奪

である。

　ここで、非農家について述べておきたい。開拓農家の所有地の合計としてあげた2784.3町歩という数値は、当時、弥栄村に居住していた開拓農家301戸のうち273戸分に相当するものである（1戸当たり平均計10町歩）。残りの28戸は「村外居住者である関係上、所謂不在地主の如き形態をなし（中略）他の後続開拓団に転居し或ひは青少年義勇隊の訓練所に転勤して夫々所属団の指導者となり或ひは訓練所の指導員となつて勤務して」[247]いた。一方、上記の273戸のうち62戸も非農家で、彼らは村公所や協同組合などの村運営にかかわる施設に勤務していたため、農業を営めなかった人たちであった[248]。

　では、開拓農家は小作料収入によって「豊かな」生活をおくることができたのであろうか。実は、弥栄村では、「小作料は一シヤンデー（七反二畝）から満桝で一石と規定されたが五升に減じても入らず、その上家畜の飼料、種子等、営農資金の回収も出来なかつた」[249]のである。

　その結果、開拓農家は、林業に活路を見出した[250]。弥栄村の広大な森林地帯は、満洲拓植公社に属するものであったが、「満拓は此の土地の使用権を（第1次試験移民団に）優先的に認」[251]めていた。弥栄村の「東部一帯が有名な森林地帯である関係上、農閑期、特に冬期間（12〜3月）の林産資源開発」[252]によって得られた材木を「組合林産部へ売却」[253]することで、開拓農家は極めて多額の収入を得ることができた（表14）。雇用労働力をほぼ必要とせず、まさに「無より有を生ずるの有様にてその価額も莫大に上」[254]り、「その現金収入は農業生産価額よりも多額の占める事すら多く、仮令農作物が天災の為めに皆無となるも冬季の伐採作業に従事する時はそれに依つて得る収入を以つて償ふも尚余りある状態」[255]で、ますます「団員の農業経営に対する関心の希薄化」[256]を促した（図17）。

表14：調査農家における農家経済状況（1940年）

単位：円

農業純収益	農外所得			農家所得	家計費	農家経済余剰
	木材伐採・運搬収入	その他	計			
1,283.09	1,215.55	123.79	1,339.34	2,622.42	1,589.19	1,032.23

〔同上 104〜107頁〕

図17：弥栄村の製材場
〔満拓会編『写真記録・満洲開拓の系譜』あずさ書店、1988年、53頁〕

　しかし、開拓農家が林業に本格的に従事するためには、木材を運搬する「三頭乃至四頭の役牛馬」(257)が必要であった。北満では、役畜として特に馬が重宝された。これは「大面積の耕作管理の為には牛の歩みでは間に合はぬ（中略）驢（ロバ）の様な軽いものでは北満の土壌は重すぎて犂は仲々動かない」(258)ことによる。いずれにしても、これら役畜を養うためには飼料の確保が必要で、燕麦の作付が拡大されたことはすでに述べたとおりである。その結果、「大豆作付の減退」(259)、つまりは地力の一層の減退が引き起こされた。それでも飼料が不足し、雇用労賃に次ぐ経費をかけて大量に購入された。

　いうまでもなく、森林地帯は「弥栄村の水源涵養上重大関係あるものなれば濫伐に陥らざる様村民は規約を厳守するものとす」(260)と定められていた。しかし、開拓民は、次の3点で示されるように、持続可能な林業を目指すことはなかった。

　第1に、開拓民の入植後、わずか7〜8年で森林面積が急減したことである。「若し従来通りの伐採量を続ける時は長くも七－八年、短ければ三－四年と推定せられるに至」(261)るまで減少した。「之等森林地帯は入植当時は部落よりの距離も極めて近く三－四里程度のものであったが、（中略）伐採の進行と共にこの密林地帯への距離は相当遠隔となり、その距離七－八里に達」(262)した。

伐採跡地では、「僅かに苗圃の設置をみたる程度にして具体的なる造林の遂行は見られない。否、造林の能不能その様式でさへもが未だ試験されてゐない現状」(263)であった。

第2に、「酷寒を冒して早朝二－三時に起床、遠く幾里の奥山へ行つて伐木、夕刻帰村」(264)するのでは、「労働の過激なることは」(265)いうまでもなかったことである。「夜半馬車に装具して出発し寧日運材に従事し睡眠時間の充分ならざる」(266)状態であった。

第3に、「家畜も共に非常な過労に陥るのが常で（中略）農耕期に至るも尚ほ充分恢復するに至らざる故、農耕上充分に能率を発揮せしめる事」(267)ができず、「病馬を出すことも亦少くな」(268)かったことである。

そのため、農業へ回帰しようとする動きもみられ、1938年以降には、北海道農法が試みられたが、「馬農法に就いても寒心に耐えない。改良農法で手不足を補ひつゝどしどし広野を拓いて行く開拓地を想像してゐたのは、私達のあまさだつたらうか―。農具は殆んど在来満農が使用してゐた儘のものである。以前改良農具を一度取入れた処もあるらしいが、すぐ壊れてしまつたと団の人がこぼしてゐた。改良農具一切を揃へて三年前は三千四百円位であつたものが現在では五千六百円もするそうである。満拓からの助成金もなくなつた今日、一寸大金である。それよりも開拓民が一番敬遠してゐるのは粗製濫造の品ではと云ふ事」(269)と疑われ、理想的な農業が成立することはなかった。

(3) 収奪の上に成り立った生活

開拓農家が離農した主な原因として、開拓民の体力や農業に対する意欲が著しく低下したことがある。具体的な理由として、次の4点があげられる。

第1に、衣服が、寒地満洲の気候風土に適合したものではなかったからである。たとえば、開拓民は、緬羊の飼育によって、「被服の自給に充つるを第一目標とし、日本が外国から輸入する羊毛を駆逐することゝする」(270)ことも期待されたが、実際に、開拓民の衣服は「冬ニ於テ殆ント使用ニ堪ヘ」(271)ず、「一着ノ服ハ破ルルモ着替」(272)がなかった。

第2に、食生活が、寒地満洲の気候風土に適したものではなかったからである。本来ならば、「暖かい日本内地と同様にしたのでは、寒さにも耐えず、栄養の点でも不十分なので（中略）食物も冬期脂肪分を余分に摂るように」(273)

しなければならなかった。たとえば、「精白度の低い主食物と豆・乳・肉・野菜を年中平均に摂取」(274)し、乳牛だけでなく、豚や鶏の飼育によって「生活の向上に資すると共に、日本に対しても安価に美味な肉及び加工品を供出」(275)し、蜜蜂の飼育によって、「糖分の自給を図るの外販売して経済の緩和に資すること」(276)とされていたが、実際には、食生活に対する指導が行なわれず、開拓民は食生活(277)を変えることができなかった。彼ら・彼女らは村外や「鮮人より買ひ入れ」(278)てでも、米、野菜を中心とした日本式の食生活を続けざるをえなかったのである(第2章でも詳述)。このことは、弥栄村の宿泊所で、「夕食にはやっぱり刺身が出た。こゝで収穫したものは小皿の大豆と漬物の大根だけらしい。どうして開拓地でこんな食物を調えるのだろう。麦飯に薯の煮ころがしに漬物だけで結構だし、強いて動物質の御馳走をつくりたいなら野の動物を狩りしてくればよいのにと思われる。野には食べられる鳥や獣が無限に住んでいる。たゝ狩りさえすればよいのだ。どうも大陸に住む日本人の心得は大分違っているようだ」(279)といわれたことからもよくわかる。

　第3に、「家屋は相当破毀する程度も多」(280)かったからである。「建築様式は全くの（満洲）在来式と同様程度のものであつて、内部の構造に若干和風を加味したものである。暖房用として温突と壁ペーチカが設置され」(281)ていたが、「毎年度補修経費として多額の出費」(282)があった（図18）。

　第4に、子供の病気や死亡が相次いだことで、開拓民が動揺したからである。

図18：現地住民の家屋を改造して作られた個人家屋
〔前掲 満州開拓史復刊委員会編『満州開拓史』写真資料2頁〕

上記のような衣食住の問題は、特に体力のない者への影響が非常に大きく、「成人にあつては（中略）肺疾患が最も多く、小児では疫痢が多」[283]かった。また、「人工栄養児の全例及び母乳栄養児の二三％は栄養失調（標準体重の八割程度）」[284]であって、「一般に（中略）身体的発育が内地児の標準より遅延しているものが多」[285]かった（1944年12月と1945年1月に第1次試験移民団で、当時小児科教授であった三谷隼雄が乳幼児健診を実施）。これらは、乳幼児死亡率が高率で推移していたことから明らかである（表15）。これは、「年寄りのいない農村では、育児の時間、方法に色々不利不便」[286]で引き起こされたことでもあった。一方、流産や死産の割合も内地より高かった[287]。

開拓民が林業から多額の現金を手にしたことはすでに述べた。それは、弥栄村信用部における預金額の伸びをみればわかる（表16）。しかし、開拓民は、こうして得た巨額の現金を農業に投資することはなく、「小遣費の巨額、主と

表15：各年における乳児死亡率の推移

	出生	死亡	乳児死亡率
1934年	4人	―	0%
1935年	59人	―	0%
1936年	110人	6人	5.5%
1937年	128人	22人	17.2%
1938年	107人	21人	19.6%
1939年	131人	29人	22.1%
1940年	127人	23人	18.1%
1941年	130人	19人	14.6%
計	796人	120人	15.1%

日本内地における乳児死亡率を参考までにあげておくと、以下のようになる。すなわち内地では 12.4％（1930年）→ 10.6％（1935年）→ 9.0％（1940年）→ 8.7％（1943年）と減少傾向にあった（矢野恒太郎記念会編『数字でみる　日本の100年』矢野恒太郎記念会、2000年、547頁）。しかし満洲開拓地では、乳児死亡率は非常に高率で推移していたことがわかる。
〔前掲 弥栄村開拓協同組合編『弥栄開拓十年誌』255～256頁〕

表16：第1次試験移民団弥栄村信用部における預金額

単位：千円

	1938年3月	1938年9月	1939年3月	1939年9月	1940年3月
預金額	40	120	131	132	173

〔前掲 京都帝国大学農学部第一調査班編『弥栄村綜合調査』133頁〕

して団員の食堂飲食費享楽費が占める」(288) とあるように、あまりに刹那的な生活をおくったのである（表17）。

表17：調査農家における家計費内訳

単位：円

	飲食	被服等	保健衛生	娯楽等	その他	計
現金	362.64	67.74	89.00	181.47	221.58	922.43
現物	508.34	13.44	—	3.20	141.78	666.76

〔同上 105 頁〕

おわりに

　以上、第1次試験移民団弥栄村を事例に、開拓民農業経営の雇用労働依存経営化および地主化という脱農過程の前提となる個別化に着目して、経営と生活の視点から、その論理を明らかにした。

　開拓民は入植後、農家として自立可能となる条件が整うまでは、共同経営および共同生活を営むことが求められた。しかし、開拓民は個別化を強行し、その結果、「未熟な小農経営」へと移行した。以下、具体的にまとめておこう。

　部落単位共同経営が不安定であった理由として、次の10点があげられる。

　第1に、第1次試験移民団では、部落は同一県出身者で編成されていたにすぎず、農業経営を安定させるような共同性を確保できなかったために、共同作業に対する不満が高まったからである。第2に、団員間で、満洲開拓に対する熱意に大きな差があったからである。第3に、団員が農業技術に不慣れで、共同作業で足並みがそろわなかったからである。第4に、退団者の激増によって労働力が不足するとともに、動揺が広がったからである。第5に、治安が非常に悪かったからである。第6に、試験期ということもあって、援助が少なく、様々な苦労を強いられたからである。第7に、満洲の気候風土に適した生活をおくることができず、体力が大幅に低下していたからである。第8に、花嫁招致によって団員が家族をもち、最低限とはいえ、家族内協業が成立したために、個別経営への欲求が高まったからである。第9に、家族ができて、プライバシーや一家団欒のある生活への欲求が高まったからである。特に、妻は家庭に入る

傾向にあり、共同炊事などが解体して、妻の労働力を農業労働力として期待できなくなった。第10に、幹部・指導員がリーダーシップをもたず、上記の諸問題に対処できなかったからである。

そこで、組単位での共同経営へと経営単位を縮小した。当時の開拓農家が、1戸当たり家族労働力1人（夫）と役畜1頭を有していたから、組単位共同経営（労働力4人＋役畜4頭の形態）は、同一県出身者のなかで気の合う者どうしの集まりであるとともに、農作業における協業を組む上で非常に合理的であったため、非常に期待された。

しかし、組単位の共同経営は、効果をなんら得ることなく、わずか1年で解体した。その理由として、次の9点があげられる。

第1に、結局、組は同一県出身者のなかで気の合う者どうしの集まりにすぎず（地縁的な結びつきが脆弱で）、農業経営を確立するような共同性を確保できなかったため、やはり、共同作業に対する不満が高まったからである。第2に、1戸当たり10町歩の耕地が確保されたからである。第3に、農具や役畜が確保されたからである。第4に、「治安」が確保されたからである。第5に、林業に従事することによって、莫大な現金を確保できるようになったからである。第6に、現金の確保とともに、雇用労働力を導入できるようになったからである。第7に、ほとんどの団員が家族をもち、個別経営への欲求が高まったからである。第8に、上記と同様に家族ができたことによってプライバシーや一家団欒のある生活への欲求が一層高まったからである。第9に、幹部・指導員がリーダーシップをもたず、種々の問題に対処できなかったからである。

第1次試験移民団で、個別化を決定的にしたのは、家族をもったことと大森林地帯があったからである。特に、開拓農家は森林伐採・木材運搬に従事することによって、莫大な収入を得ることができた。つまり、農業面で必要とされる雇用労働力を確保できたし、役畜や農具などの購入も、生活物資の購入も容易になった。また、森林伐採・木材運搬作業は家族労働力1人でも可能であった。ただ、木材運搬には最低でも馬が2頭以上必要であったため、燕麦の作付を大幅に増やして安定的に飼料を確保しようとした。一方で、燕麦は労働粗放作物であったから、雇用労働力の節約にも好都合であった。しかし、大豆（地力維持作物）を減らしたことで、地力の減退が急速に進んだ。

部落単位共同であれ、組単位共同であれ、日本内地における部落や組といっ

たものと比べて、その共同性はあまりに弱くかけ離れていたことを指摘できる。内地にまねてそれらの名称を使用していたにすぎず、効果があるはずがなかった。したがって、農家間協業は成立せず、家族内協業も十分に組めない「未熟な小農経営」へと移行した。そのため、農業経営は非常に困難となり、その結果、経済的価値が高く、容易に高収入の得られる森林伐採・木材運搬作業へと一層傾斜していくことになったのである。

　しかし、個別期における経営のあり方は、夏期の農耕、冬期の木材運搬によって、自らの身体と役畜を酷使するものであり、持続的なものではなかった。特に、満洲に適しない生活様式を継続せざるをえなかったことが、それに拍車をかけた。一方で、無限にあると考えられていた森林も、わずか数年で枯渇するほどの伐採を行なった。

　開拓農家は、森林伐採・木材運搬によって得られる莫大な現金収入を貯金もしくは遊興費に当て、農業経営や生活の充実に投資することはなかった。いいかえると、開拓民は専業農家の確立という農業合理性を捨てて、森林伐採・木材運搬作業に従事し、さらにそれらから得られる莫大な収入をもとに浪費生活をおくるなど、非常に短期的な視野で大金を獲得しようとした。その結果、森林資源収奪に代表される永続性を否定し、他人の土地であるからできた地域資源の収奪を生み出した。

　次章では、第3次試験移民団瑞穂村を事例に、個別化後の展開である雇用依存経営化および地主化の論理を明らかにする。

註
(1) 京都帝国大学農学部第一調査班編『弥栄村綜合調査』開拓研究所、1942年、71頁。
(2) 弥栄村開拓協同組合編『弥栄開拓十年誌』満洲事情案内所、1942年、96頁。
(3) 同上。
(4) 同上。
(5) 同上22頁。但し括弧内は筆者記す。
(6) 松下光男編『弥栄村史』弥栄村史刊行委員会、1986年、405頁。
(7) 前掲 弥栄村開拓協同組合編『弥栄開拓十年誌』21頁。
(8) 同上252頁。
(9) 同上。

(10) 同上。
(11) 前掲 松下編『弥栄村史』48 頁。
(12) 前掲 弥栄村開拓協同組合編『弥栄開拓十年誌』21 頁。
(13) 同上。
(14) 1939 年には正式に弥栄村が発足し、四方台屯、永豊鎮屯、永平崗屯、青森屯、岩手屯、宮城屯、福島屯、長野屯、新潟屯、群馬屯、栃木屯、茨城屯、秋田屯、太平溝屯、北大営屯、羽陽屯、大梨樹溝屯、山形屯、向陽山屯、大八虎力屯が設置された。上記の四方台屯、永平崗屯、太平溝屯、大梨樹溝屯、向陽山屯は「満鮮」系のみ、他は「日満鮮」系混合で構成されていた。その後、永平崗屯、太平溝屯が廃止され、太平屯が新設された。さらに、1942 年には第 2 次試験移民団「千振街」に属していた「西弥栄」開拓団地区が弥栄村に編入され、新たに、八虎力屯、袞家屯、東太平溝屯、西弥栄屯が設置されて、弥栄村は合計 24 屯で構成されるに至った。同上 2 頁。
(15) 同上 21 頁。
(16) 同上。
(17) 同上 287 頁。
(18) 同上。
(19) 同上。
(20) 同上 287 〜 288 頁。
(21) 同上 288 頁。
(22) 同上。
(23) 前掲 松下編『弥栄村史』48 頁。
(24) 川村湊『For beginners 満洲国』現代書館、2011 年。
(25) 前掲 弥栄村開拓協同組合編『弥栄開拓十年誌』23 頁。
(26) 同上。
(27) 同上 24 頁。
(28) 同上。
(29) 同上 25 頁。
(30) 同上 25 〜 26 頁。
(31) 同上 136 〜 137 頁。
(32) 同上 26 頁。
(33) 前掲 松下編『弥栄村史』536 頁。
(34) 前掲 弥栄村開拓協同組合編『弥栄開拓十年誌』267 頁。
(35) 同上 37 頁。
(36) 同上 234 頁。
(37) 同上 29 頁。
(38) 同上 35 頁。
(39) 同上 28 頁。

(40) 同上。
(41) 同上 29 頁。
(42) 同上 28 頁。
(43) 同上 45 頁。
(44) 同上。
(45) 同上 268 頁。
(46) 同上。
(47) 同上 45 頁。
(48) 同上 233 頁。
(49) 同上 45 頁。
(50) 同上 233 頁。
(51) 同上 30 頁。
(52) 同上 233 頁。
(53) 同上 41 頁。
(54) 同上 45 頁。
(55) 同上 35 頁。
(56) 同上 46 頁。
(57) 同上 47 頁。
(58) 同上 233 頁。
(59) 同上 49 頁。
(60) 同上 40 頁。
(61) 同上。
(62) 同上 48 頁。
(63) 同上 40 頁。
(64) 同上 51 頁。
(65) 同上 57 頁。
(66) 同上。
(67) 同上 58 頁。
(68) 同上 59 頁。
(69) 同上。
(70) 同上 4 頁。
(71) 小川津根子『祖国よ「中国残留婦人」の半世紀』岩波書店、1995 年、52 頁。
(72) 同上 48 〜 49 頁。
(73) 同上 49 頁。
(74) 同上 52 頁。
(75) 前掲 京都帝国大学農学部第一調査班編『弥栄村綜合調査』68 頁。
(76) 前掲 弥栄村開拓協同組合編『弥栄開拓十年誌』141 頁。但し括弧内は筆者記す。

(77) 同上 219 頁。
(78) 同上 220 頁。
(79) 同上 218 頁。
(80) 同上 86 頁。
(81) 前掲 京都帝国大学農学部第一調査班編『弥栄村綜合調査』67 頁。
(82) 前掲 弥栄村開拓協同組合編『弥栄開拓十年誌』184 頁。
(83) 同上 217 頁。
(84) 同上 218 頁。
(85) 古山勝夫『移民地調査資料』満鉄産業部・農林課、1937 年、26 頁。
(86) 前掲 弥栄村開拓協同組合編『弥栄開拓十年誌』184 頁。
(87) 同上 221 頁、前掲 京都帝国大学農学部第一調査班編『弥栄村綜合調査』68 頁。但し括弧内は筆者記す。
(88) 前掲 弥栄村開拓協同組合編『弥栄開拓十年誌』221 頁。
(89) 前掲 松下編『弥栄村史』572 頁。
(90) 同上。
(91) 同上。
(92) 前掲 弥栄村開拓協同組合編『弥栄開拓十年誌』86 頁。
(93) 同上 60 頁。但し括弧内は筆者記す。
(94) 同上 136 頁。
(95) 同上。但し括弧内は筆者記す。
(96) 前掲 松下編『弥栄村史』342 頁。
(97) 前掲 京都帝国大学農学部第一調査班編『弥栄村綜合調査』69 頁。
(98) 同上 68 頁。
(99) 前掲 松下編『弥栄村史』58 頁。
(100) 前掲 弥栄村開拓協同組合編『弥栄開拓十年誌』186 ～ 187 頁。
(101) 前掲 松下編『弥栄村史』58 頁。
(102) 前掲 京都帝国大学農学部第一調査班編『弥栄村綜合調査』68 頁。
(103) 前掲 弥栄村開拓協同組合編『弥栄開拓十年誌』289 頁。
(104) 西村甲一『日本農業の共同化に関する研究―協業経営を中心にして―』財団法人日本農業研究所、1969 年。上野満『協同農業の理想と現実』家の光協会、1981 年、同『農に燃える：協同農業六十年の軌跡』家の光協会、1985 年。
(105) 前掲 弥栄村開拓協同組合編『弥栄開拓十年誌』87 頁。
(106) 同上 232 ～ 233 頁。
(107) 前掲 京都帝国大学農学部第一調査班編『弥栄村綜合調査』72 頁。
(108) 前掲 弥栄村開拓協同組合編『弥栄開拓十年誌』186 頁。
(109) 前掲 京都帝国大学農学部第一調査班編『弥栄村綜合調査』86 頁。
(110) 前掲 弥栄村開拓協同組合編『弥栄開拓十年誌』268 頁。

(111) 同上 187 頁。
(112) 同上。
(113) 同上 276 頁。
(114) 坂本龍彦『孫に語り伝える「満洲」』岩波書店、1998 年、21 頁。
(115) 同上 27 頁。
(116) 前掲 弥栄村開拓協同組合編『弥栄開拓十年誌』272 頁。
(117) 同上。
(118) 同上 275 頁。
(119) 同上。
(120) 前掲 京都帝国大学農学部第一調査班編『弥栄村綜合調査』90 頁。
(121) 同上 90 頁。
(122) 前掲 古山『移民地調査資料』17 頁。
(123) 前掲 弥栄村開拓協同組合編『弥栄開拓十年誌』254 頁。
(124) 前掲 松下編『弥栄村史』71 頁。
(125) 後藤和雄『「大陸の花嫁」からの手紙』無明舎出版、2011 年、75、101 頁などを参照。
(126) 前掲 松下編『弥栄村史』71 〜 72 頁。
(127) 古久保さくら「「近代家族」としての満州農業移民家族像：「大陸の花嫁」をめぐる言説から」『女性学研究』5 号、1997 年を参照。
(128) 井筒紀久枝『大陸の花嫁』岩波現代文庫、2004 年、26 頁。
(129) 前掲 弥栄村開拓協同組合編『弥栄開拓十年誌』226 頁。
(130) 同上。
(131) 同上 186 頁。
(132) 前掲 京都帝国大学農学部第一調査班編『弥栄村綜合調査』66 頁。
(133) 同上 69 頁。
(134) 同上 90 頁。
(135) 前掲 弥栄村開拓協同組合編『弥栄開拓十年誌』247 頁。但し括弧内は筆者記す。
(136) 同上 246 頁。
(137) 同上 142 頁。
(138) 同上。
(139) 同上 222 頁。
(140) 同上 252 頁。
(141) 前掲 松下編『弥栄村史』73 頁。
(142) 前掲 弥栄村開拓協同組合編『弥栄開拓十年誌』186 頁、前掲 京都帝国大学農学部第一調査班編『弥栄村綜合調査』68 頁。
(143) 前掲 松下編『弥栄村史』58 頁。
(144) 前掲 弥栄村開拓協同組合編『弥栄開拓十年誌』215 頁。
(145) 前掲 松下編『弥栄村史』524 頁。

(146) 前掲 古山『移民地調査資料』26 頁。
(147) 前掲 弥栄村開拓協同組合編『弥栄開拓十年誌』270 頁。
(148) 前掲 松下編『弥栄村史』57 頁。
(149) 同上 58 頁。
(150) 同上。
(151) 前掲 弥栄村開拓協同組合編『弥栄開拓十年誌』210 頁。
(152) 同上。
(153) 同上 220 頁。但し括弧内は筆者記す。
(154) 同上 220 頁。
(155) 同上 212 頁。
(156) 同上。
(157) 同上。
(158) 同上。
(159) 前掲 京都帝国大学農学部第一調査班編『弥栄村綜合調査』69 頁。
(160) 前掲 古山『移民地調査資料』40 頁。
(161) 前掲 弥栄村開拓協同組合編『弥栄開拓十年誌』225 頁。
(162) 前掲 京都帝国大学農学部第一調査班編『弥栄村綜合調査』70 頁。
(163) 前掲 弥栄村開拓協同組合編『弥栄開拓十年誌』220 頁。
(164) それでも「匪賊」の襲撃がなくなったわけではない（小林英夫・張志強共編『検閲された手紙が語る満洲国の実態』小学館、2006 年、68、71 頁を参照）。
(165) 前掲 京都帝国大学農学部第一調査班編『弥栄村綜合調査』67 頁。
(166) 同上。
(167) 弥栄村では、「一戸当平均二〇町歩と云ふのが原則となつて居る関係上、尚耕地の不足を来し最近満拓より当村に隣接せる西部地区に約三、〇〇〇町歩を買入れ、之を第二期分割として現在（1940 年）その実施中にして（中略）一戸当平均二〇町歩の分割が実現する」（前掲 京都帝国大学農学部第一調査班編『弥栄村綜合調査』67 頁）こととされていた。
(168) 前掲 古山『移民地調査資料』55 頁。
(169) 前掲 弥栄村開拓協同組合編『弥栄開拓十年誌』220 頁。但し括弧内は筆者記す。
(170) 同上 87 頁。
(171) 同上 137 頁。
(172) 西田勝・孫継武・鄭敏『中国農民が証す「満洲開拓」の実相』小学館、2007 年、63 頁。
(173) 山名義鶴『弥栄村建設の五年』満洲移住協会、1938 年、26 頁。
(174) 満洲拓植公社編『第一次弥栄村概況（康徳七年七月）』満洲拓植公社、1940 年、4 頁。
(175) 前掲 京都帝国大学農学部第一調査班編『弥栄村綜合調査』141 頁。
(176) 前掲 弥栄村開拓協同組合編『弥栄開拓十年誌』142 頁。
(177) 同上 200 頁。但し括弧内は筆者記す。1935 ～ 1936 年には、第 1 次試験移民団におけ

る団員数は約 320 人にまで減少していた。
(178) 同上 197 頁。
(179) 前掲 古山『移民地調査資料』55 頁。
(180) 前掲 弥栄村開拓協同組合編『弥栄開拓十年誌』87 頁。
(181) 前掲 京都帝国大学農学部第一調査班編『弥栄村綜合調査』96 頁。
(182) 前掲 古山『移民地調査資料』63 頁。
(183) 前掲 松下編『弥栄村史』99 頁。
(184) 同上。
(185) 同上 368 頁。
(186) 前掲 古山『移民地調査資料』64 頁。
(187) 同上 63 頁。
(188) 前掲 京都帝国大学農学部第一調査班編『弥栄村綜合調査』25 頁。
(189) 前掲 古山『移民地調査資料』63 頁。
(190) 同上 64 頁。
(191) 前掲 松下編『弥栄村史』95 頁。
(192) 前掲 弥栄村開拓協同組合編『弥栄開拓十年誌』87 〜 88 頁。
(193) 前掲 京都帝国大学農学部第一調査班編『弥栄村綜合調査』78 頁。
(194) 日本馬移植事業については、大瀧真俊「日満間における馬資源移動」『日本帝国圏の農林資源開発―「資源化」と総力戦体制の東アジア―（農林資源開発史論Ⅱ）』野田公夫編、京都大学学術出版会、2013 年を参照。
(195) 前掲 弥栄村開拓協同組合編『弥栄開拓十年誌』198 頁。
(196) 前掲 京都帝国大学農学部第一調査班編『弥栄村綜合調査』88 頁。
(197) 同上 89 頁。
(198) 同上 88 頁。
(199) 加藤茂苞『移民地を視察して』出版年不明、2 頁。
(200) 前掲 京都帝国大学農学部第一調査班編『弥栄村綜合調査』112 頁。
(201) 同上 72 頁。
(202) 前掲 松下編『弥栄村史』99 頁。
(203) 前掲 弥栄村開拓協同組合編『弥栄開拓十年誌』109 頁。
(204) 前掲 京都帝国大学農学部第一調査班編『弥栄村綜合調査』3 頁。
(205) 前掲 弥栄村開拓協同組合編『弥栄開拓十年誌』226 頁。
(206) 同上 137 頁。
(207) 同上 138 頁。
(208) 前掲 京都帝国大学農学部第一調査班編『弥栄村綜合調査』78 頁。但し括弧内は筆者記す。
(209) 同上 98 頁。
(210) 同上 109 頁。但し括弧内は筆者記す。
(211) 同上 109 頁。

(212) 同上 111 頁。
(213) 同上 148 頁。
(214) 前掲 西田・孫・鄭『中国農民が証す「満洲開拓」の実相』155 頁。但し括弧内は筆者記す。
(215) 前掲 古山『移民地調査資料』69 頁。
(216) 前掲 西田・孫・鄭『中国農民が証す「満洲開拓」の実相』166 頁。
(217) 小西俊夫編『開拓村に於ける雇用労働事情調査』開拓研究所、1942 年、148 頁。
(218) 雑草として、「エゴマ、アヲビユ、シロザ、イヌタデ、ハチヂヨウナ、エノコロ、ノビエ、ツユクサ等が多」（前掲 京都帝国大学農学部第一調査班編『弥栄村綜合調査』12 頁)、「耕地に生える雑草で地下に残つて越冬するものはスギナ、アザミ、ニガナ等ノビルを除いて無く皆な種子に依つて越冬する。除草に関して此の種子飛散の点に注意を要す」（同上 13 頁）とされた。
(219) 前掲 京都帝国大学農学部第一調査班編『弥栄村綜合調査』2〜3 頁。
(220) 同上 6 頁。
(221) 同上。
(222) 同上 59 頁。
(223) 小麦で脅威とされたのは、「黒穂病で腥黒穂病と裸（黒）穂病」（前掲 京都帝国大学農学部第一調査班編『弥栄村綜合調査』27 頁。但し括弧内は筆者が補足した）であり、次いで黒銹病であった。そのほかに赤銹病、斑点病、黒稈病、粒線虫病などがあった。裸黒穂病も腥黒穂病も「殆んどあらゆる小麦畑に見出され」（同上 27 頁）、黒銹病は「しばしば見出さるる」（同上 29 頁）ものであった。大麦（裸黒穂病、黒銹病、斑点病、斑葉病など）や燕麦（裸黒穂病、冠銹病、葉枯病など）、稲（稲熱病、胡麻葉枯病など）、大豆（褐紋病、斑点病、露菌病、モザイク病、紫斑病など）、粟（稲熱病など）、野菜類でも様々な病気があった。
(224) 前掲 京都帝国大学農学部第一調査班編『弥栄村綜合調査』55 頁。
(225) 同上 28 頁。
(226) 同上 55 頁。
(227) 同上 37 頁。
(228) 同上。
(229) 同上 28 頁。
(230) 同上 55〜56 頁。
(231) 同上 56 頁。
(232) 同上 29 頁。
(233) 同上 55 頁。
(234) 同上。
(235) 同上 90 頁。
(236) 同上 6 頁。
(237) 同上。

(238) 同上 91 頁。
(239) 同上 6 頁。
(240) 同上。
(241) 前掲 加藤『移民地を視察して』3 頁。
(242) 同上。
(243) 前掲 弥栄村開拓協同組合編『弥栄開拓十年誌』188～189 頁。
(244) 前掲 京都帝国大学農学部第一調査班編『弥栄村綜合調査』74 頁。
(245) 同上。
(246) 前掲 松下編『弥栄村史』99 頁。
(247) 前掲 京都帝国大学農学部第一調査班編『弥栄村綜合調査』75 頁
(248) 同上 74～75 頁。
(249) 前掲 松下編『弥栄村史』99 頁。
(250) 弥栄村には、「良水田を開拓し得る如き地少く（中略）水田への距離遠」（前掲 古山『移民地調査資料』56 頁）いため、第 3 次試験移民団「瑞穂村」のように水田作が発達しなかった。
(251) 前掲 弥栄村開拓協同組合編『弥栄開拓十年誌』90 頁。但し括弧内は筆者記す。
(252) 同上 193 頁。但し括弧内は筆者記す。
(253) 同上 193 頁。
(254) 前掲 京都帝国大学農学部第一調査班編『弥栄村綜合調査』91 頁。
(255) 同上 91 頁。
(256) 同上 158 頁。
(257) 同上 78 頁。
(258) 同上 109 頁。但し括弧内は筆者記す。
(259) 同上 122 頁。
(260) 前掲 弥栄村開拓協同組合編『弥栄開拓十年誌』92 頁。
(261) 前掲 京都帝国大学農学部第一調査班編『弥栄村綜合調査』93 頁。
(262) 同上 4 頁。
(263) 同上 141 頁。
(264) 前掲 弥栄村開拓協同組合編『弥栄開拓十年誌』193 頁。
(265) 前掲 京都帝国大学農学部第一調査班編『弥栄村綜合調査』92 頁。
(266) 同上 142 頁。
(267) 同上 92 頁。
(268) 同上 88 頁。
(269) 前掲 松下編『弥栄村史』99 頁。
(270) 前掲 弥栄村開拓協同組合編『弥栄開拓十年誌』195 頁。
(271) 同上 46 頁。
(272) 前掲 松下編『弥栄村史』63 頁。

(273) 同上 542 頁。
(274) 同上 567 頁。
(275) 前掲 弥栄村開拓協同組合編『弥栄開拓十年誌』195 頁。
(276) 同上 196 頁。
(277) 開拓農家は一般的に米を組合より購入していた。前掲 京都帝国大学農学部第一調査班編『弥栄村綜合調査』110 頁。
(278) 前掲 加藤『移民地を視察して』3 頁。
(279) 前掲 松下編『弥栄村史』542 頁。
(280) 前掲 弥栄村開拓協同組合編『弥栄開拓十年誌』226 頁。
(281) 同上 222 頁。
(282) 同上 226 頁。
(283) 前掲 古山『移民地調査資料』25 頁。
(284) 前掲 松下編『弥栄村史』528 〜 529 頁。
(285) 同上 528 頁。
(286) 同上 527 頁。但し括弧内は筆者記す。
(287) 宇留野勝弥「満洲開拓地母子の調査」『開拓』5 巻 9 号、1941 年、54 頁。
(288) 前掲 京都帝国大学農学部第一調査班編『弥栄村綜合調査』137 頁。

第2章　試験移民における地主化とその論理
―第3次試験移民団瑞穂村を事例に―

図19：第3次試験移民団瑞穂村図
〔濱江省公署『第三次開拓団瑞穂村建設五ヶ年史』濱江省公署、1940年〕

はじめに

　本章の課題は、大平原地帯であり、「北満の穀倉地帯」(1)の一部に入植した第3次試験移民団瑞穂村を事例に、特に個別期における開拓農家の営農に着目して、地主化の論理について理解を深めることである。これによって、試験移民の経験が大量移民政策にどのようにつながったのかを具体的に明らかにできよう。

　第3次試験移民団は、1934年に先遣隊47名、本隊212名の計259名で結成され、同年10月に「北安」(2)省綏稜県北大溝（入植当時、綏稜県北大溝は黒龍江省であったが、1934年12月には「濱江」省、1939年6月には北安省に編入された）に入植を完了した（図1・19）。

　第3次試験移民団における募集要項は、第1次試験移民団のそれとは少し異なり、「在郷軍人（未教育在郷軍人ヲ含ム）ヲ主トスルモ人物ニヨツテハ在郷軍人タラザルモ可トス」(3)および「妻帯者ヲ主トスルモ人物ニヨツテハ独身タルモ妨ゲズ」(4)となった。これは、土竜山事件に代表されるような現地住民の抵抗が大きかったことを配慮し、第1次や第2次の試験移民団よりも軍事色を薄めるための措置であった。しかし、実際には構成員の75％が既教育在郷軍人で、独身の成年男子（貧農の次三男）が高率を占めた(5)。そのため、花嫁招致が順次実施された。

　一方、正式な募集地域は16府県であったが、先遣隊のなかに奉天の北大営日本国民高等学校や文部省第一、第二拓殖訓練所の修了生らがいて、移民団全体で、27府県（青森県(1名)、宮城(27)、山形(51)、福島(24)、茨城(2)、神奈川(1)、新潟(9)、長野(24)、山梨(8)、愛知(1)、岐阜(10)、三重(1)、石川(1)、大阪(1)、兵庫(1)、和歌山(1)、岡山(3)、鳥取(5)、島根(2)、広島(9)、山口(4)、徳島(1)、高知(18)、福岡(5)、佐賀(15)、熊本(30)、鹿児島(4)）からの出身者が所属したため、第1次や第2次の試験移民団（第1次試験移民は11県からの、第2次試験移民団は17府県からの出身者で編成）よりも募集地域ははるかに拡大したとみなすことができる。したがって、これは、西日本出身者が満洲の気候風土に適応可能か否かを試す意味をもっていた。しかし何よりも、部落が複数県出身者で編成される場合もあって、団員間の地縁的な共通性に関

しては、第1次試験移民団より一層配慮を欠くものになったといえる(6)。その結果、農業者として自立できる条件が整っていないにもかかわらず、共同経営および共同生活を解体し、「未熟な小農経営」へと移行した。

開拓農家は、四大営農方針に基づき、1戸当たり平均計10町歩（第3次試験移民団では水田1.7町歩・畑17町歩）をもとに、農業者として定着することが求められたが、容易に雇用労働依存経営化し、そして、所有地の約65％以上も貸し付けて地主化したのである。

第1節　雇用労働力への依存と商品作物栽培への特化
―雇用労働依存経営化の論理―

(1)　満洲在来農法の特徴と家族労働力の脆弱性

開拓農家は、なぜ多量の雇用労働力を必要としたのであろうか。第1章でも述べたように、開拓民が採用した満洲在来農法や「鮮式」在来農法が、非常に多くの労働力を必要とする農法であったからである。

畑作で用いられた満洲在来農法は、一度の作業で多くの労働力と役畜を必要とする農法であった。たとえば、播種には、一般的に労働力3人・役畜2頭以上が必要とされ（図20・21）、また地温の保持や排水のために、高畦で耕作されたことから、除草や収穫には畜力の導入は難しく、人力のみで行なわれた（図22・23）。

図20：播種作業で用いられた犂丈
〔前掲 満鉄総裁室弘報課『満洲農業図誌』87頁〕

第 2 章　試験移民における地主化とその論理

図21：とうもろこしの播種作業
〔同上 20 頁〕

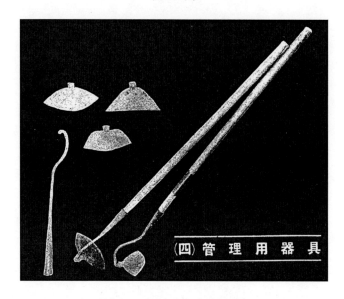

図22：除草作業で用いられた鋤頭
〔同上 101 頁〕

図23：大豆の除草風景
〔同上 27 頁〕

　一方、水田作で用いられた「鮮式」在来農法は、播種は直播（耕地に直接、種子をまくこと）のため、非常に労働粗放的であったが、直播であるがゆえに、そして手取りで行なわれたために、除草には多量の労働力を必要とした。特に、除草は雑草の成長との競争で、熟練労働者でなくては農業の適期を逸した。
　満洲は寒冷地で、作業の適期が極めて制限されていたために、作業を迅速に行なわねばならず、一層多量の労働力を必要としたのである。しかし、そのような農法を利用するには、開拓農家は様々な面で、あまりにも未熟であった。その理由として、次の3点があげられる。
　第1に、開拓農家の家族労働力が団員（夫）1人であったからである。これは、「出産ラッシュ」によって、妻が育児・家事を主に担ったことで、農業から離脱したことによる。第2に、開拓民が、上記のような農法や満洲における家畜飼養技術に不慣れであったからである。第3に、開拓民の農業に対する意欲、そして体力が大幅に低下しており、十分に農作業に携ることができなかったからである（第3節で詳述）。

開拓農家は多量の雇用労働力を導入する必要があり、多額の現金を確保しなければならなかった。また、開拓民は家畜の飼養が苦手で、「成熟せる役畜のみが使用」(7)されたことや生活物資の多くを購入したことから、一層現金を必要とした。そのため、開拓農家は食糧自給能力を圧迫してでも商品作物栽培へと特化した。その結果、農繁期の労働需要のピークを押し上げ、さらに雇用労働力を必要とするという悪循環に陥ったのである。

(2) 水田作経営および畑作経営への特化

開拓農家は、高収益の作物をできるだけ多く栽培しようとした。瑞穂村地域で代表的な商品作物は、水稲・大豆・小麦であり、これらのなかでも最も高い収益をあげられたものが水稲で、反当たり収量・反当たり粗収益・石当たり価格は、大豆や小麦に比べて非常に高かった（表18）。そのため、開拓農家にとって水田作をいかに経営内に取り入れるかが関心事となった。その結果、所有畑地17町歩すべてを「満人」に貸付けて、水田作経営へと特化する農家あるいは所有水田1.7町歩すべてを日本人または「鮮人」に貸付けて、畑作経営へ特化する農家が現れた。瑞穂村では水田が僻地にあり、また各戸ともに、畑地が1ヶ所にまとまってあるのではなく、散らばっていたために、水田作と畑作との両立は困難な場合が多かったからである。しかし、「水田地帯と畑作地帯の中間に位置する郷（部落のこと）に於ては水田作経営が高率を占むる」(8)だけでなく、「水田地帯より離れた郷の農業経営に水田畑作経営は勿論、水田作経営」(9)がみられ、「住居の移転はかなり困難」(10)であるが、「住居を水田地帯に移転することに依り水田作経営に移行」(11)しようとした。水田作か畑作のどちらを営むかは、水田を自作する方が得か、貸付水田からの（高額の）小作料の方が得かが最終的な判断の材料となった。

表18：各種商品作物の収量および価格（1939年）

	反当たり収量	反当たり粗収益	石当たり価格
水稲	1.47石	49.30円	33.56円
大豆	0.46石	6.46円	14.30円
小麦	0.18石	3.69円	19.81円

但し小麦は凶作であった。
〔小西俊夫編『瑞穂村綜合調査』開拓研究所、1941年、276～277頁、第五表、302頁、第五表、304頁、第六表より作成〕

当時の第3次試験移民団の開拓農家204戸のうち、約40％が何らかの理由で離農し、60％が1町歩以上を耕作した（離農していたものについては、次節(3)参照）。1町歩以上を耕作する農家は、水田作経営、畑作経営、水田畑作経営の3形態へとわかれ、なかでも水田畑作経営が最も少なく、水田作経営か畑作経営へと両極化した（表19）。なお、水田作経営とは野菜作りを少し加えながらも水田作をほぼ専作的に行なう経営、畑作経営とは水田作を行なわない畑作のみの経営、水田畑作経営とは水田作と畑作の双方を行なう経営を指す。

　水田作経営では経営面積が1.7町歩未満の開拓農家は存在せず、約6割の水田作経営が経営規模を拡大した。一方、畑作経営では経営規模拡大層（17町歩以上耕作）は約2割にとどまった（表20）。

表19：経営形態の内訳（1940年）

	農家（1町歩以上耕作）				非農家	計
	水田作経営	水田畑作経営	畑作経営	小計		
実数	36戸	21戸	64戸	121戸	83戸	204戸
割合	17.6％	10.3％	31.4％	59.3％	40.7％	100％

1：原典に従い、非農家には1町歩未満耕作農家と無耕作農家を含む。1町歩未満耕作農家を非農家とするのは、自宅の庭で野菜作りを営んでいるに過ぎなかったからである。
2：割合とは、それぞれの経営が全体に占める比率を示す。
3：入植戸数が259であり、入植から6年で55戸減少した。
〔同上 191、206頁より作成〕

表20：水田作経営および畑作経営の階層分化状況（1939年）

	水田作経営		畑作経営	
	戸数	割合	戸数	割合
経営規模縮小層	―	―	25戸	39.1％
割り当て水田または畑地耕作層	15戸	41.7％	25戸	39.1％
経営規模拡大層	21戸	58.3％	14戸	21.8％
合計	36戸	100.0％	64戸	100.0％

瑞穂村における水田作経営の1戸当たり平均所有水田面積は1.7町歩、畑作経営の1戸当たり平均所有畑地面積17町歩である。
〔同上 217頁、第九表、218頁、第十表より作成〕

第2節　雇用労賃の高騰と農業経営における労働粗放化
　　　　　—地主化の論理—

　1937年以降、満洲全土で雇用労賃の急騰という大きな変化が生じていた。これは、日中戦争勃発による長城以南からの中国人の移入激減、同年の満洲産業開発五ヶ年計画開始による鉱工業部門への労働力の吸収、また、大量移民政策による各開拓団での雇用労働力需要の高まり等が原因で、雇用労働力の供給減と需要増が進行して引き起こされた。

　瑞穂村では年々雇用労賃が上昇し、年雇は1936〜1940年の5年間で2.3倍、月雇は2.7倍になった。日雇では水田作、畑作ともに除草期の上昇率が最も高く、除草期の日雇導入開始期と1940年の賃金とを比較すると、水田作で2倍、畑作で4.4倍に達した（表21）。水田作での日雇労賃が高いのは、水田作に携わる雇用労働者が主に「鮮人」で、村内の「鮮人」は1940年当時、「五十戸」(12)にすぎず、「畑作の場合に比して供給者が少ないから」(13)であった。

表21：各種雇用労賃の変化（1934〜1940年）

単位：円

	年雇 （1年単位） （畑作）	月雇 （1月単位） （畑作）	日雇（1日単位）							
			水田作				畑作			
			播種	除草	刈取	脱穀	播種	除草	刈取	脱穀
1934年	—	—	—	—	—	—	—	—	—	0.40
1935年	—	—	—	—	1.00	1.00	—	0.50	0.50	0.40
1936年	100	15	—	—	1.00	1.00	—	1.00	1.00	0.80
1937年	150	20	1.00	1.50	1.30	1.30	0.70	1.20	1.20	0.90
1938年	180	30	1.00	1.70	1.50	1.50	0.80	1.40	1.40	1.10
1939年	200	32	1.20	2.00	1.60	1.70	0.90	1.80	1.80	1.20
1940年	230	40	1.50	3.00	—	—	1.00	2.20	—	—
労賃上昇率	2.3倍	2.7倍	1.5倍	2.0倍	1.6倍	1.7倍	1.4倍	4.4倍	3.6倍	3.0倍

1：年雇は現金給与の標準労賃を示す。月雇、日雇は給食した場合の標準的労賃を示す。
2：労賃上昇率とは、労賃の最高価格を最低価格で割った数値である。
〔同上 159 頁、第五表、160 頁、第六表、164 頁(1) 表より作成〕

(1) 水田作経営状況

　ここでは『瑞穂村綜合調査』から、1939年度の水田作経営を事例として取り上げる。これは、比較的上層の水田作を営む8戸の農家の平均値である。水田作経営の特徴として、次の4点があげられる（表22）。

表22：水田作経営状況（1939年）

家族労働力		年雇	役畜	田（経営地）			畑（経営地）			貸付地	
夫	妻			自作地	借入地	小計	自作地	借入地	小計	田	畑
1.0人	1.0人	1.4人	2.1頭	1.75町歩	2.85町歩	4.60町歩	0.27町歩	―	0.27町歩	―	17.11町歩

1：水田作経営8戸平均の数値である。
2：家族は団員（夫）・妻・乳幼児の計3.3人であった。
3：雇用労働力は年雇の他に臨時雇も導入された。
4：役畜については日本馬1頭、満馬1.1頭を飼養した。
〔同上 268頁、第一表、269頁、第二表、271頁より作成〕

　第1に、実質の家族労働力は団員（夫）1人だけであったことである。前述の理由から、妻は自宅の庭で、野菜作りに携わった。
　第2に、所有畑地を全て貸付け、逆に水田2.85町歩を借り入れて、経営規模を拡大したことである。表22にある畑（経営地）の0.27町歩は、主として自給用の野菜作りのためのもので、上記のように、妻が担当した。
　第3に、日本馬1頭、満馬1.1頭（「満馬の調達価九〇円乃至一〇〇円（中略）日本馬一頭平均一五〇円」[14]であった）を所有したが、日本馬は農業に利用されず、「乗用に使役されるが多」[15]かったことである。
　第4に、開拓農家は、耕作地のほかに採草地8.75町歩を所有したが、これは、「湿地或は柳条地であり、かゝる地目に於ては勿論、家畜放牧或は家畜飼養の為の採草は行はれず、自家燃料用（販売用の場合もあるが）の柳条採集が唯一の利用方式」[16]で、農業生産に有効に利用されなかったことである。
　このように、家族労働力が少ないため、多量の雇用労働力が導入された（表23）。水田作経営では、雇用労賃が農業経営費の約45％にも達し、小作料支払いとあわせれば約85％になる。小作料支払いとは借り入れ水田2.85町歩に対する小作料であり、「この年支払はれた反当小作料は平均して〇・七五石（反当平均収益の五一・〇％）」[17]にもおよんだ。一方、農業粗収益では、稲作部

門粗収益が約9割を超え、このうち約85％を販売しており、ここからも水田作経営が多額の現金を必要としたことがわかる（表24）。

稲作以外にも養畜・農産加工・柳条の収益があったが、養畜部門に関しては、「乳牛は勿論、緬羊、兎、蜜蜂等の用畜は飼養されず、粗収益を形成するは鶏卵が過半を占め」[18]るのみで、「この経営に於ける用畜組成は極めて低度」[19]であった。また柳条部門に関しては、「冬季伐採は含まず（中略）柳条粗収益」[20]であって、いずれも低額で、増収の可能性は非常に小さかった。したがって、米（のみ）の販売が多額の農業経営費支出を支えていたのである。

表23：水田作経営（8戸平均）の農業経営費内訳（1939年）

	雇用労賃支払い	小作料支払い	その他	合計
金額	884.60円	786.70円	296.27円	1,967.57円
割合	45.0%	39.9%	15.1%	100.0%

1：雇用労賃支払いには雇用労働者に対する賄い208.91円を含む。
2：その他には家畜費・飼料費・農具費・種苗費などが含まれる。
〔同上281頁より作成〕

表24：水田作経営（8戸平均）の農業粗収益内訳（1939年）

単位：円

	耕種			養畜	農産加工	柳条	合計
	水稲	野菜	小計				
販売（①）	1,909.49	—	1,909.49	6.06	17.50	50.00	1,983.05
家計消費（②）	349.48	83.75	433.23	31.16	26.56	54.38	545.33
粗収益計（③＝①＋②）	2,258.97	83.75	2,342.72	37.22	44.06	104.38	2,528.38
各部門販売比率（①÷③×100）	84.5%	—	81.5%	16.3%	39.7%	47.9%	78.4%
粗収益割合	89.3%	3.4%	92.7%	1.5%	1.7%	4.1%	100.0%

1：粗収益割合とは各種の粗収益計を粗収益合計2528.38円で割ったものである。
2：柳条粗収益とは耕地以外に割り当てられた土地からの燃料用柳条によるものである。
〔同上273頁、第四表より作成〕

しかし、農業で家計費も賄うことは困難で、貸付畑地からの小作料をあてにすると同時に、木材伐採に従事しなければならなかった（表25）。ただ、畑地における低収益性や不安定性（畑小作料収入の低さ）、瑞穂村内の森林資源の希少性を

考慮すれば、農外所得増加の可能性は小さかった。そのため、水田作が行き詰まると、水田作経営は農業からの離脱を余儀なくされるが、この時点では次節の畑作経営に比べて優越性をもち、瑞穂村で最も有利な経営であったのである。

ところで、こうした水田の高収益性は何に支えられていたのか。調査農家は籾摺機、発動機、脱穀機、プラウ、ハロー、大車などの農具を所有したが、籾摺機・発動機は共同所有、ハローはこの8戸の農家のうち1戸が所有しただけであり、プラウにしても、「試験的使用の域を脱」[21]しなかったから、大きく生産性を向上させる農具はほとんど利用されていないといえる。また、施肥や病虫害防除などは行なわれなかった（表26）。

表25：水田作経営（8戸平均）の農家経済状況（1939年）

内訳		金額
農業粗収益（①）		2,528.38円
農業経営費（②）		1,967.57円
農業純収益（③＝①−②）		560.81円
農外所得（④）	小作料収入	218.75円
	木材伐採収入	102.21円
	労賃収入	6.23円
	小計	327.19円
農家所得（⑤＝③＋④）		888.00円
家族負担家計費（⑥）		811.61円
農家経済余剰（⑤−⑥）		76.39円

〔同上281頁、第十表、287、292〜294頁より作成〕

表26：水田作経営（8戸平均）の水稲作部門所要労働日数（1939年）

作業	所要日数	比率	作業	所要日数	比率	作業	所要日数	比率
荒起・整地	26日	6.6%	病中害駆除	—	—	籾摺・調整	7日	1.8%
播種	53日	13.4%	灌排水管理	19日	4.8%	俵装	5日	1.2%
施肥	—	—	刈取	52日	13.2%	その他	7日	1.8%
中耕・除草	131日	33.2%	収納・籾落・乾燥	95日	24.0%	計	395日	100.0%

水田作経営の経営規模は水田4.60町歩である。
〔同上286頁、第八表より抜粋〕

このような状況でも、反当たり収量が約1.5～1.6石に達したのは、耕地が肥沃であったからである。しかし、収量は、「三乃至四年目にマクシムに達し（即ち反当一石六斗見当）その後漸次に低下」(22)し続け、一方で、年数の経過とともに雑草が激増するため、生産力の維持には除草労働力をさらに必要とした。

水田作では、6月下旬から7月にかけて除草を3回行なった。この時期の集中的な労働需要のために、年雇や月雇だけでは不足するため、日雇が多数雇用されるはずであったが、労賃の急騰によって困難となった。やむをえず、水田作に不慣れな「満人」や訓練生を水田作に投入したが効果はなく、「除草中耕が不完全となつた結果、年々除草中耕作業が困難」(23)となり、収量・品質が低下した。訓練生とは新たに入植する開拓団の先遣隊となる人々で、入植前の約1ヶ年間、既に入植していた開拓団で農事見習をしたが、彼らの「仕事は殆んど問題にならない程能率が低」(24)かった。このことは後年、訓練生が自分たちの開拓団で、指導員としての役割を果たせなかったことを示している。

1941年には、「撒播、無肥料、除草困難の為地力消耗は年々大となり、稗が増加し、収量を漸減して水田作経営の危機が到来」(25)して、急速に生産力が低下した。こうした持続可能性に乏しい経営では、将来は水田の荒廃しかなく、水田作経営は地主化するほかなかった。

そのようななか、「満人」農村での小作料は決して安くはなかったものの、主に大豆および粟で支払われた。一方、開拓団では畑地の小作料を商品作物である大豆のみで支払わせた。このことは団内の「満人」（畑）小作の経営および生活を不安定化した可能性がある。

(2) 畑作経営状況

前項と同様、『瑞穂村綜合調査』を用いて、畑作経営を分析する。これは、比較的優秀な17戸の畑作経営の平均値であり、その特徴は次のようになる。

畑作経営の労働力構成は水田作経営と同様に、団員1人だけであった。所有水田をすべて貸付け、畑地を少し借入れているが、自己所有畑地の約17町歩を耕作した。採草地8.19町歩が存在するが、利用方法は水田作経営と同様であった。役畜として日本馬1.4～1.6頭、満馬2.3頭、役牛0.3頭を所有した（表27）。ただ、「日本馬がかなり農耕に使役され、水田作農家とは（中略）相違する。しかし日本馬飼養及び使役の技術が拙劣で（中略）日本馬を使役すると云ふも

（中略）満馬以上の能率を（中略）発揮せしめてゐな」(26)かった。

また、大豆、小麦をあわせると総作付面積の約70％を占めることから、畑作経営でも商品作物栽培への特化を認めることができる（表28）。このようななか、畑作経営の農業経営費に占める雇用労賃の割合は、約64％にものぼり、畑作経営の重圧となっていたことがわかる（表29）。

表27：畑作経営状況（1939年）

家族労働力		年雇	役畜	田（経営地）			畑（経営地）			貸付地	
夫	妻			自作地	借入地	小計	自作地	借入地	小計	田	畑
1.0人	1.0人	0.9人	4.0～4.2頭	—	—	—	17.21町歩	0.66町歩	17.87町歩	1.73町歩	—

1：畑作経営17戸の平均数値である。
2：家族は団員（夫）1.0人、妻1.0人、乳幼児1.4人の計3.4人であった。
3：妻は自宅の庭で野菜作りに携わった。したがって実質の家族労働力は団員（夫）1人であった。
4：雇用労働力は年雇の他に臨時雇も導入された。
〔同上295頁、第一、二表、297、298頁より作成〕

表28：畑作経営の作付面積（1939年）

	大豆	小麦	野菜	その他	計
作付面積	7.40町歩	4.65町歩	0.41町歩	4.58町歩	17.04町歩
作付比率	43.4%	27.3%	2.4%	26.9%	100.0%

1：畑作経営17戸の平均数値である。
2：表27における経営地計17.87町歩と、本表作付面積計17.04町歩との差については不明。
〔同上302頁、第五表より作成〕

表29：畑作経営の農業経営費内訳（1939年）

	雇用労賃支払い	小作料支払い	その他	合計
金額	868.02円	8.25円	471.72円	1,347.99円
割合	64.4%	0.6%	35.0%	100.0%

1：畑作経営17戸の平均数値である。
2：雇用労賃支払いには雇用労働者に対する賄い189.45円を含む。
3：その他には家畜費・飼料費・農具費・種苗費などが含まれる。
〔同上308頁より作成〕

では、これらの支出を支えていたものは何か。畑作経営の農業粗収益は、大

豆作・小麦作、つまり耕種作を基幹としながら、養畜、柳条部門の収益によって成り立っていた（表30）。ただ、水田作経営に比べて養畜部門粗収益が多い。しかし、「飼養大家畜は（中略）役畜以外なく、有畜農業経営の理念的基調を形成する乳牛は飼養されず（中略）養畜部門粗収益は鶏卵、鶏、豚の三種類にとどま」(27)り、開拓民が家畜飼養に不慣れであったことを考慮に入れると、これ以上の増加は望めなかった。また、水田作経営の農業粗収益の半分にも満たないことから、畑作経営の低収益性がわかる。さらに、柳条部門粗収益は水田作経営と同様で、肥料用ではなく、燃料用もしくは販売用として、農業経営外に利用された。

表30：畑作経営（17戸平均）の農業粗収益（1939年）

単位：円

	耕種					養畜	農産加工	柳条	合計
	大豆	小麦	蔬菜	その他	小計				
販売（①）	385.51	105.59	10.10	15.64	516.84	72.93	1.00	82.40	673.17
家計消費（②）	52.43	24.37	82.53	81.66	240.99	29.34	16.63	96.73	383.69
粗収益計（③＝①＋②）	437.94	129.95	92.63	97.30	757.82	102.27	17.63	179.13	1,056.85
各部門販売比率（①÷③×100）	88.0%	81.3%	10.9%	22.9%	68.2%	71.3%	5.7%	46.0%	63.7%
粗収益割合	41.4%	12.3%	8.8%	9.2%	71.7%	9.7%	1.7%	16.9%	100.0%

1：粗収益割合とは各種の粗収益計を粗収益合計1,056.86円で割ったものである。
2：柳条粗収益とは所有耕地以外に割り当てられた土地での燃料用柳条によるものである。
〔同上 301頁、第四表、304頁、第六表より作成〕

　結局、畑作経営は、農業で農業経営費すら賄うことができなかった（表31）。また、大豆作や小麦作へと特化したことで、経営的弾力性を持ち得ず、ひとたび凶作になれば大打撃を被った。特に、この地区は排水不良地域で、よく水害が起こった。1939年も「平年作の三分乃至四分作」(28)とされ、そのために畑作経営の農業粗収益が赤字となったことは否めない。しかし「平年作とは何ぞやなる疑問を持たざるを得ない（中略）水害を蒙らざる年よりも水害を蒙る年を入植以来多く経験したと称せられるこの村に於ては（中略）土地改良或は排水設備を欠くと云ふ社会経済的条件が作用した結果生起せるものであると考へられる故に、少なくとも土地改良施設が加へられない限りは、何を目して平年

作と云ふかなる問題を持たざるを得ない。しかも平年作は自然的災害を受けない年の作柄と云ふ意味に於て使用されてゐる」(29)とあり、元々畑作経営は非常に不安定であったことを示す。そのため、小作料収入や農外収入に依拠せざるをえなかった。

表31：畑作経営（17戸平均）の農家経済状況（1939年）

内訳		金額
農業粗収益（①）		1,056.85円
農業経営費（②）		1,347.99円
農業純収益（③＝①－②）		－291.14円
農外所得（④）	小作料収入	434.90円
	冬季伐採	306.95円
	労賃収入	42.32円
	小計	784.17円
農家所得（⑤＝③＋④）		493.03円
家族負担家計費（⑥）		796.58円
農家経済余剰（⑤－⑥）		－303.55円

〔同上308頁、第七表、314、320、321、322頁より作成〕

　そのような畑作経営にも、やはり雇用労賃高騰の影響が顕著に現れ、雇用労賃を節約するために、労働粗放化せざるを得なかった。このため、適期作業が困難となり、一方で、ほぼ無肥料での栽培であったことから、収量・品質が低下し、経営は一層不安定化した。
　しかし、畑作経営は、1941年に雇用労賃高騰に対応可能な商品作物の栽培を大幅に拡大した。それは燕麦で、軍需（馬糧）と推定される。1940年まで畑地で主役であった大豆、小麦が1942年には双方とも大幅に減少し、それまでほとんど作付されていない燕麦が急増した（表32）。一方で、注意しなければならないのは1942年度の作付面積の大幅な減少、つまり大幅な貸付地の増加（地主化の進行）である。
　燕麦は雇用労賃の高騰に悩む畑作経営には光明となった。瑞穂村では、大豆では2回（6月中～下旬・7月上～中旬）、小麦では通常1回（6月中旬）の除草が行なわれたが、燕麦では行なわれなかったからである。したがって、「燕麦

表32：主要作物作付面積の推移（1938～1942年）

単位：町歩、%

	1938年		1939年		1940年		1942年	
	実数	割合	実数	割合	実数	割合	実数	割合
水稲	219.00	10.9	195.00	12.6	227.80	12.0	144.70	17.6
大豆	689.00	34.4	614.50	39.7	571.00	30.0	160.80	19.5
小麦	466.50	23.3	360.00	23.3	236.00	12.4	23.30	2.8
燕麦	31.70	1.6	8.60	0.6	33.10	1.7	193.30	23.5
野菜	—	—	45.00	2.9	44.50	2.3	64.00	7.8
その他	595.50	29.8	324.60	20.9	790.00	41.6	237.30	28.8
計	2,001.70	100.0	1,547.70	100.0	1,902.40	100.0	823.40	100.0

自作面積を示すが、1941年度の作付面積は不明。
〔同上 132～133頁、第一表、開拓研究所『康徳8年度 北安、龍江省開拓村農家経済調査―瑞穂村、五福堂新潟村、北学田の部―』開拓研究所、1943年、60頁、第十二表より作成〕

は労力的に粗放で」[30]、雇用労働力問題をいくらか緩和した。その上、小麦に比べて、燕麦は「比較的安全でもあつて収穫も多く」[31]、「収益も増加」[32]した。その結果、「水田作経営よりも畑作経営が有利であるとさへ考へる人が出来、畑作農家にも明るい希望が生まれて来」[33]たのである。しかし、それが畑作経営の中・長期的な安定をもたらしたとは考えられない。畑作経営のなかには、作付面積の60～70％を燕麦に割り当てる農家（開拓研究所『康徳8年度 北安、龍江省開拓村農家経済調査―付録Ⅱ戸別集計表―』開拓研究所、1943年や、小西俊夫編『篤農家座談会速記録』開拓研究所、1944年などに掲載されている瑞穂村の諸農家はその作付割合の60～70％を燕麦に割り当てるほど特化した）すら存在し、「未だ農業経営方式は確立されず、輪作方式も家畜の増加とそれに伴ふ飼料の自給化[34]も今後の問題として残され」[35]、地力は一層減退した。やむをえざるとはいえ、開拓民農業経営は資源収奪的で、その結果、地主化が進んだのである。1940年当時、団内には水田365.8町歩、畑3551.5町歩、計3917.3町歩が耕作されたが、そのうち水田272.8町歩（74.6％）、畑2277.4町歩（64.1％）が貸付地として存在した[36]。水田は開拓農家25戸、「鮮人」農家50戸、畑は開拓農家20戸、「満人」農家138戸[37]によって耕作された。すでに示したように、1942年当時、自作面積の大幅な減少によって貸付地は激増したが、開拓民の経営能力や雇用労賃問題などから考えて「満人」や「鮮

人」にさらに依存していったと考えられる。こうした農家を優れた農家であるとか、篤農家などとよばねばならなかったことに、掲げられた理念と現実との不一致を認めることができる。したがって、敗戦を待つまでもなく、開拓民農業経営は破綻していたといえよう。

(3) 非農家の状況

1940年当時、開拓民戸数204戸のうち非農家（1町歩未満耕作または無耕作）が83戸（約40％）存在した。彼らのうち45名が村内居住の人たちで、村事務や協同組合、土木、運送などの自営業に携わる団員たちであり、彼らは村を維持するために不可欠な人員であった。

しかし、17名の他開拓団の訓練所職員、7名の内地帰国者、14名の無職業者までも存在した。彼らは瑞穂村内に土地を所有したままで、所有耕地からの小作料、「少くとも五〇〇円（中略）これに冬季伐採の純所得二〇〇乃至三〇〇円を加ふれば最低の開拓地生活程度の確保を優に保障」[38]された。つまり、不安定で慣れない農業を自ら行なうより、離農して所得の多い職業に就くことを選んだのである。こちらは余儀なくされた地主化ではなく、あまりに容易に脱農するというものであった。とはいえ、これまでにみた農業経営のあり方から考えれば、多くの者が農業への意欲を喪失していたことは容易に推測可能である。

第3節　生活改善政策の未整備と影響

(1) 生活における現金獲得の必要性

開拓農家は、なぜ生活面でも多額の現金を必要としたのか。水田作・畑作両経営の家計費の内訳をみると、水田作経営、畑作経営の現金支出割合は、それぞれ60.6％、52.0％で、主に生活物資の購入にあてられたことがわかる。特に、飲食物における調味料や嗜好品、被服及身廻品費、保健衛生費に対する現金支出割合が高い。具体的に、これらの理由を確認しておく（表33）。

第1に、開拓民の食生活は、米・野菜・味噌汁・缶詰であり、米はほぼ自給できたものの、そのほかは多くのものが購入されたからである。なかでも、「動

第 2 章　試験移民における地主化とその論理

表33：水田作経営および畑作経営家族負担家計費（1939年）

		飲食物					被服及身廻品	保健衛生	その他	合計
		主食		副食	調味料	嗜好品	計				
		米	麦他								
水田作経営	現金支出	—	7.75	65.51	63.04	87.40	223.70	48.86	70.24	148.96	491.76
	現物仕受	140.45	—	96.86	16.81	9.00	263.12			56.73	319.85
	計	140.45	7.75	162.37	79.85	96.40	486.82	48.86	70.24	205.69	811.61
	現金支出比率	—	100.0%	40.3%	78.9%	90.8%	46.0%	100.0%	100.0%	72.4%	60.6%
畑作経営	現金支出	0.71	—	44.55	44.44	85.59	175.29	39.07	52.73	146.85	413.94
	現物仕受	127.21	9.47	118.01	16.83	13.26	284.78	—	—	97.86	382.64
	計	127.92	9.47	162.56	61.27	98.85	460.07	39.07	52.73	244.71	796.58
	現金支出比率	0.6%	—	27.4%	72.5%	86.6%	38.1%	100.0%	100.0%	60.0%	52.0%

1：水田作経営 8 戸、畑作経営 17 戸の平均である。
2：数値のみの箇所の単位は「円」である。
〔前掲 小西編『瑞穂村綜合調査』290 頁、第九表、317 頁、第十一表より作成〕

物質摂取[39] のために主としてサケ、イワシなどの缶詰が使用され（中略）当開拓団に於ける缶詰の消費量は莫大」[40] で、そのほかに味噌や醤油、酒も購入された。なお、「内地農村に於ては水稲作副産物として取扱はれる屑米、糀、籾殻は家計消費には勿論経営内部にすら仕向けられず、全く放置され」[41] た。「生活と農業経営との有機的連繋が確保されてゐな」[42] かったといえる。

第 2 に、被服及身廻品は日本から輸入されたからである。被服及身廻品費は家計費のわずか 5 ～ 6％とはいえ、開拓民の服装が内地農村と同様に木綿服で、「女子は全部和服であり、モンペを殆ど着用」[43] していた。これは、開拓民が家畜飼養に不慣れで、農閑期の妻の労働として期待されたホームスパンが実現しなかったからである[44]。

第 3 に、次項で詳述するように、開拓民がしばしば病気にかかったことで医療費支出が拡大したからである。

前述のように、農家の商品作物栽培への特化には、経営面の問題だけでなく、

こうした生活面の生活物資購入等の問題が背景にあった。開拓民のこうしたライフスタイルによって現金支出が拡大した。このことは食糧自給基盤を犠牲にするという側面をもっていた。

(2) 体力の低下および農業への意欲の低下

「伝染病さへなかつたら」(45)というほど、開拓民は伝染病を恐れた。そのほかにも、開拓民は消化器病、呼吸器病など様々な病気にかかった。特に、「幼児の疫痢、大人の赤痢、呼吸器疾患」(46)が恐れられ、乳幼児の疫痢の「発生患者数は例年十五名乃至二〇名で死亡率は約五〇％」(47)、呼吸器系疾患の「患者発生数は例年三〇名内外（感冒、気管支過多兒程度のものを除外)」(48)にも達した。呼吸器疾患には結核を含むが、「開拓団は送出の段階で、結核患者が紛れているのは珍しくなかった。送出の母胎が結核国」(49)であったのだから、生活環境が悪くては結核になる確率は非常に高かった。

なぜこのような深刻な事態に陥ったのか。北満洲は大陸の高緯度に位置し、昼夜の寒暖の差のみならず、夏は非常に短いが最高約30℃と暑く、逆に冬は非常に長く最低約−30℃に達する極端な気候をもつ。このように日本と気候風土の大きく異なる満洲で、開拓民が定着するためには、現地に適合した生活を営むこと、特に衣食住の充実と徹底した指導が必要であったにもかかわらず、それらが不十分であったからである。具体的には、次の4点があげられる。

第1に、食生活の問題である。夏にはモノが腐りやすく、よく食中毒を起こし、冬には新鮮な野菜が不足した。また、酷寒のなかの外出を嫌い、運動不足から消化器系疾患になった。さらに、満洲での白米と野菜を中心とする食生活は偏食、栄養不足を引き起こした。これは「内地より冬は寒冷であり、労力不足による過労、夜間の警備等幾多不利な条件の加はるを思ふ時内地の生活のそのまゝの延長であつては」(50)当然であった。日本内地の「小作人の食べ物は、売り物にならない穀物を食べ、副食は漬け物とミソ汁が多く、あとは庭先で収穫した野菜の煮物、それに豆腐や油揚げが添えられ、肉や魚は、ほとんど皆無で、盆と正月に入れる程度であった。そして、来客があると鶏をつぶした。卵や牛乳は、病気にでもならなければ、口にすることは出来なかった」(51)のである。そのため、特に不足したのはたんぱく質と脂肪である。「原住民たる満人は多く其の食糧を動物の油を以て処理し、脂肪の摂取に努めて居り、又ロシ

ア人の生活を見ても牛乳、卵、肉類が豊富であつて寒地の生活として極めて合理的」(52)であった。「ある外国の雑誌によると中等程度の生活をして居る支那人の脂肪摂取量は、一日平均約三十瓦乃至五十瓦で（中略）この量は欧米諸国民に比すれば極めて少く僅かその数分の一に過ぎないが、日本人の成人男子平均一日の脂肪摂取量が約二十瓦である事を考へるならば、日本人の食事がいっそう脂肪の少いもの」(53)であった。ただ、開拓民が日本から購入した大量の缶詰は、それら栄養を摂取しようとしたためとも考えられるが、明らかに不足したのである。そのため、開拓民は農閑期にエネルギーを蓄えることができなかった。

　第2に、衣類の問題である。冬の防寒服等は団員にのみ配給されたが、入植時に配給されたのみでボロボロのままであった。妻や子供には全く配給されず、妻や子供は、前述のように、内地同様、木綿服を着用していた。木綿服は、夏にはよいが、冬を越すにはかなり無理があり、不妊や流産も多かった。

　第3に、住居の問題である。開拓民が満洲での生活に適した家屋の建築に不慣れであり、知識を持ち合わせていなかったため、日本家屋の建築様式で建てられたものも少なくなかった。また、オンドルなどの暖房設備が整備されていても、家屋自体に隙間が多く、冬季の酷寒に対応できなかった。しばしば室内のものが凍ったといわれる。満洲での建築期は、「解氷期の四月頃より結氷期の十一月始め頃迄」(54)で農耕期と重なるため、家屋の修繕にまで手がまわらなかったとも考えられる。

　第4に、開拓民の生活を充実させるには、十分な指導が必要であったが、幹部・指導員のリーダーシップが欠如していたことである。

　こうした購入に依存し、満洲の気候風土に適合しない生活様式が、開拓民の体力および農業への意欲を低下させ、農業面で雇用労働力への依存をさらに拡大したのである。また、試験移民では新婚家族が多く、親の世代がいなかったために、育児の知識や経験に乏しく、子供の健康を悪化させた。

おわりに

　以上、第3次試験移民団を事例に、開拓農家における雇用労働依存経営化、

地主化という脱農過程に着目して、経営と生活の視点から、その論理を示した。1・2章によって、試験移民における地主化の論理を示すことができた。

　開拓民は、個別期において、自家労働力を主とし、農家間で協力しながら、瑞穂村では1戸当たり平均水田1.7町歩・畑17町歩をもとに、水田・畑作・家畜を加えて多角的に経営し、自給自足的生活を営むことを通じて、農業者として定着することが求められた。しかし、多量の雇用労働力が導入され、また多角的な経営も、自給自足的な生活も一切成立せず、農業経営はいとも簡単に破綻した。以下、具体的にまとめておく。

　開拓農家が自家労作的に経営できなかったのは、以下の理由からであった。第1に、開拓民が、満洲現地で採用した満洲在来農法や「鮮式」在来農法は、多量の労働力を必要とする農法であったことである。第2に、それを利用するには、開拓農家はあまりにも「未熟」すぎたことである。①開拓団では一斉の出産ラッシュが始まって、妻は農業から離脱しつつあり、家族内協業が十分に組めず、実質的には家族労働力が団員（夫）1人になっていたこと、②開拓民が満洲農業に不慣れであったこと、③開拓民の農業への意欲や体力が低下していたこと、である。

　こうして開拓農家は多量の雇用労働力の導入を余儀なくされた。その結果、開拓農家は多額の現金を確保せねばならず、商品作物栽培へと特化する必要に迫られた。こうした特化の結果、農繁期の労働需要のピークが押し上げられ、さらに雇用労働力が必要になるという悪循環に陥った。

　一方、開拓民は生活面でも、多額の現金を必要とした。それは次の理由による。第1に、この開拓団では米はほぼ自給できていたが、野菜や缶詰などを購入したこと、第2に、内地式の衣服を着用しており、内地から衣服を購入していたこと、などである。こうした理由からも、商品作物栽培への特化が必要となり、雇用労働力への依存を増すことにつながったのである。

　しかし、このように「購入に依存した生活」とは「満洲の気候風土に適しない生活」を意味した。そのため、開拓民は農閑期である冬に栄養を十分に摂取・蓄積できず、よく病気にかかり、さらに雇用労働力への依存を高めるという悪循環をもたらした。

　上記のように、経営が不安定であったところに、雇用労賃が高騰し、開拓民農業経営は破綻寸前となった。開拓農家は労働粗放化（主に雇用労働力の削

減）したため、適期作業が困難となった。その上、輪作体系を損ない（大豆の作付を減らしたこと）、そして、ほぼ無肥料栽培であったために地力が減退した。そのため、収量・品質が大幅に低下して、経営がますます不安定化した。開拓民農業経営は、永続的なものではなかったことがわかる。その結果、開拓農家は地主化せざるをえなかった。開拓民農業経営は、敗戦以前にすでに破綻していたのである。

彼らのなかにはもうからない農業から早々に離脱して、容易に稼ぐことのできる機会があればそちらに従事する者もいた。こちらはやむをえないというよりは「大金の取得」を目指したものであった。

註
(1) 濱江省公署『第三次開拓団瑞穂村建設五ヶ年史』濱江省公署、1940年、34頁。
(2) 以下括弧略。
(3) 前掲 満州開拓史復刊委員会『満州開拓史』152〜153頁。
(4) 同上 153頁。
(5) 満洲拓植委員会事務局『満洲農業移民概要』満洲拓植委員会事務局、1938年、13〜14頁。
(6) 1935年に40名の団員が補充されたが、1934〜1936年における退団者は「103名」（前掲 小西編『瑞穂村綜合調査』129頁）で、退団者率は34.4％にものぼった。
(7) 前掲 小西編『瑞穂村綜合調査』272頁。
(8) 同上 208頁。但し括弧内は筆者記す。
(9) 同上 208頁。
(10) 同上 206頁。
(11) 同上。
(12) 同上 167頁。
(13) 同上 160頁。
(14) 同上 271頁。
(15) 同上 272頁。
(16) 同上 202頁。但し括弧内は筆者記す。
(17) 同上 283頁。
(18) 同上 279頁。
(19) 同上。
(20) 同上 279〜280頁。
(21) 同上 271頁。
(22) 同上 277頁。
(23) 同上 161頁。

(24) 同上 163 頁。
(25) 開拓研究所『康徳 8 年度　北安、龍江省開拓村農家経済調査—瑞穂村、五福堂新潟村、北学田の部—』開拓研究所、1943 年、62 〜 63 頁。
(26) 前掲 小西編『瑞穂村綜合調査』299 頁。
(27) 同上 306 頁。
(28) 同上 299 頁。
(29) 同 299 〜 300 頁。
(30) 前掲 開拓研究所『康徳 8 年度　北安、龍江省開拓村農家経済調査—瑞穂村、五福堂新潟村、北学田の部—』63 頁。
(31) 同上。
(32) 同上。
(33) 同上。
(34) 上記註の 2 史料の瑞穂村の農家は、燕麦をほとんど飼料として利用せず、販売または供出している。
(35) 前掲 開拓研究所『康徳 8 年度　北安、龍江省開拓村農家経済調査—瑞穂村、五福堂新潟村、北学田の部—』63 頁。
(36) 以上の数値は、前掲 小西編『瑞穂村綜合調査』202 頁、第五表。
(37) 以上の数値は、同上 166 〜 167 頁。
(38) 前掲 小西編『瑞穂村綜合調査』197 頁、198 頁。
(39) なお缶詰の他に「玉子（自給）鶏、家鴨、川魚等」（前掲 小西編『瑞穂村綜合調査』183 頁）が食用とされた。
(40) 前掲 小西編『瑞穂村綜合調査』183 頁。
(41) 同上 276 頁。
(42) 同上 291 頁。
(43) 同上 183 頁。
(44) 緬羊は「主として三戸の緬羊飼養農家に於てのみ飼養され（中略）各農家ごとに飼養されず、各農家はそれぞれ所有権を持つ緬羊を専門的緬羊飼養農家に預託する。（中略）その飼養より生ずる収益は受納せずして預託料に充当し（中略）この所有権を持つ農家経済と全く無関係な存在」（前掲 小西編『瑞穂村綜合調査』234 〜 235 頁）であった。
(45) 前掲 小西編『瑞穂村綜合調査』182 頁。第 3 次試験移民団では、入植以来いわゆる「匪襲」は数回のみで、1936 〜 39 年の 3、4 年間は「平和」であったという。ただ 1940 年 4 月に襲撃を受け、「老若男女一四名戦死、六名の負傷者を出した」（前掲 小西編『瑞穂村綜合調査』184 頁）とある。
(46) 前掲 小西『瑞穂村綜合調査』181 頁。
(47) 同上。
(48) 同上。
(49) 落合理子「「満州」の保健衛生と「くすり」需要—昭和十年代『大新京日報』を中心に—」

『風俗』26 巻 4 号、1987 年、36 頁。
(50) 前掲 安田『満洲開拓民　農業経営と農家生活』358 頁。
(51) 吉田忠雄『満洲移民の軌跡』人間の科学社、2009 年、137 頁。
(52) 前掲 安田『満洲開拓民　農業経営と農家生活』358 頁。
(53) 同上 358 〜 359 頁。
(54) 前掲 濱江省公署『第三次開拓団瑞穂村建設五ヶ年史』164 頁。

第Ⅱ部

大量移民政策期（1937〜1945年）

二・二六事件（高橋是清殺害）で、岡田内閣が倒れたあとをうけ、広田弘毅内閣がうまれた。この内閣のもと、満洲農業開拓民政策は7大国策（1. 国防の充実、2. 教育の刷新改善、3. 中央・地方を通じる税制の整備、4. 国民生活の安定、5. 産業の統制化、6. 対満重要国策の確立、移民政策および投資の助長等、7. 行政機構の整備改善）のひとつとなり、1937年から20ヶ年100万戸移住計画（大量移民政策）が始まった。これは、満洲国総人口の1割を日本人で占める計画であった。

　1937年には、日中戦争が始まり、その後、長期化（泥沼化）し、戦線は拡大していくことになる。こうした事態に伴い、円ブロック内の食糧需給が逼迫し、食糧増産が最緊急重要課題となった。当時、解決されなければならなかったのは、日満のアウタルキーの完成であり、満洲の食糧基地化であった。戦局の悪化に伴い、日本帝国は、「食糧、資源、人口すべての面で、もはや満州だけが頼り」[1]となっていく。日本人開拓農民の大量招致は、日本農村の経済更生や対ソ防衛のためであるというよりは、満洲における農産開発のためであった。したがって、開拓民の農業者としての定着が急務となった。この頃には、内地では人口過剰ではなく、逆に送出難に陥っていたにもかかわらず、開拓民の送出は強力に推し進められたのである。

　大量移民政策の開始とともに、農業開拓民定着に向けた様々な施策が実行された。主なものとして、次の5点があげられる。

　第1に、開拓関係機関の整備・拡充が行なわれたことである。開拓民を募集する満洲移住協会は1935年に、開拓民の受け入れにあたった満洲拓植公社は1937年に設立された。

　第2に、開拓農家1戸に対し、補助金が約1,000円に増額されたことである。「米一俵（六十キロ）十二円の時代にあって補助金（中略）や種々の優遇措置」[2]は、多くの人々にとって魅力ではあった。

　第3に、開拓民に対して、先進的な農法である北海道農法の導入が試みられたことである。1938年以降、満洲各地に実験農場が設置されるとともに、北海道農家が満洲へ送り出された。彼らの多くは家族労働力のみで1戸当たり6～10町歩の耕作に成功した[3]。ただ、これらは熟練した北海道出身農家の成

果であり、一般の開拓民に可能かどうかは大いに疑問視されたが、この後、一般開拓民に対して、北海道農法の導入が強力に推し進められることになった。

　第4に、様々な種類の開拓団が送出されたことである。大量移民政策は、その前史である試験移民の反省にたって実施されたものであり、なかでも分村開拓団（1936年～、本格化は1938年～）と義勇隊（1938年～）が期待されたことはすでに述べた。

　農山漁村経済更生運動（政府によって、1932年から実施された農業恐慌対策）の延長線上に進められたのが分村開拓団であり、補助金獲得のために強引に推進された。一方、1937年には、加藤完治が、「満蒙開拓青少年義勇軍編成に関する建白書」を提出し、その後すぐに、「満洲に対する青年移民送出に関する件」が国会を通過した。戦争の拡大とともに、分村・分郷開拓団などの成年開拓民の送出が困難となるなかで、義勇隊が主力となり、入植戸数に占める義勇隊の割合は、7～8割にも達した。敗戦までに送出された隊員は約86,000人であった。

　第5に、急増する開拓民の入植にあわせて、現地住民からの強制的な土地買収が、それまで以上に強力に推し進められたことである。土竜山事件（1934年）に代表される現地住民による大きな反発にもかかわらず、その後も土地収奪の本質はほとんど変わらなかった。つまり、現実的には熟地買収はなくならなかったのである。未耕地のなかには輪作の休耕地が含まれていた。北満の1シャン（＝日本の7反5畝）が1円というあまりにも安価に買収され、当時の民間価格の10分の1にすぎなかったといわれる。土地を奪われた現地住民は内国開拓民とよばれ、彼らには替地としてわずか1.5町歩しか与えられなかった。不満を抱いて当然である(4)。

　ここで、満洲農業における農業開拓民の地位と、そのことがもつ意味について付言しておきたい。日本内地の農業を基準とすれば、開拓民の規模は極めて大きなものであるが、満洲農業を基準にとれば、極めて限定された存在にすぎなかったということである。

　1941年までに開拓民のために、満洲国全土地面積の約14％、そして日本の農地面積の約3.3倍となる2,000万haもの土地が満洲拓植公社や開拓総局によって収奪された（単純計算で1戸当たり約20町歩）。これだけの面積が「優秀な」日本人開拓民によって耕作されれば、食糧増産効果は非常に大きなものとなると信じられた。ただ、表34に示したように、開拓農家戸数、開拓民によ

って耕作された面積、穀物生産量、穀物供出量は、実際にはいずれも満洲国全体の約1%にすぎなかった（耕作面積のなかには現地住民への貸付地、穀物生産量、穀物供出量のなかには、現地住民からの小作料が含まれていると考えられる）。したがって、円ブロックにおける食糧確保という点からすれば、「東亜農業のショウウィンドウ」たるべき開拓民とともに、満洲農業そのものの掌握が大きな課題であり続けたといえる。

表34：満洲国における開拓民の位置（1943年）

	農家戸数	耕作面積	穀物生産量	穀物供出量	開拓民用地面積（耕作地）
開拓民	68,882戸	216,750ha	*23万～24万t*	*8万～10万t*	2,000万ha（351万ha）(1*)
満洲国全体	5,511,000戸	17,684,000ha	19,228,000t	7,660,000t	1億4,000万ha（1,768万ha）(2*)
開拓民割合	1.25%	1.23%	1.20～1.25%	1.04～1.31%	14.3%（19.8%）(3*)
日本	532万戸	598万ha	—	—	334.4%(4*)

1：斜字体は見込みである。
2：(1*)で、括弧内の数値は、日本人開拓民のために収奪された既耕地面積を示す。
3：(2*)で、これら数値は満洲国の面積および既耕地面積を示す。獲得された土地の「圧倒的大部分は満洲拓植公社（中略）の管理地あるいは荒地となった」（浅田喬二「満洲農業移民と農業・土地問題」大江志乃夫他編『岩波講座　近代日本と植民地3』1993年、91頁）とされる。
4：(3*)で、満洲国土面積に対する収奪された土地面積の割合を示す。括弧内の数値は、満洲国の既耕地面積に対する収奪された既耕地面積の割合を示す。
5：(4*)の数値は、日本における耕作面積に対する満洲で収奪された土地面積を示す。
〔蘭信三『「満洲移民」の歴史社会学』行路社、1994年、46、51頁、東北財経委員会調査統計処編・木庭俊解題『旧満洲経済統計資料「偽満時期　東北経済資料」1931～1945年』柏書房、1991年、302頁、第一表、山本有造「「満洲国」農業生産力の数量的研究」『アジア経済』38巻12号、1997年、39頁、五十子巻三「決戦下敢闘の開拓と増産政策」『開拓』五月号、1944年、5、17頁、前掲 浅田「満洲農業移民と農業・土地問題」91頁より作成〕

註
(1) 小川津根子『祖国よ「中国残留婦人」の半世紀』岩波新書、1995年、119頁。
(2) 後藤和雄『秋田県満州開拓史』無明舎、2010年、44～45頁。
(3) 北海道農家の実態については、寺林伸明・劉含発・白木沢旭児編『日中両国から見た「満洲開拓」　体験・記憶・証言』お茶の水書房、2014年、70～73頁に詳しい。
(4) 太田尚樹『満洲帝国史　「新天地」に夢を託した人々』新人物往来社、2011年。

第3章　北海道農法先進開拓団の農業経営と生活
―第7次北学田開拓団および第6次五福堂開拓団を事例に―

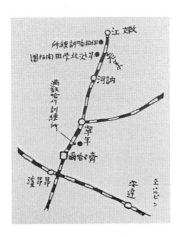

図24：北学田開拓団位置図
〔河内新吾編『第七次北学田開拓団』河内新吾、1992年、10頁〕

図25：五福堂開拓団部落配置図
〔小西俊夫編『五福堂開拓団農家経済調査（康徳八年度）』満洲国立開拓研究所、1942年、1頁〕

はじめに

　北海道農法に関する評価は、満洲農業開拓民政策を考える上で避けられない問題である。なぜなら、満蒙開拓の成否を左右したものが北海道農法であったからである。そこで、本章では、北海道農法に関して先進的と位置づけられる第7次北学田開拓団と第6次五福堂開拓団を事例として、北海道農法導入の実態を明らかにすることを課題とする。

　北海道農法導入の目的は、①畜力用農具利用による平畦耕作および長期輪作（満洲在来農法における大豆→高粱→粟、小麦のような3〜4年の短い輪作式ではなく、ルーサンやスイートクローバーに根菜類を加えた7〜10年の長期輪作式の採用）・緑作休閑（ルーサンやスイートクローバー、緑肥大豆などの緑肥作物栽培による休閑）による適期作業の実現と雇用労働力の排除、②畜力用農具による深耕（満洲在来農法において使用された「犁丈でおこしては極めて浅く、平均三寸位（約9センチメートル）しかおこせない。浅いから三寸位下は堅い盤になつてゐる。牛や馬や人間が踏み固めて堅い盤になつてゐるから」[1]栄養分や水分を作物が吸収できず、生育しないという問題を、北海道農法ではプラウによってこの堅い地盤を崩そうとした）と輪作・緑作効果（緑肥による地力の増進）、畜産（前掲安田『満洲開拓民　農業経営と農家生活』によると、10町歩耕作には25,000貫（＝約94,000kg）の肥料が必要とされ、大家畜1頭当たりの肥料生産量は2,000〜3,000貫とされたので、開拓農家は1戸当たりで約10頭の大家畜を飼養する必要があったが、不足分を緑肥で補うこととした）との結合による地力の維持増進、③多作物栽培および乳牛飼養による生活の安定化、④乳製品を食生活に取り入れることによる体力の改善、を実現して、開拓農家の農業者としての定着（持続可能な農業）を確実なものにすることであった。したがって、北海道農法の成否を考えるにあたって、北海道農法が上記のような体系的な改善策である以上、たとえば農具が利用されていたという一部分だけであるとか、一時的な耕作面積の拡大であるとか、一時的な収量の増加であるとかで、それが判断されるべきではなく、その内実についても把握すべきである。

　しかし、太平洋戦争下で史料が少ないために、分析には困難を伴う。2つの

開拓団を同時に取り扱うのは不足を補うためでもある。北学田開拓団と五福堂開拓団における開拓民農業経営の事例で主なものは、前掲小西編『篤農家座談会速記録』からの、ともに1戸のみのものであるが、ほかの史料から補足することで、それぞれの開拓団の全般的傾向にも配慮した。この史料は、第2～7次までの開拓農家の1943年度の営農と1944年度の営農計画が述べられたものである。座談会形式であるため、開拓関係機関幹部（満洲協和会開拓部会本部長の宗光彦や開拓研究所長の中村孝二郎のほかに開拓総局、満洲拓植公社などから参加している）の時局に対する考えや開拓農家の「率直な」意見が述べられ、戦時末期の農業現場の問題点が明らかになる貴重な史料である。

第1節　農業経営の急速な衰退
――第7次北学田開拓団を事例に――

(1)　雇用労働力への依存と地力減退の加速

　北学田開拓団は、1938年に、福島県から龍江省訥河県北学田（水田耕作が不可能な地域・図1・24）に入植を開始した第7次の開拓団である。1938年に先遣隊34名が、翌年に団員本隊が、1940年にその家族が入植し、団員172名、総人口540名で編成されていた。入植当時、約7割は夫・妻・子供1～2人からなる核家族で入植し、残りは独身者で、入植後に結婚した。同一県出身者であるとともに、既婚者中心で編成されたのは、大量移民政策と関連していた（ただし、その後の退団者については定かではない）。

　入植から2年間（1938～1939年）は満洲在来農法で耕作した。1939年は400町歩を作付しながら、収穫面積は317町歩となり、営農収入約1万3,000円に対して1万円以上の雇用労賃がかかるなど、惨めな結果に終わった。そこで1940年の組単位共同経営期に、耕耘過程の畜力化（耕したり、雑草を取り除いたりすることに畜力を用いること、つまり北海道農具の利用）が始まった。この開拓団で、耕耘過程の畜力化が可能になった理由として、次の5点があげられる。

　第1に、満洲拓植公社からの資金調達で、日本馬88頭と北海道農具19組を北海道から購入できたこと、第2に、プラウ操作が難しいと予想した同公社が、

秋耕のためにトラクターを派遣したこと、第3に、農具の組立て、装具、使用要領、役馬操作の指導などを、「団では予め指導実験農家及幹部で各部落を巡回座談会、実地指導を行ひ、満拓よりも馬耕専門技術者を派し、実際播種作業期間各部落に実地指導をして万全を期した」(2)こと、第4に、団長が北海道を視察したこと、第5に、「馬の使役に団員凡てが深い経験を持って居た事」(3)である。

その結果、1組当たり平均で団員6.5人、妻3.5人の労働力と3〜4頭の日本馬、そしてプラウ（図26・27）、ハロー（図28）、作条器、単畦・三畦カルチベーター（図29・30・31）、培土器などを用いて、団全体で570.1町歩（1戸当たり平均4.6町歩）を耕作し、「収量は前年はもちろん近隣開拓団より20％の増収で現金収入も約3万円が見込めるという成績」(4)をおさめたのである。

図26：プラウ
〔常松栄『附録 満洲開拓と北海道農具』北方文化出版社、1943年、17頁〕

図27：プラウによる耕作の様子
〔同上 18頁〕

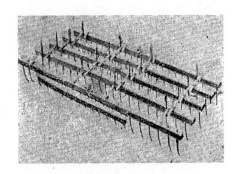

図28：除草ハロー
〔常松栄『北方農機具解説』北方文化出版社、1943年、109頁〕

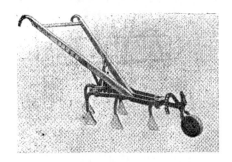

図29：一畦カルチベーター
〔同上 115頁〕

図30：三畦カルチベーター
〔同上 116頁〕

図31：カルチベーターによる除草風景
〔前掲 満拓会編『写真記録・満洲開拓の系譜』46頁〕

　これだけの成果をおさめえたのは、「除草に関しては雇用にほぼ依存せず、刈取りのみ延2千人（5千円）で終え」[5]たことが何よりも大きい。それは、新農法の導入（耕耘過程の畜力化）によって、農作業に対する意欲が盛んとなったこと、共同生活期のため、「婦人も適宜相当参加」[6]できたこと、「発芽後漸く畦を分別しうる位のとき浅いカルチ掛を行ひ（所謂「めくら」除草）引続き三畦及単畦カルチを以て（中略）機械除草」[7]が行なえたことによる。ただしその一方で、前述のように、1戸当たり平均耕作面積が4.6町歩と小規模であったこと、「初めてのプラウ操作ではあり、土の粘着も甚しく予定の効程を収め得ぬため、春にプラウで全圃耕起し、ハローで砕土するといふ、いはばプラウ農法の正攻法を実施出来ず、耕起を省略した畦崩しの便法を概ね採用」[8]したこと、などの影響も大きい。そのようななか、主に刈り取りに雇用労働力が必要であったのは、リーパー（収穫用農具）を入手できず、すべて手作業となったことが大きな理由である。とはいえ、この画期的な出来事によって、全満への北海道農法導入の機運が高まり、この後、それが本格化したことは前述のとおりである。

　しかし、北学田開拓団の開拓農家は、その後、雇用労働への依存を急速に高めていく。そして、結局は持続可能な営農を実現できなかった。その理由を、

次の2つの事例をもとに明らかにしたい。
　まず、前掲開拓研究所『康徳8年度　北安、龍江省開拓村農家経済調査—瑞穂村、五福堂新潟村、北学田の部—』から、1941年度の組単位共同経営（3戸平均：以下、調査農家とする）を事例としてみていこう。
　調査農家の家族数は1戸当たり平均6人で、そのうち、家族労働力は団員（夫）・妻の合計2.0人（無換算）であった。それだけでは不足したため、月雇0.7人、日雇延42.0人が導入された。また役畜2.4頭（日本馬1.7頭、役牛0.7頭）を所有した(9)。
　調査農家における雇用労働力導入の状況として、次の3点を指摘できる。第1に、家族労働力と雇用労働力をあわせた全労働日数に占める雇用労働力の割合は約22％に達すること、第2に、時期別、つまり作業別で雇用労働力を用いた日数の割合をみると、収穫期だけでなく、除草期に高い比率で導入されたこと（表35）、第3に、作物別には月雇、日雇ともに、開拓農家にとって重要な作物である燕麦、大豆、野菜の除草作業、麦類、大豆の収穫作業（ただし大豆の収穫はほぼ皆無）に主に用いられたこと（表36・37）、である。除草期に雇用労働力が導入されたことは前年度と異なる点である。これは調査農家だけの現象ではなく、ほかの史料にも、「日給の主要作業は除草、麦刈取が主要なものである」(10)とあり、全般的傾向として、恒常的に用いられたことがわかる。開拓農家は、前年度と同様に、収穫用農具をもたなかった(11)から、収穫期に雇用労働力が用いられたのはわかるとしても、耕耘過程の畜力化が実現したにもかかわらず、なぜ除草期にまで多くの雇用労働力が導入されたのであろうか。その理由として、次の5点があげられる。

表35：調査農家における月別労働力配分（1941年）

単位：日

	3月	4月	5月	6月	7月	8月	9月	10月	11月	12月	1月	2月	合計
団員	13.5	20.4	28.1	26.9	22.9	25.2	22.3	26.4	25.7	24.0	20.6	20.5	276.5
妻	4.8	6.5	16.7	14.2	4.6	5.6	6.5	10.6	6.9	6.6	8.5	8.1	99.6
月雇	—	3.8	5.0	5.0	2.3	—	—	—	—	—	—	—	16.1
日雇	—	1.5	5.5	16.7	16.6	40.8	9.2	—	2.5	—	—	—	92.8

北学田開拓団における3戸平均の数値である。
〔前掲 開拓研究所『康徳8年度 北安、龍江省開拓村農家経済調査—瑞穂村、五福堂新潟村、北学田の部—』第27表より作成〕

表36：家族の作物別労働力配分（1941年）

単位：日

	3月	4月	5月	6月	7月	8月	9月	10月	11月	12月	1月	2月	合計
小麦	0	1.1	5.5	3.6	0.2	3.9	0.3	1.9	0	3.2	6.6	0	26.3
燕麦	0.5	0	3.6	1.6	0	5.4	2.8	0.6	1.6	0	0	4.8	20.9
大麦	0	0.1	3.3	1.5	0	2.9	0.3	0	1.8	0	6.5	0.3	16.7
大豆	1.7	0.3	3.1	3.3	6.5	0	0.1	2.6	1.6	6.0	2.3	1.4	28.9
菜豆	0	0	1.8	2.1	0.8	0.6	0.6	0	0.1	1.2	0	0	7.2
野菜	0.1	4.8	6.4	10.8	6.8	2.6	8.3	8.4	0.1	0.2	0	0	48.5
家畜	7.1	7.6	4.4	2.8	4.0	4.1	4.0	5.0	8.1	8.4	6.4	7.5	69.4
その他	7.5	11.5	12.5	11.8	8.1	9.9	10.9	16.1	17.9	10.3	5.7	12.9	153.1
合計	17.0	25.4	40.4	37.4	26.2	29.5	27.4	34.6	31.2	29.3	27.5	27.0	352.9

〔同上〕

表37：雇用労働（月雇・日雇）の作物別労働力配分（1941年）

単位：日

	3月	4月	5月	6月	7月	8月	9月	10月	11月	12月	1月	2月	合計
小麦	0	0.2	2.2	0.7	0.1	10.8	0	0	0	0	0	0	14.0
燕麦	0	0	1.3	10.8	0	12.6	2.0	0	0	0	0	0	26.7
大麦	0	0	1.2	0.9	0	16.2	0	0	0	0	0	0	18.3
大豆	0	0	0.7	0.7	7.1	0	5.9	0	2.5	0	0	0	16.9
菜豆	0	0	0.2	1.7	0.8	0	0.3	0	0	0	0	0	3.0
蔬菜	0	0.9	2.0	3.1	4.5	0	0.3	0	0	0	0	0	10.8
家畜	0	1.0	0.5	0.3	0	0	0	0	0	0	0	0	1.8
その他	0	3.2	2.2	3.6	5.9	1.1	0.7	0	0	0	0	0	17.4
合計	0	5.3	10.3	21.8	18.8	40.7	9.2	0	2.5	0	0	0	108.9

〔同上〕

　第1に、生活の個別化が進み、妻が家事や育児を担う機会が増え、農作業に携わることが困難となったからである。これは表35からも確認できる。第2に、団員が北海道農具の使用にまだ十分に習熟していなかったからである。第3に、そのようななか、調査農家では1戸当たり8.07町歩へと経営規模を拡大したからである（団全体では1戸当たり平均7.0町歩）。第4に、組単位共同経営期でありながら、実質的には共同作業がほとんど機能しなかったからである。これは、組が同一県出身者で編成されていたとはいえ、農業で共同作業が実現するほど強固な地縁的共同関係を確保できなかったことによる。前年のように、経

営規模が小さいときには、それほど問題にはならなかったが、経営規模の拡大とともに、そのような問題が顕在化したのであろう。第5に、雇用労賃を含む営農資金や生活費、そして飼料（燕麦）を確保するために、麦類や豆類栽培へと特化（表38）するとともに、「煙草、蔬菜（野菜）の如き集約的にして採算上有利な作物の栽培面積が増加」[12]し、労働需要のピークが押し上げられたからである。北海道農具の利用による効果も播種までで、除草には無理が生じていたことがうかがえる。

その結果、調査農家における雇用労賃支払いが農業経営費の50％以上にも達した（表39）。結局は、雇用労働に依存した経営になってしまったのである。このように雇用労賃の支払いに圧迫された結果、現金を確保するために、農外収入に大きく依存せざるをえなかった（表40）。

表38：調査農家（3戸平均）の土地利用状況および商品化率（1941年）

	小麦	燕麦	大麦	小計	大豆	小豆	菜豆	小計	野菜	その他	合計
面積（町歩）	1.67	1.73	1.38	4.78	1.19	0.03	0.47	1.69	0.56	1.07	8.10
割合（％）	20.6	21.4	17.0	59.0	14.7	0.4	5.8	20.9	6.9	13.2	100.0
商品化率（％）	95.6	10.6	92.4	85.6	―	0.0	53.1	55.0	67.7	―	81.0

1：労働力の不足により大豆はほとんど収穫されていない。
2：商品化率とは各種作物における耕種粗所得における商品化率を示す。
〔同上4～5頁、第5表、14～15頁、第9表より作成〕

表39：調査農家（3戸平均）における農業経営費内訳（1941年）

	肥料	飼料	種苗	家畜	機具	労賃	建物	その他	合計
金額（円）	8.67	62.28	35.20	102.06	72.68	404.34	79.39	13.69	778.31
割合（％）	1.1	8.0	4.5	13.1	9.3	52.0	10.2	1.8	100.0

〔同上18～19頁、第22表より作成〕

表40：調査農家（3戸平均）における農家経済余剰（1941年）

	農業粗収益①	農業経営費②	農業純収益①－②＝③	農外所得④	農家所得③＋④＝⑤	家計費⑥	農家経済余剰⑤－⑥
金額	922.86円	778.31円	144.55円	273.83円	418.38円	832.38円	－414.00円

1：農業粗収益の内訳は禾穀作350.03円（37.9％）、蔬穀作33.76円（3.7％）、工芸作62.08円（6.7％）、野菜作183.30円（19.9％）、養畜273.82円（29.7％）、加工19.87円（2.2％）である。なお養畜には増殖増加額160.00円が含まれるが、これは豚、鶏が若干増加したためである。
2：農外所得には林野所得（133.82円）、財産利用所得（120.00円）などが含まれるが、その内容は定かではない。
〔同上16～17頁、第10表、21頁、第14表、24頁、第17表、29頁、第23表より作成〕

次に、前掲小西編『篤農家座談会速記録』から、1943年12月14日に開拓研究所哈爾濱分所で開催された篤農家座談会（北学田開拓団のほかに第3次試験移民団瑞穂村など7団の開拓農家、開拓総局、満洲拓植公社、満洲国協和会、開拓研究所などから満蒙開拓にかかわる人々が参加した）で、北学田開拓団の1943年における個別経営の事例（以下、事例農家とする）を詳しくみていこう。北学田開拓団では、個別化に際し、1戸当たり12～15町歩の耕地が分配された。
　事例農家の家族6人のうち、労働力は夫・妻・長男の3人で、妻も100日以上（実際には140日）農業に従事したため、換算労働力は2.8人であり、この開拓団で多数を占める核家族型農家（家族労働力は夫と妻の2人）よりも有利な経営であった。また、役畜として日本馬4頭、用畜として乳牛2頭、豚、鶏などを所有した。
　事例農家は、雇用労働力を用いずに8.45町歩を耕作した。また、全般的傾向、つまり家族労働力が団員と妻の2人である農家では「自家労力の可耕限度は六陌（ヘクタール）位」(13)であったといわれるから、事例農家の例もあわせて考えると、1人当たりの可耕面積は約3町歩ということになる。したがって、耕耘過程の畜力化によって能率が向上し、満洲在来農法に比べて、家族労働力による可耕面積が拡大したことは確かである。しかし、いくら可耕面積が拡大しても、持続可能な営農を実現できなければ何の意味もない。8.45町歩もの耕地を、雇用労働力を一切導入せずに耕作した事例農家も例外ではなかった。それは、次の2点から明らかである。
　第1に、特定作物に極度に偏った作付を行なった（能率が向上し、より確実に行なえた）ことで、経営の弾力性が損なわれ、経営および生活が不安定化したことである。事例農家における1943年度の作付割合をみると、麦類・豆類だけで77.0％にも達していることがわかる（表41）。これらは主要な商品作物であり、開拓農家が生活費を確保するために何よりも必要であった。なかでも、麦類はこの地域では比較的安全な作物であるとともに、労働粗放的な作物であり、さらには供出に必要な作物でもあったから作付が拡大したのである。
　第2に、地力が急速に減退したことである。これは、次の3つの理由による。①上記のように、特定作物の栽培に特化したために、輪作体系を整えることができなかったからである。篤農家座談会において、団員が「麦の連作になる場合には金肥（満洲拓植公社からの配給品・興農合作社からの購入品）を少しづゝ

施しました」(14)と発言していることから、連作が行なわれていたことがわかる。②上記の団員の発言からもうかがえるように、購入肥料が施された作物が限られ、そのほかの作物に対してはほとんど施肥されなかったからである。北学田開拓団には森林がほとんどなく、燃料として草や藁を大量に消費したため、堆厩肥はほとんど製造されなかった。これらから地力の維持増進は絶望的となったのである。③そして、満洲在来農法による耕作よりも、地力の減退が進んだからである。それはプラウによる深耕だけでは、一時的な収量増加は見込めても、「深耕の一面には地力の減耗も著しいから従来のやうな消極的地力維持法では、不可」(15)であったことによる。ここで述べられている消極的地力維持法とは、満洲在来農法で行なわれていた豆類の作付と少量の土糞の施肥を指すが、開拓農家は土糞を施すことすらほとんどなかった。つまり、北海道農具を用いた深耕であったことが、かえって地力を減退させたのである。

　それに、たとえ事例農家であっても、分配された1戸当たり12～15町歩の耕地を耕作しようとすれば、下記のように雇用労働力が不可欠となり、結局は労賃の支払いが経営を一層不安定化した。

　篤農家座談会で、中村孝二郎からの「現在の労力と畜力で明年10陌（ヘクタール）作れますか」(16)との問いに、事例農家の団員は「労力方面では来年は年工を農耕方面に一人とそれから家畜方面にも一人計二名使ふ考へです」(17)と答えている。具体的には、「私の団の実験農場（北海道実験農家）では反当四人乃至五人で播種から脱穀まで終るのですが、私は反当六人と見て（中略）七百九十八人で十三町歩三反を耕作する（中略）総計現在の自家労力は私と子供とが一ヶ月に二十五日宛働き妻が二十日働くとして一ヶ月には延七十人となり七ヶ月で四百九十人になります。それに年雇を一人雇入れる事にしますと一ヶ月二十五人で七ヶ月で延百七十五人となりますから合せて六百六十五人の労力が供給出来る計画です。不足する労力は日工労力を以て補ひたい」(18)と述べている。つまり、事例農家では、耕作に際して反当たり6人の労力を必要（北海道実験農家に比べて、必要な労働力が多かったのは、開拓民の体力が低下していたこと、農法に不慣れであったこと、特定作物栽培に特化したことなどによる）とするため、たとえば10町歩を耕作しようとすれば、農作業期間（7ヶ月）で合計延600人が必要ということになる。家族労働力は合計で延490人であるから、延110人不足（約18％の不足）となる。ところが実際には、1戸当

たりの割り当て耕地は12〜15町歩であったから、事例農家は、上記のように10町歩をはるかに上回る13.3町歩を耕作することを計画した。そのため、必要な労働力は延798人であるから、不足する労力は延308人となる。したがって、全労働力に占める雇用労働力の割合は約40％にも達することになる。すでに雇用労賃が高騰していた時期であるから、これほどの高い割合で雇用労働力が導入されたとすれば、雇用労賃の支払いのためにますます現金が必要となったであろう。そのため、1944年の作付計画は麦類・豆類が78.6％（麦類のみ63.9％）にもおよんだ。これほどまでに特定作物の栽培を進めることができたのは、耕耘過程の畜力化によって能率が向上したからである。

ただ、ここで、農作業のどの部分に雇用労働力が導入されたのかを確かめておかねばならない。座談会において、中村孝二郎が「作付は手一杯にやつておくと収穫期なり除草期にはどうしても労力不足を来します」[19]と述べていることから、耕耘過程の畜力化の効果も、実は除草作業において限界が生じ、雇用労働力が導入されていたことが、個別経営期においてもはっきりと確認できるのである。

一方、全般的傾向についても、上記の反当たりで必要な労働力である6人という数値をもとに計算してみよう。多くの農家における家族労働力は団員と妻のみであったから、事例農家と同様に、団員が1ヶ月25日、妻が最大でも20日働くとして、家族労働力は7ヶ月の農作業期間で合計延315人となる。この数値から、次の2点が明らかとなる。①この数値は、5.25町歩を耕作できる人数に相当する。したがって、さきほど1人当たりの可耕面積を約3町歩と述べたが、2.5〜3町歩とした方がより正確であろう。②前述のように、10町歩を耕作するには7ヶ月で延600人の労力が必要であったから、家族労働力だけでは約50％しか賄えなかったことになる。ましてや、すでに述べたとおり、北学田開拓団での1戸当たり割り当て耕地は12〜15町歩であった。たとえそれほどの面積を耕作するのでないにしろ、「農作業には現地人、李さんを雇って共に働いた」[20]や「苦力がのっそり出て来て、羊をつかまえて小屋に入れます」[21]などとあるように、農作業のみならず、家畜の世話にも雇用労働力を恒常的に用いていたのである。これは、開拓民の体力が低下していたこと、そして、妻が農業労働から離脱傾向にある農家もあったことが理由である。特に体力の低下は深刻であったから、雇用労働力への依存が急速に進み、経営およ

び生活はさらに不安定化した。

　そして、戦争が開拓農家をますます追いつめた。たとえば、篤農家座談会で、中村孝二郎は、「労力を何所からでも雇つて来て迄もやり遂げると云ふ積極的方針に出て頂かなくては来年度の増産は出来ない」(22)であるとか、別の農家の団員が「穀物の生産を唯一の目標にして土地を搾るのは結局一種の掠奪農法とも考えられます」と述べたのに対し、中村が、「農法もこの決戦の間は無理を承知の上で増産に努め、そうして戦争が済んでから理想的経営法に戻り土地を肥沃にし植林もやらなければなりません」(23)と、北海道農法を一部否定する発言をしている。また、1年間収穫ができないといって、緑作を避ける農家もいたのである。

　したがって、北学田開拓団で、北海道農法のうち導入できたのは耕耘過程の畜力化という部分的なものであったといえる。たとえ耕作規模が拡大していたとしても、それは経営や生活の永続性を確保するものではなかった。その場しのぎの増産要請と相まって、北海道農法は、決して開拓民の農業者としての定着の条件を拡大するようなものではなかったのである。

表41：事例農家（北学田開拓団）における土地利用状況（1943～1944年）

		燕麦	青刈燕麦	大麦	小麦	菜豆	大豆	馬鈴薯	その他	合計
1943年	面積（町歩）	2.00	0.30	1.00	0.70	1.50	1.00	1.00	0.95	8.45
	割合（％）	23.7	3.6	11.8	8.3	17.8	11.8	11.8	11.2	100.0
1944年	面積（町歩）	3.00	2.00	2.00	1.50	—	2.00	2.00	0.80	13.30
	割合（％）	22.6	15.0	15.0	11.4	—	15.0	15.0	6.0	100.0

1：1944年は作付計画である。
2：1944年における青刈燕麦の急激な増加は、労力対策および飼料の補充のためと考えられる。
〔前掲 小西編『篤農家座談会速記録』45、83頁より作成〕

(2) 生活物資の購入とその影響

　本項では、1942年前後の開拓農家の生活状況をみることで、開拓民が農業から離脱せざるをえなかった理由を明らかにしていこう。

　座談会において、栄養改善の切り札とされた乳牛について、事例農家の団員は、「一頭はまだ受胎してゐりませんし、他の一頭も栄養が不良のため泌乳量

は少いだらうといふ話でありますが、どちらもまだ搾乳して居りません」(24)と述べている。全般的傾向は定かではないが、乳牛が多くいたとは考えられない。事実、開拓民の食事は、試験移民期と変わらず、主に米・野菜・味噌汁であった。北学田開拓団では水田作が不可能であったにもかかわらず、外部から購入してでも米を確保しようとした。これは、「開拓団で白米を食べてゐない開拓団はなからう」(25)といわれたように、北学田開拓団だけでのことではなかった。「白米を食べたらどう云ふことになるかと云ふと、日本人の身体で大体一日八十グラムの蛋白質を取らなければならぬから同じ白米のみから取ると云ふと八合の飯は食ふ。（中略）どうかすると一升飯を食ふけれども副食物が悪いのに米のみで栄養を得やうとするから、菜葉や大根だけではどうしても栄養が足らない。そこで開拓団に病人が多く」(26)なったのである。また、そのほかの物資も購入しなければならず、こうした現金獲得の必要性が、前述のとおり、商品作物栽培へと特化させ、雇用労働力の導入に拍車をかけたのである。なお、当時、「有畜農業特に酪農は北満の如き豊凶ならざる処に於ては最も安全なもので（中略）私経済的には確に有利なものであるが、飼料作物、牧草を従来より多く栽培せねばならず、農産物増産の喧しく叫ばれてる今日到る処で酪農経営を許すことは避くべき」(27)との意見もあり、これも北海道農法を一部否定した内容である。

　不衛生であったことも体力の低下に拍車をかけた。物資の不足によって、「雑巾をゆすいだバケツに飯をもり、風呂場に使った洗面器に菜を入れて食べるのである。足をふき床をふいた雑巾で食器をふくのを不思議とも思わ」(28)なかった。また、男女ともに夏用、冬用が一着ずつ、防寒靴が一足配給されただけで替えはなかった。手袋は「布巾にもなれば、雑巾にもなる。風呂敷にも使えば、ハタキにもするし鉢巻から座布団」(29)となり、トラコーマが蔓延した。

　冬にはオンドルの不具合で、目をいためる者が多かった。また、家屋構造の問題や燃料不足から、「ロシヤ人の冬の平均室内気温は十八度、満人が七、八度、開拓民は零下数度」(30)であった。そのため、「満人の草を盗んだ（中略）満人の墓をあばいて棺桶を持って来て薪とする」(31)団員がいたのである。

　このように、生活も持続可能なものではなく、体力の低下が深刻であったことが、雇用労働への依存を高めていたのである。

第2節　北海道農法導入の限界
—第6次五福堂開拓団を事例に—

(1) 役畜問題と耕耘過程の畜力化の限界

　五福堂開拓団は、1937年に、新潟県から北安省通北県に入植を開始した第6次の開拓団である。1938年に指導員・先遣隊47名が、1938年中に本隊170名が、1938年以降、家族が入植し、1939年5月には総勢460名となった。団員の約半分が既婚者で家族（核家族）を持ち、残りは独身者であった。試験移民に比べ、既婚者が増えたのは、大量移民政策と関連している。

　入植地には、「満人」が31戸（204名）で、既墾地（130町歩）が少なかった。団長の指導で、「満人」を追い払わず、耕作を認めた上、小作料もとらなかったという。さらには彼らに新墾も許可した(32)。近くに北安市街があり、また軍が駐屯していたから、販路に恵まれていた（図1・25）。

　五福堂開拓団で本格的な耕耘過程の畜力化が始まったのは、1942年以降であった。これは、「現在改良農具が相当入つてゐる（中略）然し未だ充分利用活用されてゐるとは云へない様である。新墾地や土塊が之等の利用を妨げて」(33)いたからである。「砕土不充分で土塊を多く残存させるときは、畦立作業に支障を来すばかりでなく、除草ハロー、カルチベーター等の性能を充分に発揮せしめることが至難になり、雑草生茂を多からしめ、プラウ農法の妙味を減殺することが大きい。尚整地が充分でないと、作物種子の良整なる発芽を望み難く、以後の生育を阻碍することが少くない」(34)ため、北海道農具の利用がなかなか進まなかったのである。その後、耕耘過程の畜力化が可能になった理由として、通北県による開拓農業酪農家推進運動や開拓研究所による奨励、団長・指導員の強力なリーダーシップ、三河ロシア人主畜農業地帯視察（当時、ソ連との国境に近い三河地方（「興安北」省）ではロシア人が農業を営んでいた）などがあげられる。

　ここでは、前節と同様に、前掲小西編『篤農家座談会速記録』より、1943年における個別経営の事例（以下、事例農家とする）をみる。

　事例農家の家族構成は、夫・妻・子供の計6人であり、そのうち家族労働力は夫・妻の2人であった（これは、五福堂開拓団の全般的傾向と一致する）。

割り当て耕地は1戸当たり平均5.0町歩(35)と比較的規模が小さく、土壌が重粘でなかったため、雇用労働力を導入する必要はなかった。ただ事例農家では、団員が協同組合員で年間40日出勤したこと、妻が「共同事業」(36)をしたこと、1943年度における作付面積5.94町歩のうち約9反を開墾したこと、から日工を延90人導入した。

事例農家の作付状況（表42）をみると、1943年に、麦、豆、馬鈴薯、野菜で約78％を占めることがわかる。馬鈴薯は、この地域では「何年作つても殆ど馬鈴薯の凶作といふことは今迄出会つたことはありません」(37)といわれるほど、ほかの作物に比べて収量が多く、有利な換金および供出作物であった（馬鈴薯収穫高の55％を供出）。また1944年の作付計画は麦、豆、馬鈴薯、野菜で約80％を占め、前年と同様の傾向を示す。経営規模が拡大したのは、正式に土地分配が実施(38)されたからである。しかし、未墾地（0.4町歩）にも野菜が作付されており、開墾する余裕がなかったことを示している。

五福堂開拓団では、土地分配の実施によって、耕作面積は1戸当たり平均6～7町歩にまで拡大したが、開拓農家は耕地・家屋・畜舎をすべて移動せねばならず、労働力不足に拍車がかかった。これは一部の農家だけではなく、全般的な問題であったというから、開拓民が農業に専念できなかったことは明らかである。

満洲在来農法採用期（1941年）において、団全体では、「堅実な増加傾向を示す作物は水稲、大豆、小麦、燕麦、馬鈴薯」(39)であり、作付割合をみると、麦、豆、馬鈴薯、野菜で、総作付面積の約72％を占めた（表43）。北海道農具の使用前後で、特定作物栽培への特化の傾向が変化していない、もしくはより強くなったのである。これは、やはり耕耘過程の畜力化によって能率が向上したためと考えられる。経営規模の拡大が困難で、さらに小作料をほとんど獲得できず、「貧乏ばかりして」(40)いた開拓農家は、馬鈴薯のような作物に大きく頼らざるを得なかったのである。しかし、こうした特定作物栽培への特化は、労働需要のピークを押し上げ、適期作業を困難にした。その上、「同じ平畦法にしても洋犂で犂耕後、カルチベーターで砕土し、ハローで攪砕、均平ならしめた後、畦立器で畦立し畦溝に播種せず畦山に播種し、も一度培土犂で溝の土を競り上げて覆土」(41)するというものであった。そうすれば「地温が高くなって良結果が得られるが（中略）普通の方法の様に、溝の中にすぐ種子を播くと地

面より下に種子があつて地温が低く発芽が悪」(42)かった。これは北海道農法による省力化を完全には実現できなかったことを意味する。

　一方で、大豆の作付の減退によって輪作体系が損なわれるとともに、「肥料は（中略）馬鈴薯に施して居るだけで他の作物には使つて居りません」(43)とあるから、地力の維持は絶望的であった。そのようななか、収入を増やす方法のひとつは、開墾して経営規模を拡大することであった。

　こうした事態に対して、事例農家の団員は、「私の家には日本馬を二頭飼養して居りますので今年の経験もあり若干は開墾も出来る」(44)と座談会で述べているが、全般的傾向としては、事例農家の役畜数よりも少なく、1戸当たり平均役畜数は1～2頭(45)であり、開拓農家が開墾を行なう余裕はなかった。ましてや、団史によれば、五福堂開拓団は「馬殺団」(46)とよばれ、移植日本馬を40％も犠牲にし、馬政局からにらまれていた。事実、「大動物の斃死に因る減価償却費が大」(47)や「移植日本馬はどんどん死ぬ」(48)などを史料から確認できる。この理由として、「開拓団では融雪頃が人間も欠乏期、貯蔵庫の野菜欠乏、飼料の欠乏（中略）冬期間の伐採橇引きの無理が馬にとって回復すべき、春がむしろ欠乏期」(49)であったことがあげられる。その上、「畜舎不完備」(50)や開拓民が家畜飼養に不慣れであったことも関係している。

　役畜の不足と能力の低下は、農業経営に決定的な影響を与えた。この開拓団では、「現在役畜不足の為め約九糎（9センチメートル）の浅耕をなして居るに過ぎ」(51)なかった。「此の状態を継続すれば地力が次第に消耗し生産力が衰へるからトラクターを購入せしめて二―三年に一回共同で深耕するとか、又余力で開墾して耕作面積を増加せしめたい希望」(52)とし、地力維持増進作物の作付増加や施肥よりも深耕か開墾で問題を解決しようとした。団史によれば、1943年に幹部の1人がトラクターを興農合作社から購入しようとしたが、団の協議会で強硬な反対にあって否決された。これに対して、事例農家の団員も「開墾に対して多くの労力がかゝるので既耕地の収量を上げるといふことが労働の配分から考へてよい」(53)と述べている。しかし、地力の維持増進が絶望的ななかで、それも不可能であった。

表42：事例農家（五福堂開拓団）における土地利用状況（1943～1944年）

		馬鈴薯	小麦	燕麦	裸燕麦	大豆	野菜	その他	合計
1943年	面積（町歩）	1.18	0.51	0.95	0.54	0.73	0.70	1.33	5.94
	割合（％）	19.9	8.6	16.0	9.1	12.3	11.8	22.3	100.0
1944年（計画）	面積（町歩）	1.00	0.70	1.00	0.80	1.50	0.90	1.00	6.90
	割合（％）	14.5	10.1	14.5	11.6	21.7	13.0	14.6	100.0

〔前掲 小西編『篤農家座談会速記録』39、81頁より作成〕

表43：五福堂開拓団における土地利用状況（1941年）

	水稲	小麦	燕麦	大麦	大豆	その他豆類	馬鈴薯	野菜	その他	合計
面積（町歩）	100.0	214.3	164.9	23.5	162.8	29.0	65.0	35.0	166.3	960.8
割合（％）	10.4	22.3	17.2	2.5	16.9	3.0	6.8	3.6	17.3	100.0

五福堂開拓団全体を示す。
〔前掲 小西編『五福堂開拓団農家経済調査（康徳八年度）』10頁より作成〕

　そのようななか、「団員はどんどん応召してゆくし、婦人の労力で一戸一二トンの出荷となると、一二畆も作付けなければならない、そんなに畑がないし…根拠のない割当量だ…どんな計算をしたのだ…ウソも方便の積りなのか」(54)、「県公署の役人共は何を完遂したか、毎日酒をくらっているのが」(55)などと、生産意欲が低下した。
　以上のように、五福堂開拓団の開拓農家でも、特定作物栽培への特化が変わることはなかった。ほぼ家族労働力で耕作しようとしたから、かなりの労働粗放化が進んだことがうかがえる。これによって、輪作体系が損なわれ、地力維持増進作物をバランスよく組み込めなかった。また、酪農も不可能で、施肥もほとんどできなかった。さらに、飼料不足や開拓民が役畜操作に不慣れであったことから、役畜の牽引力が大幅に低下しており、深耕もできず、地力の維持増進は絶望的となった。結局、この開拓団でも北海道農法によって経営の永続性を確保できなかったことがわかる。

(2) 生活問題による体力の低下

　1942年以降の五福堂開拓団における生活はほとんど不明である。ただ、土地利用等から考えて、食生活が改善されたとは考えられない。本節では前掲小

表44：調査農家における家計費（1941年）

		飲食費			被服及身廻品	光熱	保健衛生	その他	合計
		主食物	副食物その他	小計					
実数 (円)	現金支出	149.17	175.69	324.86	59.62	13.20	53.15	119.24	570.07
	現物家計仕受	88.55	203.14	291.69	0.25	125.87	—	121.65	539.46
	計	237.72	378.82	616.55	59.87	139.07	53.15	240.89	1,109.53
割合 (％)	現金支出	13.4	15.9	29.3	5.4	1.2	4.8	10.8	51.5
	現物家計仕受	8.0	18.3	26.3	—	11.3	—	10.9	48.5
	計	21.4	34.2	55.6	5.4	12.5	4.8	21.7	100.0

1：満洲在来農法採用期の五福堂開拓団の開拓農家20戸の平均数値である。
2：住宅費は大部分が自家住宅料見積額とされる。その他には教育費、修養及娯楽費、交際費、雑費が含まれる。
〔同上25頁、第二十五表より作成〕

　西編『五福堂開拓団農家経済調査（康徳八年度）』から、1941年の生活を中心にみることとする。
　調査農家20戸の平均の家計費から、次の3点を確認できる（表44）。
　第1に、農家であるにもかかわらず、飲食費における現金支出の割合が高いことである。第2に、被服及身廻品、保健衛生費（主に医療費）にも現金が必要であったことである。こうしたことは、特定作物栽培への特化を促し、雇用労働力への依存を促す一因となった。第3に、特に住居費や光熱費では自給部分が高いが、農業とは無関係なところに労働力を投下して、現金支出をおさえようとしていたと考えられることである。
　これらが農業経営に多大な影響をおよぼし、北海道農法の導入を阻む大きな要因のひとつとなっていた。以下、具体的に開拓民の生活をみておこう。
　野菜は自給可能であったものの、米の大部分、海草類、缶詰、味噌・醤油、煙草・酒・菓子類が購入され、試験移民や北学田開拓団の開拓農家の食生活となんら変わりなかった。結局、食生活に乳製品が導入されることはなかった。それは、1941年の乳牛は団全体でも10頭未満であったことからもわかる[56]。
　その後、物資の供給が行き詰まるとともに、過酷な供出によって、1943年頃には「殆ど米を喰べず雑穀」[57]を食べた。したがって、大胆な栄養改善はなく、開拓民は体力を改善できなかった。それどころか、「乳幼児の四割が不健康の原因になるヴィタミン欠乏症であることを知り吃驚くりしたが、既に遅かつた」[58]

という。座談会で、事例農家の団員が「乳幼児の死亡率が高いとか或は婦人の流産が多い」(59)と述べており、かなり深刻な状態であった。五福堂開拓団地域では、雇用労働者に対する賄いが1日3～4食(60)とされていたから、事例農家の妻の家事負担は相当なものであったようである(61)。事例農家の妻は農業にもかなり貢献しており、休む暇がないと夫が妻の身体を心配している。

　こうした栄養問題に加えて、次のことも、開拓民の体力を低下させていた。住居は寒さをしのげるものではなく、「現在では仲々協同組合や満拓から借入金も出来ない状態ですから、それは非常に切っ端詰つた問題ではありますけれど解決が出来ん現状」(62)で、これは団全体の問題であった。これに対し、開拓関係機関の1人が「実際この問題は今まで比較的軽視されて居つた傾向がありましたがもつと研究する必要があります」(63)と答えており、政策側における指導の不備がみられた。北学田開拓団と同様、衣食住の様々な問題から、開拓民は苦しめられたのである。

第3節　農具、役畜、普及員、満洲現地研究機関の問題点

(1)　農具、役畜における問題点

　北海道農具の配給状況をみると、1942年当時、プラウ1万7,270台、ハロー1万1,320台、除草ハロー1万1,090台、カルチベーター1万6,440台であった。同年までの満洲農業開拓民の入植実績が、5万6,998戸と見積もられているので、単純計算で、それぞれ30.3％、19.9％、19.5％、28.8％の配給率となる。しかし、これらすべてが利用されたわけではない。

　農具は不良品が多かった。「プラウが当所に来た（中略）一同張り切って犂耕し初めた処が、五間と進まぬ中に曳綱の結着鈑が断切して終つた。之れで終了（中略）此の様な弱い鈑でどうして仕事が出来るのか（中略）北海道に於ても農家が唖然とする程の粗末な製品が平気で売出された」(64)のである。北海道では代表的な製造元から満洲拓植公社に納入された農具でさえ、「炭素焼と銘記してあるが実際の硬度は並焼で（中略）インチキ農具の代表的なもの」(65)で、「一通り検討する必要がある」(66)といわれた。1942年に、北海道大学の常松栄が農具を規格化するが、「現在満洲で製作されて居る農機具には似て非な

るものがある。（中略）粗製乱造のもので全く使用出来ぬ」[67]といわれた。

さらに、修理には時間がかかった。北海道なら「代品を持つて来るとか、或は直に野鍛冶に修理を依頼するとかが出来るのであるが、満洲では絶対にそれが出来ぬと云つても過言では無」[68]く、「修理するにしても日月を要し、適期の使用に間に合はぬのは判然」[69]としていた。一方、犂丈は「使用が容易で、第一安価でもあるし、修理も自家で楽に出来るという利点」[70]があった。

役畜は、「国内に於ける供給量を以てしては到底其需要の一部にも足らざる状況（中略）日本人開拓地の役畜として（中略）尚足らざる状況なり。更に蒙彊方面よりも在来馬の輸入を行ふ外、遂には興安省内の放牧地帯よりは、生産基礎馬の一部をも農耕地帯に移して其役畜の充足」[71]をはかった。1944年末には、満洲国馬政局長が、「馬の数の少ないといふことは各方面に非常な障害を及ぼし（中略）恐らく現在の四五倍なければ、本当に農耕なり或は小運送なり或は伐採なりに十分なる活躍を為し得ないのではないか」[72]と語っている。

(2) 普及員における問題点

1938年以降、開拓実験農家や指導農家が北海道から送り出されたが、1942年前後には計約200戸となり、「将来無制限に本道より送出を余儀なくせらるゝことが見透さる」[73]と、北海道側が危機感を募らせ、「今後本道よりの移入に対しては厳乎たる規制の断行を要請するに至つ」[74]た。こうなれば、当然、満洲側では指導員が不足した。常松栄は、「北海道からは僅かに数十戸しか此の重要な役割を演ずる農家が行かぬのである。之れでは（中略）大海に油一滴であつて効果が速急に現れ難い」[75]と述べ、1943年頃に、中村孝二郎は、指導員の強化は、「人的関係に仲々言ふべくして行はれ難い」[76]と述べている。

具体的には、「農事指導員については北海道より優秀なる実地経験者を採用し指導員あるいはその補助者として不足を補ったが、必要の人員を得ることは困難」[77]で、畜産指導員が、「もっとも欠員が多」[78]かった。そして、畜産指導員の「補充対策としては一般ならびに団員中より適格者を選抜、一カ年の実務訓練を施し」[79]ただけであり、効果は期待できなかった。その結果、農具使用では、「プラウその他農具の調節操作、使用時期、プラウの引綱の加減が適切ならざる」[80]といったものや、「唯農具を購入しさへすれば、それで作業は出来るものと盲信して居る」[81]、「プラウを畑に曳き廻せば良い位にしか思

つて居らぬ人が極めて多」(82)かった。管理もひどく、「取扱、手入が粗雑であり多くが農具舎を有しないせいもあらうが、雨晒し日晒しの状態」(83)であった。

また、開拓民は、「日本馬を使役すると云ふも（中略）満馬以上の能率を（中略）発揮せしめてゐな」(84)かった。そして、「一般に馬の手入れはされていない（中略）冬期間のみならず使役するときは、無茶苦茶に使つて、あとはほつたらかしておくので、大体が運動不足と飼養管理の片寄つてゐる為に健康不全で（中略）実にあつけなく馬が斃れ」(85)た。特に、移植日本馬は、「満洲在来馬に比し鼻疽に対する抵抗力全く皆無なる為め（中略）格段なる注意を払はざるときは、往々にして折角の優秀馬匹資源を失」(86)ったのである。

したがって、本書で事例として取り上げる大八浪分村開拓団（第4章）や義勇隊（第5、第6章）が、決して特殊なものではなかったのである。

（3）満洲現地研究機関における問題点

満洲現地には農事試験場（10ヶ所）と開拓研究所（5ヶ所）が設立された。これらは、次のような問題を抱えていた。たとえば、「同じ機械を北満にも東満にも持つて行つたのでは使へない。北満に向くものは東満には向かない。東満で使へるからと云つて北満へ持つて行つても使へない。（中略）それを満洲の試験場では確立してゐないのだ。」(87)というもの、「開拓団と一体になってやればよいのだが国立試験場は国立試験場であると云つた具合で開拓団とは何もやつてゐない。（中略）如何なるプラオがどんな土地によいかと云ふ農具の研究をし、雑草に対してどう云ふ風な営農、農具、草等色々なものを研究しその結果を以て開拓団農業の指導をやる方針を樹てると云ふことが私は急務であると思つた」(88)というものである。

当時、満洲拓植公社で、開拓民の営農計画策定に加わり、その記録を残した須田政美は、満洲農事試験場は、「永く満鉄経営の歴史の中にあって、満洲農業改良発展のために、数少なからぬ業績を提示してきた。しかしその性格は、（府県農試もその範疇を出ないであろうが）作物の品種改良に殆どの重心があり、施肥その他栽培技術が若干相伴われる—労働対象たる作物試験其物に限局されている感があり、労働手段や労働の方式については、改良研究の課題としてとり上げられる部面は稀であったと言える。ただ克山農試では機械耕法に関する試験が始められており、その意図と実績は高く評価されるにしても、さしあた

り畜力を基本にした主畜若しくは混同の小農経営の方向づけに、直接アプライできる性質のものではなかった。畜力改良農具——その土台たるプラウの問題にしても全く白紙であった」(89)と振り返っている。

　その結果、開拓民は、地温や排水問題、つまり高畦か平畦かで混乱した。北満洲では、播種期に地温が低く発芽を妨げることがあり、また、土壌が一般的に重粘で平坦地が多い満洲では7、8月の降雨期には排水が悪くなるため、満洲在来農法では高畦で行なわれた。そのような重大な問題を無視したまま、畜力用農具の利用によって始終平畦で耕作して散々な被害を受け、「プラウを投げ出してまた在来農法に復帰した」(90)り、それ以前に興味すら示さない農家もあった。それに、北海道実験農家が必ずしもうまくいっていた訳でなく、第4次「哈達河」試験移民団に入植した北海道実験農家は、地温や排水問題を全く考えずに農業を行ない、失敗したのである(91)。

　こうした問題に対して、松野伝は、「北海道に於けるプラウ農法の如きは（中略）日本人農家によって消化され工夫が加へられてゐるものであつて、今更高畦の平畦のと云ふだけ認識が不足であり、研究の足りない事を物語る（中略）夫れは実際を知らない者の杞憂であり（中略）何時でも高畦たり得、且つ大部分の作物には現になしつゝある北海道農法には、的はづれの難癖である」(92)と語っているが、いずれにせよ、現場では徹底されていなかった。

おわりに

　以上より、理想的な開拓農業確立に不可欠とされた北海道農法は、先進的な開拓団であった北学田開拓団や五福堂開拓団においてでさえ、農業経営と生活における諸問題の根本的な解決をもたらさなかったし、場合によっては、事態はかえって悪化したといえよう。一方で、満洲農業開拓民の全般的な傾向をみると、北海道農具や役畜が不足していたから、北海道農法を採用したくともできない開拓農家が大半であった。たとえ開拓農家がそれらを所有できたとしても、北海道農法が満洲に適合するかどうかの研究も進んでいなかった。そのため普及員は、開拓農家に対して十分に指導できなかったから、やはり北海道農法が広まることはなかったのである。以下、具体的にまとめておこう。

北学田開拓団では、耕耘過程の畜力化により、満洲在来農法による耕作に比べて、家族労働力による可耕面積が1戸当たり5〜6町歩へと拡大した。しかし、それは経営の永続性を確保するものではなかった。なぜなら、耕耘過程の畜力化が実現することにより、特定作物（経営および生活において必要な現金の確保のための商品作物、供出される作物）栽培への特化が確実なものとなり、経営と生活が不安定化するとともに、地力が急速に減退したからである。特に地力の減退は、輪作体系が損なわれるとともに、ほとんど肥料が施されることもなく、その上、プラウによる深耕であったことで急速に進んだ。一方、特定作物栽培への特化とともに、開拓民の体力の低下が進んだことによって、適期作業が困難となり、収穫期だけでなく、結局、除草期にも雇用労働が大幅に導入された。耕耘過程の畜力化による能率の向上の効果も播種までで、除草に限界が生じていたのである。その結果、開拓農家は雇用労賃を確保する必要に迫られ、経営は一層不安定化したのである。したがって、耕耘過程の畜力化が実現しただけでは、それが突破口となって、永続的な農業経営および生活に結びつくことはなかったのである。

　一方、五福堂開拓団では、1戸当たり割り当て耕地が平均5町歩と小さく、多くの開拓農家が耕耘過程の畜力化によって、家族労働力のみで耕作できた。しかし、雇用労働力を導入せずとも、麦や豆、安全作物であった馬鈴薯などの特定作物栽培へと特化した。これは、主に家畜・飼料費、生活費（食糧・衛生費など）獲得および供出のためであった。したがってかなり労働粗放的に農業が営まれたと考えられる。また、この団では、畜舎の不備（援助体制の不備）、開拓民が家畜飼養に不慣れであったことなどにより、慢性的な役畜不足とその能力の低下に悩まされ、これが、経営規模の拡大や深耕を困難にした。加えて、施肥もほとんど行なわれなかったために、土壌の改良が不可能となった。結局、五福堂開拓団でも、至るところで北海道農法の体系は断ち切られた。

　したがって、満洲への北海道農法導入に関して、先進的と位置づけられる北学田開拓団、五福堂開拓団でも、既婚者入植により、試験移民よりも家族労働力事情が若干改善するとともに、団幹部のリーダーシップにより耕耘過程の畜力化が実現したものの、北海道農法の現実的な効果は、非常に限定的であったか、かえって深刻な被害をもたらしており、決して開拓民の定着の条件を拡大するものではなかったことがわかる。

永友繁雄が述べるように、「開拓農業の合理化は深耕にありとか、或は秋耕にありとか、或は早期播種にありとか、或はプラウの採用にありとか、或は乳牛の導入にありとかいふやうなことが農業技術者の立場から唱導されてゐるが、これは当該経営に於ける技術的欠陥の最大なる部分を断片的に具体的に指摘されたものに過ぎない。農業経営の合理化問題はこれ等の断片的な技術的改善にのみによつて解決されるほど、さようになまやさしい問題ではないことを銘記せねばならぬ。それ等各種の技術的諸問題は（中略）綜合的に取扱はるべき性質のものである」(93)というのはまさにその通りであろう。それ以前に、北海道農具が不足し、農業開拓民の大半に農具や役畜が行き渡ることはなかったし、1942年には北海道が送出を規制したために、普及員の数も不足した。その上、上記のように研究が進んでいなかったことから、普及員は開拓農家に対して農具使用・管理、耕作法に関して指導できず、現場では様々な混乱が起きていたのである(94)。

　したがって、本書で事例として取り上げる大八浪分村開拓団や義勇隊が、決して特殊なものではなかったといえる。

註
(1) 出納陽一「満洲開拓村の営農と生活」『開拓』5巻12号、1941年、7～8頁。
(2) 荒正人「北学田の営農実績」『満洲開拓月報』満洲拓殖公社、1941年、14頁。
(3) 河内新吾『第七次北学田開拓団』河内新吾、1992年、8頁。
(4) 前掲 玉「満州開拓と北海道農法」15頁。
(5) 同上。
(6) 前掲 荒『北学田の営農実績』16頁。
(7) 同上。
(8) 同上。
(9) 前掲 開拓研究所『康徳8年度　北安、龍江省開拓村農家経済調査―瑞穂村、五福堂新潟村、北学田の部―』4頁、第2表、8頁、第4表、10頁、第6表。
(10) 前掲 小西編『開拓村に於ける雇用労働事情調査』113頁。
(11) 調査農家は収穫用北海道農具を所持していない。前掲 開拓研究所『康徳8年度　北安、龍江省開拓村農家経済調査―瑞穂村、五福堂新潟村、北学田の部―』12頁、第7表。
(12) 前掲 小西編『開拓村に於ける雇用労働事情調査』119頁。
(13) 同上 11頁。
(14) 前掲 小西編『篤農家座談会速記録』47頁。但し括弧内は筆者記す。
(15) 菊地清『北海道の農業経営とその北満に対する示唆』南満洲鉄道株式会社、1942年、9頁。

(16) 前掲 小西編『篤農家座談会速記録』48 頁。
(17) 同上。
(18) 同上 83 頁。
(19) 同上 72 頁。
(20) 前掲 河内『第七次北学田開拓団』124 頁。この開拓農家は 6 町歩経営であった。
(21) 同上 183 〜 184 頁。
(22) 前掲 小西編『篤農家座談会速記録』72 頁。
(23) 同上 79 頁、括弧内は筆者記す。
(24) 同上 46 頁。
(25) 前掲 出納「満洲開拓村の営農と生活」16 頁。
(26) 同上。
(27) 前掲 菊地『北海道の農業経営とその北満に対する示唆』53 〜 54 頁。
(28) 前掲 河内『第七次北学田開拓団』16 頁。
(29) 同上 14 頁。
(30) 同上 15 頁。
(31) 同上 17 〜 18 頁。
(32) 合田一道『満州開拓団・幻のノート追跡』富士書苑、1978 年、248 頁。
(33) 小西俊夫『五福堂開拓団農家経済調査（康徳八年度）』開拓研究所、1942 年、43 頁。
(34) 荒正人『実験農家経営成績第一次報告（康徳六年度分）』満洲拓植公社、1941 年、22 〜 23 頁。
(35) 1941 年現在、団全体でも 50 町歩（1 戸当平均 0.26 町歩）とされる。前掲 小西編『五福堂開拓団農家経済調査（康徳八年度）』13 頁。
(36) 原文ママ。内容はわからない。
(37) 前掲 小西編『篤農家座談会速記録』40 頁。
(38) 同上 43 頁。
(39) 前掲 小西編『五福堂開拓団農家経済調査（康徳八年度）』11 頁。
(40) 富山富三郎『榾火』五福堂開拓団「榾火」刊行会、1977 年、12 頁。
(41) 森周六「満洲に於ける農機具に関する所見」『大陸開拓』第五輯、開拓研究所、1943 年、21 頁。
(42) 同上 21 頁。理由は定かではないが、粟は在来農法で行なわれた。
(43) 前掲 小西編『篤農家座談会速記録』43 頁。
(44) 同上 81 頁。
(45) 1941 年度の 1 戸当平均役畜数は 1 頭前後であった。前掲 小西編『五福堂開拓団農家経済調査（康徳八年度）』12 頁。
(46) 前掲 富山『榾火』47 頁。
(47) 前掲 小西編『五福堂開拓団農家経済調査（康徳八年度）』25 頁。
(48) 前掲 富山『榾火』72 頁。

(49) 同上 53 頁。
(50) 同上 200 頁。
(51) 前掲 森「満洲に於ける農機具に関する所見」22 頁。但し括弧内は筆者記す。
(52) 同上。
(53) 前掲 小西編『篤農家座談会速記録』43 頁。
(54) 前掲 富山『榾火』73 頁。五福堂では 39 〜 43 年に 7 名、44 年に 41 名、45 年に 56 名が応召、応召されなかった団員は 45 名とされる（前掲 富山『榾火』235 〜 240 頁）。「残る男は資格の与えられない欠かん人間、そして残る大和民族の種馬的存在…さ…とも云われた」（同 230 頁）という。
(55) 前掲 富山『榾火』71 頁。
(56) 前掲 小西編『五福堂開拓団農家経済調査（康徳八年度）』12 頁。
(57) 前掲 小西編『篤農家座談会速記録』42 頁。
(58) 前掲 富山『榾火』200 頁。
(59) 前掲 小西編『篤農家座談会速記録』82 頁。
(60) 前掲 小西編『開拓村に於ける雇用労働事情調査』114 頁。
(61) 前掲 小西編『篤農家座談会速記録』42 頁。
(62) 同上 43 頁。
(63) 同上。
(64) 常松栄「付録　満洲開拓と北海道農具」『北方農業機具解説』北方文化出版社、1943 年、59 頁。
(65) 同上 15 頁。
(66) 同上 6 頁。
(67) 前掲 森「満洲に於ける農機具に関する所見」24 頁。
(68) 前掲 常松「付録　満洲開拓と北海道農具」59 頁。
(69) 同上。
(70) 前掲 菊地『北海道の農業経営とその北満に対する示唆』42 頁。
(71) 中村孝二郎「満洲の畜産」『開拓』8 巻 7 号、1944 年、22 〜 23 頁。
(72) 興農合作社中央会「増産の隘路打開について─支部長会議に於ける興農部との懇談─」『興農』6 巻 2 号、1945 年、27 頁。
(73) 北海道農会編「無制限の恐れ　満洲移入農家に規制を要請　伝習生招致で協力折衝」『北海道農会報』495 号、1942 年、161 頁。
(74) 同上。
(75) 常松栄『北方農業機具解説』北方文化出版社、1943 年、56 〜 57 頁。
(76) 前掲 小西編『篤農家座談会速記録』2 頁。
(77) 満史会編『満洲開発四十年史（補巻）』満洲開発四十年史刊行会、1965 年、194 頁。
(78) 同上。
(79) 同上。

(80) 前掲 菊地『北海道の農業経営とその北満に対する示唆』53 頁。
(81) 前掲 常松「付録 満洲開拓と北海道農具」5 頁。
(82) 同上 37 頁。
(83) 前掲 森「満洲に於ける農機具に関する所見」23 頁。
(84) 前掲 京都帝国大学農学部第二調査班『瑞穂村綜合調査』299 頁。
(85) 渡部小勝「開拓地の衣食住 満洲の副業」『開拓』八月号、1944 年、45 頁。
(86) 前掲 中村「満洲の畜産」24 頁。
(87) 満洲移住協会編「戦時下の開拓政策を語る座談会」『開拓』5 巻 8 号、1941 年、19 頁。
(88) 須永好「雑草と闘ふ満洲農業」『開拓』5 巻 9 号、1941 年、17 頁。
(89) 須田政美『辺境農業の記録』須田洵、2008 年、80 頁。
(90) 前掲 小西編『篤農家座談会速記録』18 頁。
(91) 北海道農法は、「乾燥する季節（春）に土壌を一層乾燥させ、湿度をなくしてしまうことになり、播種しても容易に発芽しません。気候風土に考慮しないやり方」であったともいわれる（荻野節夫『碾子山物語』光陽出版社、2004 年、84 頁）。
(92) 松野伝『プラウ史考』奉天農業大学、1941 年、107 頁。但し括弧内は筆者記す。
(93) 永友繁雄『満洲の農業経営と開拓農業』満洲移住協会、1944 年、117 頁。
(94) 前掲 白木沢「満洲開拓における北海道農業の役割」では、1942 年以降の「増産至上主義」のもとでは、北海道農法ではなく、前述のように掠奪農法的ではあっても、労働組織が「優れた」満洲在来農法が有効であり、それが政策上、再評価されたと述べられている。この指摘から、北海道農法による家族経営（＝「東亜農業のショウウィンドウ」）の実現が困難であったことがわかる（この政策転換は「満農」そのものを本格的に動員しようとしたものでもあった）。しかし、日本人農業開拓民が満洲在来農法の「優れた」労働組織を取り入れられたわけではない。なぜなら開拓農家の多くが元から雇用労働力に依存しつつも、雇用労賃の高騰などの理由によって資金不足に陥っており、雇用労働力を容易に導入できたわけではないからである（たとえば、第 4 章でみる大八浪分村開拓団では、作業のキーとなる常雇を導入しなかった）。

第4章　分村開拓団における試験移民以上の地主化
―長野県泰阜分村第8次大八浪分村開拓団を事例に―

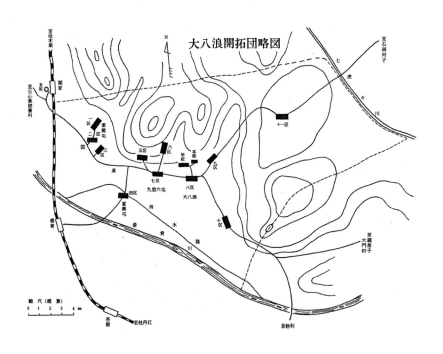

図32：大八浪分村開拓団略図
〔＜満洲泰阜分村―七〇年の歴史と記憶＞編集委員会編『満洲泰阜分村 七〇年の歴史と記憶』不二出版、2007年、2頁〕

はじめに

　本章の課題は、1938年から三江省樺川県閻家村に入植が始まった第8次大八浪分村開拓団（図1・32）を事例として、「個別化〜雇用労働依存経営化〜地主化」という脱農化の総過程に着目し、分村開拓団が「東亜農業のショウウィンドウ」に最も近いと期待されたにもかかわらず、試験移民よりも脱農傾向を強めるという驚くべき事態に陥った理由を明らかにすることである。

　この開拓団は、長野県（長野県は全国一の開拓民送出県で、義勇隊の隊員を含め、開拓民全体の約13％にあたる3万8,000名が送り出された。第2位は山形県で、以下、熊本、福島、新潟と続く）下伊那郡泰阜村からの大日向型の分村開拓団で、分村開拓団のなかでも、その理念を最も典型的に体現した同一村によるもので、最も定着力と即効性に優れているとされた。しかし、1939年には、団全体の共同経営および共同生活が営まれたものの、開拓民は、これをわずか1年で解体した。その後、予定されていた部落単位や組単位の共同経営および共同生活をほとんど行なうことはなく、農家として自立できるだけの基礎が十分に整っていないにもかかわらず、試験移民よりもはるかに早く個別化して、「未熟な小農経営」へと移行した。その結果、個別期には、試験移民よりも雇用労働力への依存が進むと同時に地主化が進んで、貸付地比率は約78％と、試験移民よりもはるかに高くなるという深刻な事態に陥ったのである。

　上記の課題を検討することによってこれまで以上に、開拓民についての理解を深めることができるであろう。

第1節　泰阜分村大八浪分村開拓団の編成

（1）　開拓民の出身階層および家族構成

　分村政策では、同一村から階層バランスをとりつつ、家族（直系家族）を送出することが求められた。しかし、すでに先行研究[1]で明らかにされているように、実際には同一村から階層バランスをとった送出は不可能で、また、家族の送出は少なかった。これは、大八浪分村開拓団も例外ではなく、かなりの数

の村外者が存在するとともに、構成員の主体は貧農・下層民となった。さらに、「全戸移住（一家をあげての移住）が二五〇戸の予定であったが、実績ではこれが一六三戸にすぎず、一方、二、三男移住の方は、当初計画の五十戸に対して九十八戸の実績と、ほとんど倍増」(2)するなど、開拓民の送出は困難を極めた。

　これは、日中戦争によって1939年頃から景気が好転し、満洲開拓に対する意欲が大幅に低下したからである。そのため、「分村とか満州の声を聞いただけで、又かーとでも云ったやうに、皆人が冷たい表情を見せ」(3)た。政府は、満洲移住協会や道府県、報道機関、学校などを通じて強力に政策を推し進めた。道府県に送出数を割り当て、道府県はその割り当て数を町村に配分した。「地域共同体のなかでなされるこのような奨励は中下層農民にとってしばしば大きな圧力であり、血縁・地縁をとおした無言の強要」(4)となった。在郷軍人会長から軍刀で脅かされて開拓民に加わったという例もあった(5)。こうした無理な送出の強行は、弱者へのしわ寄せを一層際立たせ、団員の多くは、「母村に於て社会的に経済的に中以下の階級層に属し、寧ろ農業又は他の賃労働者と云ふを適当とするもので、中には全く農村を離れ、都市生活を経た」(6)者たちとなった。こうした送出は、分村で際立ったと考えられ、満蒙開拓に対する意識の差は、団員間で拡大したのである。

　しかし、このような強制的な送出にもかかわらず、泰阜村だけでは計画人員に達せず、近隣の村や飯田市、他府県の親類縁者なども動員され、その数は団員の約3割にものぼった。したがって、同一村からの送出は、この段階ですでに不可能となったのである。

　次に、全戸移住の内実をみる。家族の年齢別人口の内訳（表45）をみると、労働力として期待された親の世代を多く含む46歳以上の人口が非常に少なかったことがわかる。これは、「老齢者は母村に残つて家を守り、少壮者（若者）のみを送出」(7)したからである。また21〜25歳の男性、16〜25歳の女性の送出が減少していた。前者は入営（兵役義務者が兵舎に入ること）、応召または徴用、後者は女工や女中として他町村へ出稼ぎで、両者ともに送出当時母村にいなかったからである。したがって、全戸移住というのは、その多くが核家族であったことがわかる。このため、1戸当たりの平均家族数も3.8人に過ぎなかった（ただし、表45は1942年当時のもの）。当時の内地農村における1戸当たりの平均家族数は7〜8人であるから、開拓農家の家族数は非常に少なか

ったことがわかる。
　ほかに確認できることとして、男女ともに開拓地で主要な労働力とはならない育ちざかりの6〜15歳が非常に多いなど、試験移民と比較して、「非生産層が多」[8]かったことが特徴としてあげられる。
　また、長野県泰阜村は、米および養蚕地帯であったため、彼らは「家畜の飼養経験なく、労働生産性を高める技術なく（中略）専業農家たるの経験者が極めて少」[9]なかった。
　以上よりみて、試験移民とはちがい、妻の労働力を期待できたが、大幅な家族労働力の増加は不可能であった。分村開拓団とは名ばかりで、その効果は、最初からほとんど望めなかったのである。

表45：開拓民家族の年齢別人口内訳（1942年）

単位：人

	非生産年齢人口		生産年齢人口		計	1戸当たり
	1〜5歳	6〜15歳	16〜45歳	46歳〜		
男	47	123	188	44	402	2.0
女	57	115	194	25	371	1.8
計	342		382	69	793	3.8
割合	43.1		48.2	8.7	100.0%	—

この表の調査年は1942年であるため、独身で入植していた団員の多くが妻を迎えて家族をもつに至っていたと考えられる。
〔大東亜省『第八次大八浪開拓団綜合調査報告書』大東亜省、1943年、81〜82頁、第二五〜二八表より作成〕

（2）入植地の状況

　1938年に、先遣隊41人が渡満し、第5次開拓団「黒台信濃村」[10]で約1年間の訓練を受け、翌1939年に指導員とともに入植した。1940年には、本隊の入植が本格化し、同年末には、団員275人とその家族668人の合計943人が入植を完了した（1戸当たり家族数は平均3.4人）。
　入植地は、冷害が度々起こる地域であった。1942年当時、この地区には日本人の8倍以上もの「満人」や「鮮人」が居住し、既耕地が多かった。このようななか、先遣隊は入植に際し、現地農民を強制的に立ち退かせた。しかも、「相手方の意向を無視して、自分たちに都合のよい部落の一画を、三分の二近くも占拠し（中略）これには、団用地の土地・家屋を手配した満州拓植公社と現地

農民とのあいだの事前協議で対象外とされていた家屋まで含まれ（中略）現地農民のたいへんな恨みをかい、のちのちまでそれを口にする中国人がいた」(11)のである。開拓民は、「匪賊対策として、各家へ銃を一丁、弾三十発を渡された。（中略）なかには、日本刀を所持」(12)していたという。試験移民期のように、現地住民の表立った反抗はなかったが、反発のかなり強いところに入植したのである。現地住民は土地をタダ同然で奪われた上に、立ち去らなければ殺されたこともあったといわれる。その後、日本人だけでは耕作できなかったために、多数の「満人」が雇用され、開拓民の多くが彼らを家畜同然に扱ったともいわれる(13)。

第2節　共同経営および共同生活の早期解体（1940～1941年初頭）
―試験移民より早い個別化―

本節では、なぜわずか1年で、団全体の共同経営および共同生活が解体して、「未熟な小農経営」へと移行したのかを明らかにする。

先遣隊は、入植後、本隊入植準備を進め、翌1940年に、本隊が入植して、団全体の共同経営および共同生活を営むことになった。ただ、この時期、試験移民期に非常に大きな問題であった「治安」問題は、表向きには改善され、共同経営および共同生活を維持する必要性は低下していた。

(1)　共同経営の早期解体と影響

大量移民期においても、入植当初に共同経営が求められた理由として、次の3点があげられる。第1に、防御・団中枢・部落内施設（共同家屋・炊事場・共同浴場・醸造場・学校・寄宿舎・個人家屋など）の建築という、人員を集中的に必要とする大規模な作業が存在したこと、第2に、農業の面で、役畜・農具が不足し、共同利用する必要があったこと、第3に、幹部・指導員が、団員に、北海道農法などの農業技術を指導する必要があったこと、などである。

しかし、団全体での共同経営は非常に不安定であったために、農業面では、「約三万人（延人員）の雇用労力」(14)が導入され、営農成績は「赤字で（中略）営農費九万九千円（農耕費は苦力費と同意義（中略））を支出して、僅かに七

万四千円の営農収入」(15)を得たにすぎなかった。

　試験移民の対処策として、様々な改善要素があったにもかかわらず、なぜ短期に共同経営が解体したのか。当時、「分村開拓農民にあつては屯墾病の不発とその他種々の特長を有するけれども、また普通の開拓農民に比し速かに独立経営（および独立生活）に移らんとする傾向の強いことを免れない」(16)といわれたが、それは共同経営の不安定性を克服できなかったことに加え、試験移民に比べ、不安定性を増す要因があったからにほかならない。

　まず、団全体の共同経営の不安定性を克服できなかった理由として、次の2点があげられる。

　第1に、開拓団の構成員が貧農・下層民主体で、リーダーとなるべき人物がいなかったから、またはうまれにくかったからである。

　大量移民政策期には、幹部・指導員、先遣隊員が本隊入植の2年前に渡満して、現地訓練所や既設開拓団で農業技術の訓練、そしてリーダーとしての訓練をうける制度が始まっていたが、彼らは開拓団で、なんら農業生産を発展させるような具体的方策を提示できなかった。事実、「本団の指導者は他のそれと同様に新しい耕種技術、営農技術に就ては団員とさしたる径庭がない」(17)と史料にあることから、団員は北海道農法も満洲在来農法も習得できなかったのである。このために、「団員の労働は監督の程度に止まり、その労働は直接生産過程に入り込ま」(18)ず、「団員は中耕除草の際は除草労働に、播種の際は点種的として働くので家畜を扱ふ労働は満人によつて」(19)行なわれた。たとえば、満洲在来農法では、播種作業は「作条、播種、覆土、鎮圧の四作業に一連鎖をなして」(20)行なわれ、普通、役畜の操縦や犂丈の操作、下種、覆土などを担当する者がそれぞれおり、点種的とは下種（播種）を行なう者のことをいうから、結局、団員は役畜操作などの基幹部分に全く携わることができなかったのである。

　第2に、開拓団が行政村もしくはそれ以上の範囲から送出された者で構成されていたために、「精神的靭帯必ずしも強いとは云ひ得ず」(21)、さらに「母村に於けるいはゆる部落根性、部落対立意識の再現」(22)があって、団全体での共同では、農作業で期待された共同関係を獲得できなかったからである。このことは、分村開拓団でさえも、農家間協業が成立しないことを意味した。

　次に、共同経営が不安定性を増した理由として、次の3点があげられる。

第4章　分村開拓団における試験移民以上の地主化

　第1に、家族がほぼ同時に入植したため、入植当初から、農作業で最低限の家族内協業が成立するとともに、妻が雇用労働者への賄い作業を担当できたことで、個別経営化への強い欲求が最初から存在したからである。
　第2に、前述のように、泰阜村では、開拓民の強制的な送出が常態化しており、満蒙開拓への意欲の低い者が多かったからである。それに、先進的な農業技術であった北海道農法が指導されなかったことも、さらに意欲を低下させたと考えられる。
　第3に、1941年は共同経営が意図されたにもかかわらず、1戸当たり平均で水田0.8町歩、畑4.0町歩が仮分配されたからである。これが実施されたのは、「未だ自分の畑が分割されず、又共同経営のため、団員は自ら先頭にたって働くという熱意を欠き、畑に出るものが少なかった」[23]ことによる。満洲で、極めて短い農業の適期を逃すことは、個々の農家の生活にかかわったから、個別化が加速したのは当然であった。
　そのため、「部落全員が部落分配地を共同使用したもの（中略）部落の下に八戸組、四戸組による共同経営組織を作つたもの（中略）農機具のみを共同使用し、あとは純然たる個人経営となれるもの」[24]が存在したが、すぐにほとんどが個別経営になった。これは、部落や組が、基本的には同一部落出身者や親類、気の合う者同士で構成されていたものの、部落内には様々な出身部落の者や村外者が混じっており[25]、「寄せ集め的なものに於ては、各団員の融合関係しつくりしないものあるを感じた部落もなきにしも非ず」[26]という現象が起きていたためでもあったが、農作業でどんな共同経営も成立しなかった決定的な理由は、内地のように、部落や組が強固な共同関係をもつ農家で構成されていなかったからにほかならない（内地農村で強固な共同関係をもっていた開拓民どうしが移住したわけではなかった）。
　つまり、内地農村のように、農業経営で成立するような非常に強固な共同関係は、水系や耕地の点在状況などに規定されており、それは必ずしも母村の部落のなかに存在したわけではなかったが、基本的には内地における部落に存在したのであり、内地農村が100～200年かけて培ってきたものであった[27]。そのため、自然を相手にし、大いに利害や義務などがからむ農業では、農家間での協業はたとえ親類であったとしても、容易に成立するものではなく、非常に限定的にしか成立しなかった。したがって、分村の部落は、母村の部落と名こ

そ同じではあるが、内実は全く異なるものであった（当時の内地の農家は4人前後の家族労働力をもち、家族内協業でカバーできない農繁期には農家間協業がそれを補い、それでも不可能なときには雇用労働力に頼る、というのが通常のパターンであったが、開拓地ではいずれも成立しなかった）。

　その結果、共同経営は制約条件が解除すればすぐに解体した。その際、大量移民期の種々の補強策によって、制約条件は試験移民期よりも早く解除する傾向があり、皮肉にも共同経営の解体を一層推し進めた。その理由として、次の3点があげられる。

　第1に、先遣隊が本隊より1年早く入植し、満拓や先進開拓団の援助をうけて、本隊入植準備や大規模な建築作業が早期に終了したことや、小規模な建築作業の大部分を早期に終わらせることができたことである。1941年には、残余の個別家屋の建築が主流となり、建築に労働力をそれほど必要としなくなった。また、既耕地入植のため、開墾が不要であったことも個別化を早めた。

　第2に、役畜や農具が各戸に分配可能になったことである。当時、1戸当たり平均約1.18頭（1940年末当時、1戸当たり日本馬0.62頭、満馬0.16頭、役牛0.39頭の計約1.18頭を所有していたと考えられる。但し、農業経営を行なう開拓農家戸数191戸（1942年当時）で計算。これは1942年当時の戸数216戸のうち25戸が離農し、役畜を所有していなかったことによる(28)）の役畜が分配された。この数では農作業には必ずしも十分ではなかったが、小規模面積の耕作や労働粗放的に経営して、個別耕作を可能にしたと考えられる。特に、1939年以降、満馬よりも牽引力が大きい日本馬を開拓地へ導入する事業（日本馬移植事業）が始まり、役畜の入手が容易になったと考えられる。

　第3に、入植当初から開拓地には多数の雇用労働力が存在していたことである。これは既耕地に入植したために、開拓地には現地住民が多数居住し、経済的に許せば、彼らを雇用することは容易であった。

　その結果、北海道農法を用いることができず、家族内協業も農家間協業も成立しないような「未熟な小農経営」がうまれ、「次の農年に於ては割当地の大部分を小作に付するか」(29)、雇用労働に大きく依存するほかなかったのである。

第4章　分村開拓団における試験移民以上の地主化

(2)　共同生活の早期解体と影響

入植当初、共同生活が必要とされたのは、食糧や家屋が不足していたことに加え、炊事・洗濯などを共同で行なえば、多数の労働力を農作業に振り向けて、農業生産を発展させる効果が期待されたからである。しかし、入植後2年目の1940年の11月には「唯もう、部落分散、個人分散をこひねがつて、大部分のものは、十分に壁ぬりも出来てゐない個人家屋に入り」[30]、食糧自給すら十分に達成できていないのに、何をおいても早急に個別生活化を実行した。

では、なぜ試験移民よりもはるかに早く個別生活化したのか。これは、やはり共同生活の不安定性を増すとともに、不安定性を克服できない要因があったからである。

まず、共同生活が不安定性を増した理由として、次の2点があげられる。第1に、家族とほぼ同時に入植したために、最初から個別生活への強い欲求が存在したからである。第2に、前述のように、やむをえず参加した者が多くいたために、満蒙開拓への意欲が低い者が多かったからである。

次に、共同生活の不安定性を克服できなかった理由として、次の3点があげられる。第1に、構成員が貧農・下層民主体で、リーダーとなるべき人物がなかったこと、またうまれにくかったからである。第2に、幹部・指導員が病人や退団者を抑えるとともに、共同生活を持続させるような強力なリーダーシップをもたなかったからである。第3に、退団者が激増し、動揺を与えたからである。

試験移民では、屯墾病が多発して退団者が続出したことはすでに述べた。大八浪分村開拓団では、分村政策の効果として、親類や親しい者が多く、屯墾病を直接の原因とする退団は少なかったようであるが、退団者が減少したわけではなかった。入植当時275戸であったものが、1942年には204戸までに減少した。この減少分のうち2名の団員が死亡していたから、退団者は実質69名となり、退団者率は25.1％となる。これは、開拓地で、新たな信頼関係を築けなかった者たちもいたであろうし、満洲に「来て見てガツカリした」[31]者も多くいたであろう。特に、「入植当初は団員の健康状態極めて不良（中略）幼児の死亡日々続き団員の精神的な打撃と衝動寔に大き」[32]く、退団者が続出したと考えられる。内地には親が残っており、退団しやすかった。

第3節　家族経営の破綻と農業経営の低迷（1941年～）
—試験移民以上の地主化—

　前述のように、北海道農法を指導する者がおらず、開拓民がそれを習得できなかった。事実、開拓民は「技術的にこれに追随出来ない現状で（中略）購入改良農具の遊休が寧ろ問題」(33)となっており、農具は「四戸の農家の一部作業協同的農家（中略）の外は殆ど利用されず（中略）配給しても未利用のまゝ放置され」(34)るか、または「価格上の障碍と数量の僅少より大きい期待を置け」(35)ず、「今後相当の長期を置かなければ農具の整備は不可能」(36)であった。したがって、「新しい機械（北海道農具）を使っとったっちゅう記憶はありません」(37)ともいわれた。そのため、開拓民は、満洲在来農法を採用せざるをえなかった。その結果、試験移民以上に雇用労働依存経営化と地主化が進んだのであり、本節では、この理由を具体的に明らかにする。

(1)　家族員の役割と雇用労働力への依存　—試験移民以上の雇用労働依存経営化—
　分村開拓団で、試験移民以上に雇用労働依存経営化したのはなぜか。それは、試験移民よりも悪化させるとともに、試験移民における問題を克服できない事情があったからにほかならない（試験移民よりも家族労働力の能力が低下したり、不足したりするといった事情があったからである）。
　大八浪分村開拓団で、最も多くを占めた核家族で入植した開拓農家（以下、核家族型農家）では、前述のように、農家間協業がほとんど成立せず、家族内協業も十分に組めなかった（「未熟な小農経営」）ため、もとより雇用労働力の導入は不可欠であった。ただ、妻が育児・家事に忙しく、自宅の庭で野菜作りにしか貢献できなかった試験移民の農家に比べ、この核家族型農家では、妻の労働力が期待できたため、農業経営的に有利なはずであった。
　ところが、核家族型農家の妻は、水田作・畑作どころか、「ある指導員は僅かな菜園すら一人で切廻す団員の妻なきことを慨嘆しつゝあつた」(38)とあるように、野菜作りにすらほとんど携わることはなく、農業からほぼ完全に離脱したのである。これは、「農耕時期になると、満人や朝鮮人の人たちを大勢頼むので大変でした。食事を出さねばならないのです」(39)とあることからわか

るように、試験移民における開拓農家のように、年雇(40)を導入せずとも、妻が雇用労働者への賄い作業を含む家事全般を担えたため、当初から、雇用労働依存経営として割り切ったからにほかならない。三江省地域では、雇用労働者への賄いは、およそ3食であり、この団でも「一般に一、二食の賄付き」(41)であった。一方で、これは、開拓農家が個々の家に住み込みとなる年雇をできる限り排除しようとしたためとも考えられる。事実、大八浪分村開拓団では、「日工契約が大部分」(42)であった。また、後述のように、過小な経営規模であったことが、年雇を必要としなかった一因であった。しかし、年雇の不在は農作業の能率の低下を意味した。

このように、妻が農業から離脱した結果、団員（夫）が、自宅の庭での野菜作りを担当した。それだけではなく、後述のように、団員（夫）は農外労働に携わることが多かった。このことは、核家族型農家で、割り当て耕地における農作業への団員の関与が試験移民の農家の団員よりも低下し、逆に雇用労働力への依存が高まったことを示す。つまり、妻だけでなく団員（夫）自身も農業経営から離脱しつつあったのである。

ところが、前年（1940年）の不作で営農資金が不足し、また雇用労賃が高騰していたことで、核家族型農家では雇用労働力の導入が大幅に制限された。試験移民期とはちがい、入植時から雇用労賃の高騰は甚だしく、日雇の労賃は、1940～1942年の3年で3.25倍にも急騰した(43)。また、役畜の数は不十分で、その能力は低下していたから、1戸当たりの自家経営面積は団平均で水田0.6町歩、畑0.57町歩と、満洲ではあまりに小規模な経営面積に陥った。このような過小な経営規模になったとしても、開拓農家は個別であること、特に個別生活を選択した。ただ、経営をまったく捨て去るのではなく、最低限の役畜を確保し、また妻が賄い作業に携わることによって、個別経営をかろうじて維持したといえる。

このほかに、試験移民と同様に、独身で入植した後に家族を持った農家（以下、独身者入植型農家）や、直系家族で構成された農家（以下、直系家族型農家）が存在した。特に、後者は労力的には有利な形態であったが、これは若干数存在したに過ぎない。そのため、親の世代はそれほど多くいたわけではないが、史料からは、彼らの農作業への積極的な関与は見うけられない。こうして、農業労働力として期待された妻や親の世代が扶養家族化することになったのである(44)（直接的な農業労働から完全離脱したという点からみれば、「扶養家族

化」したと表現することもできる)。

(2) 農業資金の欠乏と農業経営の低迷　―試験移民以上の地主化―

　本項では、大八浪分村開拓団で比較的成績のよい開拓農家33戸(ただし団員家族が一切農耕を行なわない2戸[45]を含む)の平均値(以下、調査農家と記す)を取り上げつつ、なぜ試験移民以上に地主化が進んだのかを明らかにする(表46)。

　調査農家の耕作面積は、水田0.84町歩、畑1.0町歩であるから団平均である水田0.6町歩、畑0.57町歩を大きく上回っており、団内では比較的上層の農家であったことがわかるが、仮分配地合計4.8町歩の40.4%(将来の本割り当て地である水田2.0町歩、畑7.0町歩計9.0町歩の21.5%)に過ぎず、最初からかなりの耕地が、現地住民に貸付けられた。

　調査農家33戸中に、親と子がともに団員で、それぞれ耕地を分配されながら1戸の農家として経営を行なうものが6戸、また団員ではない16～19歳の子が比較的多くの労働力を提供するものが3戸存在するなど、団員以外の男性労働力が若干存在し、家族労働力は合計で平均1.4人となるが、多くの開拓農家では、妻が農業にほとんど携わらず、家族労働力は団員1人だけであった。

表46：調査農家状況(33戸平均)　(1941～1942年)

家族労働力	役畜	1941年				1942年			
		水田	畑	計	貸付地	水田	畑	計	貸付地
1.4人	1.5頭	0.84町歩	1.10町歩	1.94町歩	2.86町歩	0.69町歩	2.48町歩	3.17町歩	1.63町歩

1：調査農家には家族として団員その他1.4人、妻1.0人、子が2.1人の1戸当たり平均計4.5人がいた。ここでは妻がほとんど農業に携わっていなかったため省いてある。
2：1941年における団全体の1戸当たり耕作面積は水田0.60町歩、畑0.57町歩、計1.17町歩、また1942年は水田0.50町歩、畑1.50町歩、計2.00町歩である。なお役畜数は1942年の数値で馬と牛を含む。前掲 大東亜省『第八次大八浪開拓団綜合調査報告書』7頁、9頁。
〔前掲 大東亜省『第八次大八浪開拓団綜合調査報告書』274、291、294頁より作成〕

　次に、これら調査農家を耕作面積について、専業農家出身家族、兼業農家出身家族、その他職業出身家族の3種で分類したものをみると、1戸当たり耕作面積は、専業農家出身家族がそのほかを大きく上回っていることが確認できる(表47)。これは、家族労働力の数の相違だけではなく、農耕経験の差があっ

たと考えられ、内地でも農業をほとんど経験したことのない者が農業をすることは、非常に困難であったことがわかる。

すでに明らかにしたように、開拓農家は多量の雇用労働力に依存せずに農業を営むことができず、多額の雇用労賃を確保しなければならなかった。調査農家および団全体における主要作物の作付状況（1941〜1942年）は、水稲・大豆・小麦・燕麦の4種で全作付面積のほぼ80％を占める（表48）。団全体もそれ以上であり、1942年には、水稲の作付割合が半減しているものの、水稲・大豆・小麦・とうもろこしの4種でほぼ80％を占める。特に、水稲は食用として、燕麦やとうもろこしは飼料として重要であり、一方でこれらはいずれも販売価格が比較的高く、商品作物としての性格を持っていた。そのため、これら特定作物の栽培へと向かったのである。しかし、こうした特化は播種期や除草期、収穫期など一時期に労働需要を高め、さらに現金を必要とするという悪循環を引

表47：前職業別1戸当たり耕作面積（33戸平均）（1941〜1942年）

単位：町歩

	1941年			1942年		
	水田	畑	計	水田	畑	計
元専業農家	1.00	1.49	2.49	0.83	3.32	4.15
元兼業農家	0.53	0.24	0.77	0.53	0.58	1.11
元その他職業農家	0.69	0.84	1.53	0.60	2.06	2.66
平均	0.84	1.10	1.94	0.69	2.48	3.17

調査農家33戸のうち、専業農家出身家族は16戸、兼業農家出身家族は3戸、その他職業出身家族は13戸で、それぞれその平均値である。ただし1戸の所属が不明。
〔同上 291頁より作成〕

表48：調査農家および団全体作付状況（1941〜1942年）

		水稲	大豆	小麦	燕麦	とうもろこし	そのほか	計
面積（町歩）	1941年（33戸計）	33.50	7.88	8.31	5.94	3.38	10.92	69.93
	1941年（団計）	134.37	28.36	25.74	33.29		34.08	255.84
	1942年（団計）	111.35	84.64	52.97	26.68	94.62	74.75	445.01
割合（％）	1941年（33戸計）	47.9	11.3	11.9	8.5	4.8	15.6	100.0
	1941年（団計）	52.5	11.1	10.1	13.0		13.3	100.0
	1942年（団計）	25.0	19.0	11.9	6.0	21.3	16.8	100.0

空欄については不明。
〔同上 236、245、298頁より作成〕

き起こしたことはいうまでもない。

　しかし、開拓農家では、そのような多額の現金を農業で確保することは非常に困難であった。調査農家の農業粗収入（耕種・園芸・畜産粗収入）の分布をみると、ほとんどの農家で、耕作面積が非常に小さいことと、「単位面積当の収量低位性」(46)のため、農業粗収入は600円以下（実際にはほとんどが400円以下）であり、全般的に低額であったことがわかる（表49）。そして、1戸当たり平均粗収入および現金収入の内訳をみると、調査農家は農業（穀物・園芸・畜産）によって、147.75円の現金を獲得した（表50）が、雇用労賃の現金支払い部分が「一〇七・四八」(47)円にも達し、「農業経営費中苦力労賃最も大なる地位を占め」(48)たのである。

表49：調査農家の農業粗収入の分布（33戸）（1941年）

金額	0円	～100円	101～600円	601～1,000円	1,001～2,000円	計
戸数	4戸	8戸	19戸	1戸	1戸	33戸

1：農業粗収入の101～600円に属する19戸において、400円未満が18戸を占めた。
2：農業粗収入額には耕種と畜産を含む。
3：1001～2000円の農業粗収入を得たのは大規模に水田を請負わせた農家である。
〔同上 301、309頁より作成〕

表50：調査農家における1戸当たり平均粗収入および現金収入内訳（33戸平均）（1941年）

	農業粗収入				山林	労賃収入	計
	穀物（耕種+小作料）	野菜	畜産	小計			
粗収入（円）	385.94	30.60	28.88	445.42	23.52	125.21	594.15
粗収入割合（％）	65.0	5.1	4.9	75.0	4.0	21.0	100.0
現金収入（円）	88.27	30.60	28.88	147.75	23.52	125.21	296.48
現金収入割合（％）	22.9	100.0	100.0	33.2	100.0	100.0	49.9

1：史料の性格上、穀物粗収入に小作料収入を含むため、実質の穀物粗収入はこの数値よりも低下する。
2：現金収入割合とは各種粗収入における現金収入の割合を示す。
〔同上 309～310頁より作成〕

　では、開拓農家は耕種部門の収入拡大をはかることができたのか。粗収入の内訳において、農業粗収入および全粗収入が最大なのは専業農家出身家族（元専業農）であったから、特に耕種部門の拡大が収入の増加を促したかにみえる

（表51）。たしかに農業粗収入が最大であったのは、「水田請負耕作セシメタル」[49]農家であった。しかし、「本年度は天候に恵まれず（中略）収穫皆無となりしもの全作付面積の三分の一に達し、残余のものも収穫極めて低調」[50]で、「水田請負耕作ヲナシタリ収量少ク不利ナリキ」[51]や「雇用労力ニ依リ大規模ニ行フモ水害冷害ノ為不良ナリ」[52]とのように、経営規模の拡大が経営を改善した訳ではなかった。ましてや畜産粗収入のうち、「現金として農家に入りたるもののみを揚げれば（中略）豚と鶏卵の販売価格で（中略）各農家の保有する各種家畜資本とその飼育管理の技術が現段階に止まる限り多額の畜産収入を期待することは仰々不可能」[53]であったし、「蔬菜園芸専業化は本団の立地としては相当不可能」[54]で、農業粗収入の増加はほとんど期待できなかった。その結果、農業以外で現金を確保せざるをえなかった[55]。つまり、前述のように、団員（夫）が農業経営から離脱しつつあったことを示している。

表51：調査農家における入植前職業別1戸当たり各種粗収入および割合（1941年）

		耕種	園芸	畜産	山林	労賃収入	小作料	計
粗収入（円）	元専業農	340.25	4.13	21.88	42.50	108.75	144.69	662.20
	元兼業農	133.35	10.67	—	—	200.00	118.45	462.47
	元その他	193.73	70.15	46.38	7.38	137.85	131.04	586.53
粗収入割合（％）	元専業農	51.4	0.6	3.3	6.4	16.4	21.9	100.0
	元兼業農	28.8	2.3	—	—	43.2	25.7	100.0
	元その他	33.0	12.0	7.9	1.3	23.5	22.3	100.0

33戸の平均数値である。
〔同上308頁より作成〕

ただ、調査農家の「過半数が苦力を雇用することに依り営農し」[56]た一方で、調査農家33戸のうち15戸もの農家が雇用労働力を導入していない（表52）。これらは、営農資金の不足により、雇用労働力の導入が困難であったため、水田作または野菜作りに大きく偏った小規模面積の耕作を行なった開拓農家であると考えられる。

このようななかで、若干数存在した直系家族型農家は、核家族型農家や独身者入植型農家よりも家族労働力が多いため、幾分か有利な側面もあったが、前述のように、水田作は不安定であったし、野菜作りも大幅な拡大は不可能であ

った。さらに労働力として期待された親の世代は、農業労働力としてはほとんど期待できず、扶養家族化していたから、後述のように、生活面での負担が増え、かえって、経営と生活の衰退を速めたのである。

表52：調査農家における労賃支出分布（1941年）

単位：円、戸

金額	0	～25	26～50	51～100	101～200	201～400	401～600	601～800	801～1,000	1,001～	計
労賃支出	15	2	5	3	2	4	1	—	1	—	33

〔同上 309～311 頁より作成〕

　こうして至るところで収入の拡大が困難となり、開拓農家は困窮した。わずかな現金収入から、「他給生産費（購入資材、労賃等）を差引く時は（－マイナス）となつて来ることは明らか」(57)であった。

　以上のような経営状況にあって、史料には「経営技術の未熟、団員の生活態度又は賃金の問題などで種々面白くない問題を引き起こし易く」(58)と記され、雇用労働者の労働能率は低下し、農業経営にさらに悪影響を及ぼした。また、農家経済にとって重要であった小作料収入については、「一般に小作契約当事者に於ては借方の勢力強く（中略）小作料の納入を受けざるが如きものもあり、中には作物名を選ばず如何なる糧穀にても一定量の納入を約する等無秩序、無知なる契約もある。而して実収小作料も満人等の不作凶作等の苦情により完全に約定小作料の納入を受けたものは殆ど皆無」(59)であった。このことは、現地住民との摩擦を避けるための姿勢を反映したものと考えられる。そのため、「耕種粗収益、多量の糧穀を獲得するには（中略）自耕地を少なくし他を小作せしめるが如き方法では達せら」(60)れず、安易に地主化して、小作料を得るという道も断たれていたのである。

　したがって、大部分の開拓農家は、翌年も、営農資金不足のまま農耕を行なわねばならなかった。「今年の問題は営農費の行方である。前年不作のため、今年飯米不足を訴へ（中略）営農費の大部分が飯米購入費に切りかへられ（中略）団員は苦力賃を持たずして営農をなし得ない（中略）大部分の者が手持の資金を使い果たした現在、これは大問題である。苦力賃欠乏に悩む団員の声を我々は各部落できかされた」(61)や「災害の為荒れはてた耕地、高騰する苦力

賃金の中に途方に暮れて居る」(62)というほどに追い込まれ、「団員の中には自己の為配給を受けた団服を高く与へ更に自己所有の衣服類を与へる等正に飢餓雇用も少くな」(63)かった。1941年と1942年の反当たりで投入された労働力を比較すると、1942年の労働投下量が前年に比し約半分となり、かなりの労働粗放化が進行していたのである（表53）。

表53：各期における反当たり労働力延人員および1人当たり雇用労賃（1941〜1942年）

	播種期	除草期	収穫期	そのほか	計および平均
1941年	11.5人 (2.37円)	10.7人 (2.64円)	10.3人 (2.55円)	2.2人 (2.03円)	34.7人 (2.31円)
1942年	5.8人 (2.30円)	4.1人 (3.29円)	—	—	—

調査農家33戸中28戸平均。なお、調査は1942年の夏までのため収穫期以降については不明。
〔同上239、248頁より作成〕

　こうした労働粗放化によって、耕地は荒廃した。水田作では、「稗の除去と云ふ極めて消極的なもののみに限られ、他の雑草除去にだに及び得な」(64)かった。そのほかにも、「一般に刈取り時期が遅延し枯熟の状態に於て長く水田に立毛のまゝ放置され（中略）乾燥保存方法に於ても（中略）野外への放置の結果外温の日較差大なることゝ相俟つて胴割米多」(65)く、品質の低下を招いた。これは、畑作にもあてはまり、つまり、農業の適期を逃したのである。1942年には、大豆の作付を増やして、地力維持を目指したが、決してその比率は高いものではなかったため、輪作体系が損なわれるとともに、労働粗放化の進行により、畑は荒れた。また、水田作も畑作もほとんど無肥料で栽培されたため、大きく収量・品質が低下した(66)。満洲在来農法（現地住民の間）では、効果は小さいものの、土糞を施肥するのが一般的であったが、開拓民はそれすらできなかったのである。大八浪分村開拓団では、たとえば、1939年には平均で反当たり1.0〜1.5石あった水稲の収量は、1941年には、0.6〜0.8石まで減少した。当時、反当たり1.3〜1.4石の玄米を収穫しなければ採算がとれないとされた。

　さらに、「冬季間の寒気と飼料の質量共に家畜に十分ならざる事と、これが為馬の生理的能力衰へたる三月以後温暖なる気候の為感冒に犯されること非常

に多く肺炎をおこし斃死馬」(67)を多くだした。特に、小規模面積の耕作のために、飼料が不足し、餓死することもあった。1942年には日本馬移植一時中止となり、役畜も不足して能率は低下し続けた。

1942年には、「一戸に十町歩の土地が与えられ」(68)たが、日本人が「奪った（中略）既耕地は耕作しきれず、すべてが荒地になった。それに彼らはつくり方を知らなかったので、秋になっても収穫できなかった。（中略）中国人は自分たちの土地が（中略）みすみす荒地になって行くのを見て悔しく、怒りは頂点に達した」(69)という。

以上のように、大八浪分村開拓団においては、試験移民以上に、農業経営でより多くの雇用労働力に依存した上に、後述のように、試験移民よりも扶養家族が多く、経営と生活双方での衰退は試験移民よりもはるかに早く、地主化が進行したのは当然であった。したがって、当初から、農業そのものを営むことが不可能であったのである。

1942年になると、農産物の供出要請が過酷となり、「県公署から供出量を割り当てられる前に、開拓団側から供出量を提示し、供出を予約する（中略）泰阜村開拓団はこの「予約供出」をしていた（中略）予約すると供出代金が前払いされ（中略）資金のない開拓民がこの金で中国人を雇った（中略）各開拓団とも割当供出量をすべて出し、報国精神を示すこととな」(70)り、大八浪分村開拓団も「十日分の食糧だけを残して、割当量のすべてを供出した（中略）翌年の種籾までも供出させる。これは「裸供出」と呼ばれ」(71)、事態はますます悪化した。こうした無理のある供出は、満洲全土で実施され、集荷目標を達成する(72)が、現場では悲惨な状況に陥っていたことがわかる。

このようななか、戦時期における農産物の価格政策の失敗によって、国家が最重要作物として期待していたはずの農産物の価格は低く設定された。しかし、現金を必要とする開拓民は、あくまで商品作物である豆類や麦類の栽培にこだわったために、農業経営はますます割の合わないものとなった(73)。この後、応召者の増加により、さらに経営は不安定化し、一層地主化が進行した。

第4節　生活資金の急激な欠乏と生活程度の低下
　　　　　―試験移民以上の生活の悪化―

(1)　家族入植と急激な生活資金の欠乏

　分村開拓団では、なぜ試験移民以上に地主化へと向かったのか。それは生活面における現金支出が、試験移民以上に経営を圧迫したからでもある。

　試験移民と同様に、大八浪分村開拓団でも多くの生活物資が購入された。これは大量移民政策期に入っても、生活指導が行なわれなかったからである。前述のように、開拓農家が商品作物栽培へ特化し、現金の獲得を追求したのはこのためでもある。具体的には、以下のようになる。

　まず、開拓民の食生活は、米・野菜・味噌汁・肉類（豚・雉子・鴨など）・卵・魚類・缶詰などであった。しかし、米は不作続きのため、また、野菜は保存方法が悪いため、どちらも購入された。肉類・卵・魚を自給した農家もあったが、ほかの開拓農家や「満人」農家から購入するものもあった。缶詰は入手難と現金支出にたえられず、次第に食べられなくなったが、開拓民にとって重要なたんぱく源であった。酒類・煙草・菓子なども同様に入手難であったが、ほかの開拓団や「満人」、「鮮人」から購入された。なかでも、煙草・菓子はかなりの量が購入された。

　次に、衣服については、団員（夫）には団服・防寒具の配給があったものの、妻には一定した団服はなく、「内地より持参した筒袖にモンペを普通つけ」[74]、また子供も大部分は内地式の服装で、それらは日本から輸入された。

　さらに、開拓農家は、医療費を獲得しなければならなかった。これについては後述するが、多くの者が病気に罹ったことによる。

　そのようななか、「分村開拓団は入植当初より家族を同伴する為（中略）徒らに消費人口を増すのみで家計の負担を大に」[75]した。試験移民とは異なり、分村開拓団には多くの児童がいて、学校から食費が徴収された。その結果、開拓民が「当初持参した個人的資金も（中略）いつの間にか主として家計部面に於て使ひ果たされ」[76]、急激に生活資金は欠乏し、生活程度を低下させた。このことは営農資金（特に雇用労賃）の不足へとつながったのである。

(2) 生活程度の急激な低下とその影響

このように、購入に依存した生活様式、つまり、満洲の気候風土に適しない生活様式であったことに加え、現金が急激に欠乏した結果、生活程度は急激に低下し、栄養不足が進んだ。また、住の個別化を急いだために、住居は壁が薄く、開拓民は、「ペーチカの設備不良なるため、殆ど使用せず（中略）オンドル部屋にてふるへ」[77]た。さらに、糸や布もなく衣服の修繕は困難であり、冬季間は入浴、洗濯が困難で、不衛生であったから、開拓民の体力は一層低下して、病気にかかり、農繁期には十分に働くことができなかった。

特に、体力のない者への影響は深刻で、「児童の一割五分は営養不良」[78]で「要養護者の比率が甚だ高」[79]かった。要養護者とは、「営養状態、発育状態、疾病状態より見て、多かれ少なかれ養護を要するものと、医者より制定された者」[80]で、その比率は1940年には、「男子が六五・八％、女子が六三・一％」[81]にも達した。それだけでなく、大八浪分村開拓団における流産の比率はなんと22.7％[82]（1939～1941年の3年間の平均値）であった。分村開拓団は、家族入植のため育児の知識・経験を試験移民の家族よりももっていたにもかかわらず、このような事態に陥ったのである。また、この開拓団は無医村であるとともに、薬が不足していたことが事態を悪化させた。これを改善するひとつの方法は、現地住民の生活様式を取り入れることであったが、「満人式の食事は出来ぬ」[83]と、ある団員は報告書の中で語っており、それは多くの開拓民も同様であったと考えられる。

保健・衛生対策として、政府が実地指導に本格的に動き出すのは、「開拓地における保健指導、予防衛生および医療の普及」[84]を唱えた1943年の開拓保健団法発布以降であり、開拓民への生活指導はすでに手遅れであった。

おわりに

大八浪分村開拓団を事例に、分村開拓団が試験移民の対処策でありながら、試験移民よりも早く共同経営を解体して、「未熟な小農経営」へと移行し、その後、試験移民以上に雇用労働依存経営化や地主化が進行するなど、なぜ脱農傾向が強まるという驚くべき事態に陥ったのかを明らかにできた。以下、具体

的にまとめておこう。

　試験移民の反省にたって、分村政策では、同一村内から階層バランスをとった家族単位での入植を進められた。それは次のような効果をもつと考えられていたからである。①同一村出身者のため備わっていると考えられる地縁的共同関係を利用できること、②すべての階層を参加させることで、中・上層からリーダーを確保しやすくなること、③家族労働力を最低限確保すること、である。これらから、農家間協業と家族内協業が可能になると考えられた。しかし、①については、大八浪分村開拓団では、約3割もの村外者が含まれ、その効果は限定的であった。②については、結局貧農・下層民が主体であることを変えられなかった。③については、家族単位で送出できた場合も、その多くは核家族で、直系家族主体の日本の農家とは比較にならないほど、自家労働力は脆弱であった。したがって、分村開拓団の実態と政策的意図との間には大きなズレがあり、試験移民の対処策として構想された分村政策は、すでに送出段階で破綻していたといえる。

　では、なぜ試験移民よりも早く個別化し、「未熟な小農経営」へと移行したのか。
　まず、分村開拓団では、限定的とはいえ、前述のような改善要素があったにもかかわらず、大八浪分村開拓団において、共同経営・共同生活が逆に不安定化した理由として、次の4点を指摘できる。①家族同時入植であったために、入植当初から、妻が農業経営面では雇用労働者への賄い作業を担うことが可能であり、生活面では家事を担当することが可能であったため、個別経営・個別生活への欲求が強く存在したこと、②日中戦争の泥沼化によって、開拓民の強制的な送出が常態化し、満洲開拓に対する意欲の差が、団員間で非常に大きかったこと、③幹部・指導員が、北海道農法を指導できなかったために、開拓民の農業への意欲を大きく低下させたこと、④共同経営を意図した時期であったにもかかわらず、各農家に耕作地が分配されたこと、などがあげられる。

　一方で、不安定を克服できなかったこととして、次の2点が指摘できよう。①本来、基本的には母村の部落にこそ、強固な地縁的共同関係が存在したにもかかわらず、行政村もしくはそれ以上の範囲からの送出であったために、期待された共同関係が獲得できなかったことがあげられる。ましてや出身部落の共同関係をもつ者がそのまま移住してきたわけではなく、彼らが母村の部落のような強固な共同関係をもっているはずもなかった。②試験移民と同様に、リー

ダーシップをもつ幹部・指導員を確保できず、上記のような問題に対処できなかったとともに、団員に農業技術を指導したり、適切な労働条件を整え、団員の個性や努力差を考慮した施策をとれなかったことも指摘できる。

　そのような不安定な状況のため、以下のような制約条件の解除によって、すぐに共同経営および共同生活は解体した。ただ、大量移民政策の開始によって、試験移民期とは異なり、様々な補強策が実施されており、そうした施策が、かえって共同経営および共同生活の解体を速めたのである。それは、①先遣隊が本隊の約1年前に入植して主な作業を早々に終わらせたこと、②1939年からは日本馬移植事業が開始されて役畜の早期分配が可能となったこと、③既耕地入植であったことが、雇用労働力の確保を容易にしたこと、などがあげられる。

　その結果、1戸当たり平均の経営面積は水田0.6町歩・畑0.57町歩と、満洲ではあまりに小規模なものとなった。開拓民は、このような小規模な面積となっても個別であること、特に個別生活を望んだ。結局、北海道農法も利用できず、農家間協業もほとんど成立しない、「未熟な小農経営」へと移行したのである。

　ではなぜ試験移民以上に、雇用労働依存経営化・地主化したのであろうか。

　多くの開拓農家は、核家族で構成され、もとより家族での協業を十分に組めず、雇用労働力の導入は不可欠であった。ただ、開拓農家で、試験移民とは異なり、妻の労働力が期待できたにもかかわらず、かえって雇用労働力への依存が試験移民よりも高まったのは、妻が雇用労働者への賄い作業を含む家事全般を担えたために、入植当初から雇用労働依存経営として割り切ることができたからであった。その結果、試験移民の妻が行なっていた野菜作りすら行なわず、完全に農業から離脱した。これは一方で、住み込みとなる年雇を排除しようとしたためとも考えられる。また、若干数存在した親の世代もほとんど農業に携わることはなく、結局は労働力として期待された妻・親の世代が扶養家族化することになり、そのためもう1人の労働力である団員（夫）が、家の庭地での野菜作りを担当した。したがって、割り当て耕地における雇用労働力への依存度は、試験移民農家よりも大きくなった。そのため、開拓農家は現金を確保する必要に迫られ、商品作物の栽培へと特化した。その結果、農繁期の労働需要のピークを押し上げ、さらなる雇用労働力を必要とするという悪循環に陥ったことはいうまでもない。

　一方で、開拓民の生活様式は試験移民の農家のものとほとんど変わりなく、

米・野菜・缶詰などのうち不足するものを購入したために、このことも商品作物栽培への特化を促した。ただ、試験移民農家よりも扶養家族の多かった開拓農家では、小規模な経営面積であるため、もともと少ない現金収入が圧迫され、生活の衰退に拍車がかかった。その結果、開拓民の体力を一層低下させ、さらに雇用労働力への依存を高めたのである。

しかし、大量移民政策期にはすでに入植当初から雇用労賃が高水準であり、また生活物資価格も高騰し、開拓農家は、その支払いに困難を極めた。また、一層の体力の低下によって、開拓農家は労働粗放化せざるをえなくなり、適期作業が困難になった。加えて、ほぼ無施肥であったために地力が低下し、農産物の収量・品質も大幅に低下して、経営が不安定化し、農業から離脱せざるをえなかったのである。

経営および生活基盤が未熟なまま個別化を強行し、耕作規模が最初から小さい上に、割り当て耕地への自家労働力の関与が試験移民よりも小さく、扶養家族が多い開拓農家では、地主化が深刻化するのは当然であった。開拓民の行動は「生活の防衛」に基づくものであったといえよう。最も期待された分村開拓団でありながら、理想的な農業どころか、当初から、農業を営むことそのものが不可能となっていたのである。

註
(1) 前掲 高橋「日本ファシズムと満州分村移民の展開―長野県読書村の分析を中心に―」や前掲 柚木「「満州」農業移民政策と「庄内型」移民―山形県大和村移民計画を中心に―」、同「満州移民運動の展開と論理―宮城県南郷村移民運動の分析―」を参照。
(2) 前掲 小林『満州移民の村―信州泰阜村の昭和史―』99頁。
(3) 同上 94頁。
(4) 植民地文化学会・東北淪陥一四年史総編室編『「満洲国」とは何だったのか』小学館、2008年、157頁。
(5) 齊藤俊江「満州移民の送出と開拓地の生活」『満州移民 飯田下伊那からのメッセージ』飯田市歴史研究所、2007年、49頁。
(6) 大東亜省『第八次大八浪開拓団綜合調査報告書』大東亜省、1943年、146頁。
(7) 同上 82頁。但し括弧内は筆者記す。
(8) 同上 80頁。
(9) 同上 146～147頁。
(10) 現黒龍江省に入植。日本人が命名したものであるため括弧を付した。

(11) 前掲 小林『満州移民の村―信州泰阜村の昭和史―』121頁。
(12) 中繁彦『沈まぬ夕陽』信濃毎日新聞社、2004年、119頁。
(13) 前掲 西田・孫・鄭『中国農民が証す「満洲開拓」の実相』。
(14) 前掲 大東亜省『第八次大八浪開拓団綜合調査報告書』5～6頁。
(15) 同上 102頁。
(16) 前田福太郎「満洲開拓農民の新課題―分村計画の観点よりしたる―」『農業と経済』6巻4号、1939年、45頁。但し括弧内は筆者記す。
(17) 前掲 大東亜省『第八次大八浪開拓団綜合調査報告書』147頁。
(18) 同上 231頁。
(19) 同上 233～234頁。
(20) 同上 193頁。
(21) 同上 234頁。
(22) 同上 335頁。
(23) 同上 6頁。
(24) 同上 7頁。
(25) 同上 335～337頁。
(26) 同上 337頁。
(27) 岩本由輝によると、内地農村では、戦時下の労働力不足下において「農政は村落における労働組織・生産組織のあり方にまで介入するようになったが、農家を屋並みで行政的に区切って共同作業をやらせようとしたことは、それが徹底すればするほど、本来、耕地の所在や水系をめぐって存在した労働組織・生産組織をずたずたにしてかえって生産を阻害することになった（中略）指導者が熱心で励行に努めれば努めるほど始末が悪かったということは当時の農民がよく証言するところ」であったという（岩本由輝『村と土地の社会史　若干の事例による通時的考察』刀水書房、1989年、139～140頁）。
(28) 前掲 大東亜省『第八次大八浪開拓団綜合調査報告書』204～205頁。
(29) 同上 234頁。
(30) 同上 6頁。
(31) 同上 367頁。
(32) 同上 234頁。
(33) 同上 255頁。
(34) 同上 256頁。
(35) 同上 258頁。
(36) 同上 259頁。
(37) <満洲泰阜分村―七〇年の歴史と記憶>編集委員会編『満洲泰阜分村―七〇年の歴史と記憶』不二出版、2007年、388頁。
(38) 前掲 大東亜省『第八次大八浪開拓団綜合調査報告書』191頁。
(39) 泰阜村記念誌編集委員会『満州泰阜分村―後世に伝う血涙の記録―』泰阜村記念誌編

集委員会、1979 年、18 頁。
(40)「年工は公務員又は之に準ずるものが雇用」(前掲 大東亜省『第八次大八浪開拓団綜合調査報告書』261 頁) したが、例外的であった。
(41) 前掲 大東亜省『第八次大八浪開拓団綜合調査報告書』263 頁。
(42) 同上 261 頁。
(43) 同上 16、264 頁。
(44) 妻の役割については史料的に明らかだが親についてはない。ただ親の持つ農業技術の低位性から農業労働にあまり携わっていなかったと考えられる。農業経営が雇用労働に依拠するなかで自ずと生産過程から手を引くことになっていったと推定される。
(45) これらは 2 戸とも公務員であった。本来ならば除いて考えるべきだが、史料の性質上、区別が困難なため含める。団全体では 23 名の団員(団員の約 1 割)が本部勤務員であった。彼らは本部勤務の関係上、農業に従事できなかった。また公務員は年 600 円の恒常的現金収入があり、一般団員より特殊な地位にあったとされる(前掲 大東亜省『第八次大八浪開拓団綜合調査報告書』89 頁)。
(46) 前掲 大東亜省『第八次大八浪開拓団綜合調査報告書』302 頁。
(47) 同上 310 頁。
(48) 同上 311 頁。
(49) 同上 309 頁。
(50) 同上 7 ～ 8 頁。
(51) 同上 311 頁。
(52) 同上。
(53) 同上 306 頁。
(54) 同上 190 頁。
(55) 木材伐採収入やその他の労賃収入があったが、大八浪分村開拓団では、森林資源が少なく、それに関わる運搬作業など他の労働機会が非常に少なかったため大幅な増加は見込めなかった。
(56) 前掲 大東亜省『第八次大八浪開拓団綜合調査報告書』311 頁。
(57) 同上 310 頁。
(58) 同上 88 頁。
(59) 同上 303 頁。
(60) 同上 305 頁。
(61) 同上 114 頁。
(62) 同上 302 頁。
(63) 同上 264 頁。
(64) 同上 165 ～ 166 頁。
(65) 同上 153 頁。
(66) 同上 166 頁。

(67) 同上 208 頁。
(68) 中繁彦『沈まぬ夕陽』信濃毎日新聞社、2004 年、136 頁。
(69) 西田勝ほか『中国農民が証す「満洲開拓」の実相』小学館、2007 年、258 頁。
(70) 山川暁『満州に消えた村　秩父・中川村開拓団顛末記』草思社、1995 年、172 〜 173 頁。
(71) 同上 173 頁。
(72) 安富歩『「満洲国」の金融』創文社、1997 年、258 〜 271 頁。
(73) たとえば山本有造「「満洲国」農業生産力の数量的研究」『アジア経済』38 巻 12 号、1997 年、を参照のこと。
(74) 前掲 大東亜省『第八次大八浪開拓団綜合調査報告書』318 頁。
(75) 同上 276 頁。
(76) 同上 316 頁。
(77) 同上 330 頁。
(78) 同上 354 頁。
(79) 同上 355 頁。
(80) 同上 355 頁。
(81) 同上 355 頁。
(82) 当時の日本内地農村における死産率は明らかではないが、内地全体では 1932 年当時、約 5.2％（内閣統計局『昭和七年　人口動態統計』内閣統計局、1934 年、62 頁第十一表）であったから、開拓地においては相当高率であったことがわかる。第 1・2 章で指摘したのは乳児死亡率であるため比較できるものではないが、死産率は大八浪分村開拓団での方が高かったと推測される。
(83) 前掲 大東亜省『第八次大八浪開拓団綜合調査報告書』369 頁。
(84) 前掲 満州開拓史復刊委員会『満州開拓史』448 頁。

第5章　満洲開拓青年義勇隊派遣の論理と混成中隊における農業訓練の破綻

図33：義勇隊募集ポスター
〔前掲 満州開拓史復刊委員会編『満州開拓史』写真資料8頁〕

はじめに

　本章の課題は、満洲農業開拓民政策において、義勇隊（図33）は最も期待されたもののひとつであるにもかかわらず、なぜその農業が試験移民よりも悪化する可能性をもっていたのかを明らかにすることである。

　満蒙開拓とは、東アジア農業のモデルたるべき近代的大経営の創出策として位置づけられたが、経営的にはほぼたちゆかず、早期に地主化したことは前述のとおりである。しかし、その事実が確認されているだけで、地主化しなければならなかった理由が明らかにされているわけではない。本章では、経営的にたちゆかなかった原因を、満洲農業が必要とする技術的諸条件を整えられなかったばかりか、入植者に対する訓練も実態を欠いたものであり、政府の位置づけを実現させる条件を根本的に欠いていたことを明らかにする。

　義勇隊においては、北海道農法を採用させるとしても、農業集団として成立させねば、義勇隊開拓団移行後、農業経営の確立が困難になるのは明らかであった。なぜなら試験移民と同じように、隊員は花嫁を迎えて家族をもつため、妻の労働力を期待できないことがわかりきっていたからである。そのため、「農業をやるには四、五戸が協同でやる方が都合がよい。一戸当り十町歩の耕地を分譲され（中略）畜産もあれば、水田、畑作、蔬菜園の仕事もあつて（中略）手が廻らず（中略）播種や植付の適期を失ひます。どうしても（中略）協同することが必要」(1)であった。このため、3年間の訓練を課し、4～5人による組単位共同経営を成立させ、開拓団への移行とともにスムーズに農業経営を確立させようとしたのである。しかし混成中隊で、これらが実現するような訓練が行なわれなかったことは前述のとおりである。

　義勇隊の史料は、宣伝的な性格が強く、一部分が強調されて高い評価になっている場合がある。そのため様々な角度から内容を精査し、記述方法は各現象の全般的傾向を確認した上で、渡満年次などに偏りのないように配慮して、様々な中隊や訓練所での具体例をあげ、内容がより詳しくなるように努めた。

第1節　混成中隊の編成

(1) 混成中隊の特徴

　隊員の特徴として、次の3点を確認できる。第1に、1938年は年齢にばらつきがあるが、その後、16歳以下の者が急増し、心身ともに未熟な者が増加したことである（低年齢化の進行）。第2に、高等小学校卒業を最終学歴とする者が多いことである。ただ、1938年、39年は高等小学校卒業後すぐに渡満したというよりは、一旦「家業を含め何らかの職業に従事している者」(2)が多かった。第3に、出身家庭の職業は農業が7～8割で、続柄は次三男を中心とした家督相続者でない子弟が約7割を占め、土地への憧れを持つ者が多かった。また、農業以外の職業の家庭出身者が2～3割を占めたことは、その後の訓練を左右した。

　混成中隊は2つの府県出身者で編成されたものもあれば、30以上もの府県出身者で編成されたものまで様々であった。敗戦までに送出された混成中隊は、206中隊、約4万人にのぼった。

(2) 当該期における訓練制度

　隊員は、内原訓練所（図34）で約2ヶ月の精神的鍛錬に重点を置いた訓練の後、渡満し、最初の1年間は、嫩江・勃利・鉄驪・孫呉・寧安・対店などいずれかの大訓練所で、「満洲の気候、風土や衣食住に親しませ（中略）開拓農業の基礎訓練」(3)を、次の2年間は、1中隊で小訓練所に移転し、「理想農村の建設を目標とした営農計画の樹立並に其の実施」(4)に必要な実務訓練を受けることになっていた。その後、第1次、2次、3次義勇隊はそれぞれ1941年、42年、43年の10月に義勇隊開拓団へと移行した。

　小訓練所は、甲、乙、丙種、鉄道自警村の4種に分類され、甲種は実務訓練終了後にその地区に開拓団として定着する訓練所、乙種は他所に移動して開拓団を新たに建設する訓練所、丙種は隊員の特質によって農業以外の訓練をする訓練所で、哈爾濱の嚮導訓練所（指導員・医師・教員養成）、吉林鉱工実務訓練所（重要鉱工部門技術員養成）、満鉄実務訓練所（満鉄技術員養成）があり、甲乙訓練所とは性格を異にした。また鉄道自警村は、鉄道沿線の資源開発と鉄道防衛を目的とし、訓練終了後は甲種と同様に、その地区に定着した。

図34：内原訓練所全景
〔前掲 満州開拓史復刊委員会編『満州開拓史』写真資料10頁〕

第2節　混成中隊の組織的破綻とその理由

(1)　隊員の共同意識のあり方

　農業を行なっていく上で重要となる隊員の共同意識のあり方を、次の3点から確認する。

　第1に、隊員の農業への意欲についてである。当時、各地の訓練所で「ふらふらしてゐる（者が）（中略）相当数居」(5)り、「茫々タル雑草畑（中略）仮病ノ休養（中略）多クアリ（中略）数町歩以上ノ美畑ヲ有シツツ敢ヘテ天災有ルニ非ズ（中略）日々ノ野菜ニ事欠」(6)いていたとか、「他に転向したいけれども（中略）心ならずも踏止つてゐるといふ者が少くな」(7)く、隊員は農業への意欲を喪失していた。杉浦中隊（1次・山形和歌山混成・嫩江訓練所→柏根訓練所→柏根義勇隊開拓団の順に移行。以下、混成および訓練所を略し、また義勇隊開拓団を義開に略して記す。さらに同名の中隊の場合はアルファベットを付して区別する。既出は必要のない限り括弧内を略す）では、「作業に出る人員がだんだん少なくなり（中略）只宿舎にごろごろ」(8)し、酒井中隊a（1次・北海道群馬石川他・寧安→尚家→尚家義開）でも「農業をやるのは嫌だ（中略）毎日々々ぶらぶらして」(9)いた。山本中隊（2次・府県不明・鉄驪→慶山→慶

山義開）では「仮病である事は一目瞭然」[10]で、黒沢中隊（2次・府県不明・昌図→寧安→四台子→大民義開）では「（脱走して）来る者が沢山あります（中略）百姓を嫌」[11]がってのことであった。

第2に、中隊内での幹部・指導員と隊員との関係についてである。彼らの関係は非常に悪く、「所長排斥の声がふえたりするのが通常」[12]で、「多勢ノ生徒ハ訓練所長ヲ袋叩キトシ脅迫暴行」[13]したり、逆の場合もあり、史料上、こうした記述を見つけるのには事欠かない。

第3に、隊員間の関係についてである。混成中隊は年齢にばらつきがあって、リーダーを得やすいという利点があったが、「訓練生同志の相克」[14]が多発した。酒井中隊b（1次・長野熊本青森兵庫他・寧安→青山→大東義開）では「小銃を構え合」[15]い、辻中隊（2次・広島島根・哈爾濱→対店→葉家→広根義開）では「生命を危ぶむに至らしめ」[16]、坂下中隊（3次・31県・昌図→大石頭→南台子義開）でも「中隊内の暴力沙汰」[17]が起きた（図35）。

1941年に、満洲国最高検察庁がまとめた「満州国開拓地犯罪概要」には、開拓民の犯罪が記録されており、特に「青少年義勇隊ノ犯罪ハ増加ノ傾向ニ在リ（中略）騒擾、殺人、傷害、暴行等甚ダ粗暴ナルモノノ多」[18]かったとされる。このような事態は内部だけでなく、訓練所で「苦力」として雇用されたり、訓練所の周囲に追いやられた現地住民へも当然波及した。これらは氷山の一角にすぎないであろうが、義勇隊と成年開拓民の犯罪を比較しても、義勇隊の方が極めて悪質であったことを示している。

図35：壮行の辞（加藤完治）
〔前掲 満洲開拓史復刊委員会『満洲開拓史』写真資料11頁〕

(2) 渡満前における共同意識の欠如

渡満前から、隊員の共同意識が欠如した理由に、次の2点があげられる。

第1に、渡満前からすでに隊員間で農業への意欲には両極端な差があったからである。

当時、「満州はすばらしい景色、冬でもオンドルやペチカで暖かく室内ではシャツ一枚でも良い。野菜は肥料なしでいっぱいとれ（中略）十町歩近くの土地がもらえる」[19]と宣伝され、多くの青少年は「東洋平和の為めに身を犠牲にしても、この大使命を完成しよう」[20]と国策に共鳴し、特に農家の次三男は「土地を一人がもらつて百姓をするのだと（中略）夢を躍らせ」[21]た。こうした思いに加え、内原と現地での訓練を経れば、「青年学校卒業と同等」[22]とされたから、内地では上級学校に進学が困難であった貧しい農家の出身者は、義勇隊への参加を国策遂行という栄誉と自らの立身とを両立できるものととらえた。それに青少年期は未経験や世間の狭さから影響されやすく、一方で、自立しようとしている時期でもあるから、彼らの満洲開拓への思いは増幅され、親の反対を押し切って参加する者が続出した。その後、内原での訓練と加藤完治の影響、皇族・大臣等の視察、村をあげての壮行会や兵隊の出征と同様の見送り、さらに宮城遥拝・伊勢神宮参拝を経ることで、多くの隊員の士気は弥が上にも揚がった。他方、「片手に鍬、片手に銃を持つそのイメージは、軍人になりたいという（中略）夢を満たすに十分であった」[23]し、「青年義勇軍ト云フノハ実ニ子供ノ感興ヲ惹」[24]く言葉であり、それらに釣られて入る者もいた（図36）。

しかしながら、次の事情から農業に無関心な者が多く入ることになった。それは日中戦争の長期化や親の反対もあって、隊員の確保が不安定であったために、勧誘・送出担当者が、義勇隊では訓練終了後、一部（約1割）は農業開拓民としての定着以外も、制度上認められていたことを、送出定員を満たすための手段として最大限に利用したことによる。彼らは「集めさへすればよいと云ふ風」[25]で、「官吏にもなれる。満鉄にも行ける、好きな職業につける」[26]などといい、その結果、「軍人その他を志望するが為、訓練の要なしとする」[27]者、「考へもなくあつさりと行つた」[28]者、「一旗挙げやうとふらふら入つて来る」[29]者がいた。なかには「（在郷軍人）会長さんから義勇軍に行かないなら国賊だといわれ軍刀抜いて脅され」[30]たという場合すらあったのである。

第2に、「県民性と云ふものが一番恐ろしい（中略）大部分（中略）うまく行つてゐない」(31)といわれたように、隊員間に地縁的な結びつきのなかったことが、最初から共同での農作業を不可能にした。村崎中隊（1次・岩手石川兵庫大阪他・嫩江→哈川→臨安義開）では、「他県の人達と一緒にゐると言ふ先入観念を悉く抜き捨てる事が出来ず」(32)、油田中隊（1次・埼玉静岡茨城富山他・寧安→大石頭→大和義開）では「郷土意識が強すぎるためか（中略）毎夜のように暴力沙汰」(33)になった。わずか2県の出身者からなる杉浦中隊（山形和歌山）でさえ、「言葉も習慣も気性も違ふ（中略）気分がしつくりしない（中略）最初からお互を警戒し、融和し得な」(34)かったのである。

図36：満洲現地訓練所入隊行進風景
〔前掲 満拓会編『写真記録・満洲開拓の系譜』28頁〕

(3) 現地訓練期における意欲の低下と組織的破綻

「大陸に上陸するまでは（中略）希望に燃えて来るが、大陸の土を踏み（中略）働く場所に入るとそれが消え」(35)る者が続出した。ここではその理由を、「治安」、農作業、収穫、農外作業、倦怠感の伝染、未成年性（未成年的傾向）、幹部・指導員のリーダーシップ、の7点に見出したい。生活については第4節で述べる。

第1に、「治安」についてである。隊員は「始終近地区に匪賊の情報を受け（中略）銃の不足から（中略）鍬の柄丈けを手にして警戒し」(36)たり、「匪賊の奴が、どこかで見てゐるかも知れ」(37)ず、「一台のトラックにも警備員が五、六名も

附」(38)いた。また、訓練所に出入りする「苦力（中略）に細密な注意をはら」(39)った。さらには、実際の戦闘に加わり、ときには仲間の死に直面した。しかし、こうした事態は隊員自らが引き込んだものでもあった。前述のように、訓練所への入所自体が、多くの場合、現地住民を立ち退かせて、彼らの多くを「苦力」として雇用した上に、隊員自身が「苦力」のみならず、訓練所の周囲に追いやった住民に対して様々な犯罪行為を重ねたからである。

　第2に、農作業についてである。隊員は訓練上、共同作業を求められ、報酬（小遣い）が平等かつ少額あるいは皆無であったために、不満が高まった。農業は自然に大きく依拠する産業であるため、共同作業では、個人の努力や能力などが評価されにくく不公平感をうみやすい。それは前述のように、最低でも2～3割の農業未経験者がいればなおさらであった。そのため、堀口中隊（1次・北海道茨城富山他・哈寧安→平陽→平陽義開）でのように、1人当たり1ヶ月約2円の「小遣は一定の同額を与へて行けば必ず」「働いても働かなくても同じでは働かない方が利益だ」と云ふ(40)意識を抱かせたのである。

　第3に、収穫についてである。多くの訓練所、中隊ではあまりに農業生産が困難であったために、隊員は将来に不安を感じていた。西神中隊（2次・8県・嫩江→泥秋→共栄義開）では「収穫野菜では（中略）眼に見えて不足」(41)し、辻中隊でも「粗飼料が漸く一ヶ年分得られたといふのみ」(42)であった。

　第4に、農外作業についてである。隊員は数多くの厳しい農外作業（警備、運搬・建築作業）を強いられた。多くの訓練所は駅から離れた所にあった（最短0.5km、最長160km、平均31.3km(43)。鉄道自警村を除く）のに加え、雨季には「泥濘悪路に化して車軸を没し（中略）河水の増水は完全に舟行を杜絶」(44)して、徒歩での「運搬は、言語に絶する苦しみ」(45)であり、建築作業でも「土ピーズ、一夜にして、数十万を失ひたるは、一再に止まらず（中略）惨状の連続」(46)であった。また、零下30度の酷寒期での作業は過酷であった。

　第5に、そうしたなか、倦怠感が伝染した。「党を組んで一般善良生を圧迫するが如きものも（中略）跡を絶たな」(47)かった。津村中隊（1次・秋田群馬静岡他・勃利→虎山→虎山義開）では、「他人までも誘つてサボらせ」(48)、杉浦中隊でも「一部のものが（中略）荒んだ所行をする様になると、それが忽ち（中略）伝染」(49)した。

　第6に、未成年性（未成年的傾向）についてである。成年と未成年とを明確

に区別することは困難な場合が多いが、構成員が未成年であったことを強調せざるをえない。それは特に次の（ア）〜（ウ）の3点である。

（ア）一般的に、未成年は成年に比べて体格・体力が劣る。当時の報告書をみても、隊員1人当たりの労働力は0.6人で換算されていることからもわかる(50)。そのため、様々な作業は、「十四歳の私にはかなりの重労働」(51)であるとか、「(荷物を)小さな訓練生の肩に載せ背に負ふて（中略）湿地帯を腰まで浸り」(52)、とあるように、低年齢の者であるほど重くのしかかった。

（イ）隊員は「兵役の義務を済まさせねばならぬから、その間に考へが変つて終ふ惧れ」(53)があるといわれたが、それ以前に「もうじき軍隊だわと思ふと親身になってやる気持ちもない」(54)という意識を多くの者がもった。なかには、「義勇隊に別を告げ（中略）去る方法として志願する者」(55)があった。

（ウ）未成年は成年に比べて、精神的に、主に次のような特徴をもつ(56)。①情緒不安定に陥りやすいことである。混成中隊は一旦社会に出た者が多くいたとはいえ、このような時期に、想像とはかけ離れた辛い体験をしたのであるから、彼らの不安や不満は並外れたものになった。②彼らのそれらへの対処のあり方は未熟で、忍耐力も低く、何事にも無関心となったり、バランスのとれない行動をとりやすいことである。そのため、動揺が激しく、脱走や退所が相次ぎ、自殺者まで現れた。一方で、中隊内部での確執や隊員の支配者意識と相俟って現地住民への様々な犯罪行為にまで容易に拡大した。③不安や動揺を隠すために、似た者同士で集まって他を排除し、大人からの助言を拒否する傾向が強いことである。下記のように、幹部・指導員がかかる一連の事態に対処する能力をもっていなかったために、隊員は反発を強め攻撃的になった。その結果、義勇隊の場合、後述の生活面においても、様々な現象が「露骨に現れ（中略）直線的で飾り気も遠慮もな」(57)く、義勇隊開拓団への移行前にすでに成年開拓民よりも一層深刻であったことがうかがえる。この未成年性こそが、成年開拓民よりも農業が悪化した根本的な理由であったといえる。

第7に、幹部・指導員のリーダーシップについてである。幹部・指導員は、前項(2)や上記の事態に対処できるリーダーシップをもたなかった。「幹部が人を得ないといふ評判は何処でも相当」(58)で、問題であり続けた。酒井中隊aでは「本当に努めてゐる幹部先生がゐない（中略）（彼らは）外によい会社の勤口でもあればその方へ行かう、さう云ふ方面が多」(59)く、車田中隊（2次・宮城鳥

取山口他・勃利→綏芬河→梧桐義開）でも「真剣になつてやつてくれない」(60)などと、隊員に酷評されたのである。

　しかし、このような事態の責任を幹部・指導員にのみ押し付けることはできない。なぜなら「一班一〇人の生徒を相手に丁寧な実習指導を行なうのさえも容易でない」(61)にもかかわらず、制度上は1中隊300人の隊員を中隊長、教学、農事、教練、庶務など5～7名の幹部・指導員だけで担当することになっていたばかりか、実際には幹部・指導員が「二、三名しか居ない」(62)中隊があったり、隊員がとまどうほど出入りが激しかったのである。

　その結果、ある派出所の警官は、「義勇隊二十歳前後の者ですが実に可哀想です。自分の身内はあんなことをさせたくありません。（中略）小学校を卒へた許りの者が義勇隊等としてもてはやされ、其気になつて渡満し内地にも帰へられず、自然不良化して了」(63)つたと述べている。

第3節　混成中隊における農業技術指導体制の不備

(1)　隊員による農業技術の習得状況

　義勇隊開拓団移行前後における隊員による農業技術の習得状況を、全般的傾向、満洲在来農法（事例）、北海道農法（事例）、に分けて確認する。

　まず、農業技術習得の全般的傾向についてである。当時、満洲移住協会弘報部長であった山名義鶴は、義勇隊では、「農業の実務訓練が殆ど出来てゐない」(64)とし、本間喜三治も「訓練所は実践農学校を予測したが、事実ははるかに及ばなかつた」(65)と述べ、隊員は農業技術の習得が不完全なまま、義勇隊開拓団へと移行せざるをえなかった。

　次に、義勇隊を含む満洲農業開拓民が、農業を営む上で、基本かつ重要な農法であり続けた満洲在来農法の習得状況は、次のようになる。杉浦中隊（1次）では「自由に使へこなせ」(66)ず、工藤中隊（1次・新潟富山岐阜東京他・寧安→柳樹河→沙河橋義開）でも「完全なる一農年の農耕訓練を受けた事が無いと云ふのは（中略）営農の自信を得せしめ」(67)なかった。こうした中隊はまだよい方で、津村中隊（1次）では「農耕の体験は当然出来なかつた」(68)のである。第2次の辻中隊、小林中隊（2次・8県・昌図→鉄驪→尾山→八栄義開）も同様で、

それぞれ「農業が如何なるものかと言ふ事さへ理解出来なかつた」[69]、「農業的技術を如何程修得して居るかと言へばこれも疑問」[70]で、黒沢中隊（2次）のように、「吾々自身で研究して行かねばならぬ」[71]とあるのは興味深い。第3次の坂下中隊でも「一朝一夕には出来るものではない」[72]という状況であった。

そして、北海道農法の習得状況についてである。渡辺中隊（1次・長野岡山山口高知他・哈爾濱→嫩江→聚和→聚和義開）、佐伯中隊（1次・長野山形・鉄驪→北斗→北斗義開）ではそれぞれ「馬が調教してないので仲々出来ぬ」[73]とか、「プラウ農法（北海道農法）をやつて行くために（中略）日本馬の使ひ方を十分に修得して行く積り」[74]であり、第2次の小林中隊でも「馬も、プラウも一年生から初めねばなら」[75]ず、辻中隊では北海道農法の重要な一部である「酪農経営の何たるかを知る筈はありません」[76]という程度であった。

(2) 現地訓練期における農業技術習得の阻害要因

上記のように、混成中隊で農業訓練がほとんど行なわれなかった理由として、次の8点があげられる。

第1に、前述のように、隊員は農業への意欲を喪失して、農作業を忌避するとともに、「講義などには殆ど大部分が欠席」[77]していたからである。

第2に、3,000～1万人収容の大訓練所では、中隊間のトラブルが絶えなかったからである。羽賀中隊（2次・全国・勃利→大茄子→龍湖義開）では「中隊間の摩擦・トラブルは（中略）渡満した当時からあり（中略）西瓜を割られたり（中略）日本刀を抜いて押しかけ」[78]られ、桧山中隊（3次・愛知茨城・一面坡→大石頭→桧山義開）でも「先輩（中隊）・後輩（中隊）の紛争が起こ」[79]った。中隊内でも確執が絶えなかったことは、前述のとおりである。

第3に、農具が元々不足した上に不良品が多かったからである。そのため、隊員に意欲があれば、農業技術を習得できたかというとそうではなかった。ほとんどの訓練所では、「鍛工班の設備が無いので、故障破損はそのまま倉庫の片隅に放りつぱなし」[80]であった。津村中隊では「鎌や鋤頭ばかり配給され」[81]た上、「一度使へば刃がこぼれて鋸の刃のやうになつ」[82]た。さらに哈爾濱嚮導訓練所では「農具が配給にならぬとか、鋤頭が壊はれ（中略）スコップで種を蒔いたり、畝を作」[83]るといった非常に非効率な方法を強いられた。

北海道農具も、酒井中隊aでは「十分にプラウ等が入ら」[84]ず、辻中隊でも「一

台のプラウもありません（中略）方形ハロー、除草ハロー、畦立機を自製でやつて」(85)というほどであり、設備もないなかで、精密に北海道農具を作れるはずがなかった。役畜ももともと不足した上に、「畜産の智識が皆余りない（中略）手当なんかはすつかり間違つてやつて」(86)おり、損耗が激しかった。

　第4に、前述のとおり、特に第1、2次義勇隊は移転を繰り返し、移転作業に追われたからである。なかには、南満洲から北満洲へ移動する中隊さえあった。その際、気候や地勢、土壌などが大きく異なる地域へ移転する場合もあり、一層農業訓練を困難にした。ただ、こうした弊害を除くため、第3次以降には基本的には最初に入所した訓練所で3年間訓練を受けるように変更された。

　第5に、全般に「最も不足を来たしてゐる指導員は、畜産、農事（中略）保健の指導員にして（中略）直ちに現地に於ては従事する事は不可能」(87)であったからである。そのため、「三ヶ年間（中略）農法を指導してくれる人がゐなかつた（中略）食糧を生産することが出来ない」(88)中隊もあり、車田中隊では「農学（中略）をやりたくても教へてくれる先生が居」(89)なかった。それだけでなく、「指導員はつまらないことしか教へてくれ」(90)ず、「大抵の訓練所では（中略）農家経済、農業経営といふやうな、将来農民として最も重要な事柄について、教へられるところは余りに少」(91)なかった。津村中隊では「満洲農業と云ふものを真に体験したと云ふ指導員がゐな」(92)かった。これは、義勇隊では「小学校の先生を指導者として採用した」(93)上に、「極めて短期間（1年未満）の訓練を以て指導員に採用」(94)したことによる。

　第6に、「軍事訓練は、実によくや」(95)り、運搬や建築などの農外作業が非常に多かったからである。特に、運搬・建築作業は多数の雇用労働力によって行なわれたことに留意する必要があるものの、「三年間と云ふものは建設（中略）に追はれ」(96)た津村中隊のような所もあった。

　そして、軍にも頻繁に使役された。その最たるものがいずれも農繁期と重なったノモンハン事件（1939年）と関東軍特別大演習（1941年）で、「応援作業(97)に従事させられ（中略）物資の輸送に狩り出され、訓練所がからになった」(98)という。ノモンハン事件当時、秦野中隊（1次・徳島愛媛大分山口他・勃利→追分→豊穣義開）では「七月十一日（中略）鉄道沿線の警備（中略）防空監視（中略）約二十九日の間昼夜続」(99)いた。一方、関特演において、油田中隊では「各駅に派遣され（中略）一ヶ月」(100)続き、桧山中隊からは「五〇人が動員」(101)

された。このように、頻繁に動員されたのは、隊員が親もとから離れ、かつ訓練中は配偶者をもたず、利用しやすかったからである。

　第7に、すでに述べたように、彼らは徴兵年齢に達すると入営せねばならぬかもしれず、それどころか、義勇隊をやめるために入営を早める者がいたからである。そのため、酒井中隊bでは、「適齢者が七十名余のうえ、志願者は既に三、四十名となり全員合格すれば（中略）半数」(102)となり、佐藤中隊（1次・長野広島宮崎福岡他・寧安→東寧第一→大隈義開）でも「人員は余り居りません」(103)といわれた。

　第8に、多くの中隊では、「主食はほかゝら仰いで（中略）野菜だけはどうしても自給して行くといふ方針」(104)をとらざるを得なかったことが、穀物・飼料作物栽培技術の習得を妨げていたと考えられる。

　そのほかに、営農を度外視して「各中隊を密集形体に集合せしめ」(105)た訓練所が存在したこと、「本棚の前に行くと『日本修養訓』が真先にあり、それからイソップ物語で読むべき本がな」(106)く、満洲農業の知識を獲得できない中隊が存在したこと、「除草期に入つても苦力が入つて来ない」(107)ということからわかるように、雇用労働力に依存し、隊員が農作業から離脱しつつあった中隊が存在したこと、などがあげられる。

　このような事態に対して、隊員の労働の責任をできるだけ明確化し、やる気を起こさせるため、また義勇隊開拓団への移行後の農作業を考慮して、隊員の出身県や「各自が協力して行きたい」(108)ことに配慮し、10〜20人や4〜5人の組や班を編成して、それらを単位とした農作業を始める必要があった。しかし、こうした処置がとられたのは、津村中隊では「入植を目前に控え」(109)た時期、さらに久道中隊（1次・群馬新潟福島他・孫呉→老虎→老虎溝義開）では「開拓地で（中略）四人の組経営でやる」(110)というものもあり、時期を逸していた。何より、「十人二十人も居るとサボる奴はサボルし（中略）結局馬鹿々々し」(111)くなり、4〜5人単位の組を編成したところで、協業体制を確立できる条件が整っていなかったことは明らかであろう。「当時、日本人だと威張っていたが（中略）農作業はすべて、現地住民のやりかたを見習」(112)い、頼っていたのである。

第4節　農業訓練に対する生活上の問題

(1)　現地での生活における共同意識の低下

　農業訓練に関連する隊員の意欲の低下や喪失をもたらした生活面の理由として、次の7点があげられる。

　第1に、隊員の衣服は「継だらけ（中略）又内地から送つて貰つた着物」[113]で、配給されても「寸法の合つた、丈夫なもの」[114]ではなく、しばしば凍傷におかされたことである。また「碌に洗濯も出来ず」[115]、「縫い目いっぱいに虱」[116]がつくなど、非常に不衛生であった。

　第2に、現実の食生活が宣伝内容とは大きく異なっていたからである。渡満前には、「満人と同じやうな粟や高粱を食べるやうな心配をされる人がありますが飛んでもない（中略）常食は白米で（中略）野菜も（中略）川魚は豊富であり又豚肉も時に食膳に上り（中略）内地の普通農家よりも贅沢」[117]と宣伝された。しかし、村崎中隊では「粟飯を食はされやうとは誰も思つて居なかつたらう（中略）半分程食つて」[118]やめ、それが「何時迄も続いた（中略）皆不平」[119]をこぼし、それどころか、食事内容は悪化した。その主な理由として、次の（ア）〜（オ）の5点があげられる。

　（ア）通信上の問題である。秦野中隊では「連絡が取れない（中略）一食も口にせずに過ごしたことが幾日か」[120]あった。（イ）輸送上の問題である。「各訓練所には今、日産自動車が（中略）故障が起り易く、部分品も手に入り難」[121]い上に、雨季には交通が途絶した。そのため、酒井中隊aでは「塩汁で約二週間過し」[122]た。それに、「北満に行けば行く程どうしても汽車の便と云ふものが悪い」[123]ため、鉄道自警村である赤坂中隊（1次・栃木埼玉大分熊本他・鉄麗→河湾子→秋梨溝義開）でも、「粟飯も喰へ沢庵で副食を済した日もあつた」[124]のである。（ウ）貯蔵上の問題である。「三百人の約半年に渉る食糧を凍らさず腐らさずに持ちこたへて行くことは難事中の難事」[125]であった。村崎中隊では、野菜不足のため「遂に野生草の食用を断行」[126]し、横山中隊（3次・香川滋賀和歌山他・嫩江→大蒙義開）のように、第3次になっても、「野生のアカザタンポポを朝の味噌汁に入れ（中略）ユリの花を食べた」[127]のである。

　（エ）調理の問題である。未成年の「男ばかりの生活では（中略）調理法な

ども拙劣」(128)であった。（オ）治安の問題もあげられる。

　第3に、「誰もが現地へ行けば、立派な煉瓦作りの宿舎に入舎するものゝ様に思ひ込んでゐた」(129)が、違ったからである。「材木を組み合せた上に泥壁を塗つた丈け」(130)のため、風雨で容易に壊れた。これは「始めての事ですから凡てに段取りが進まず随分まごつ」(131)いたことにもよる。その結果、「疲れて帰つて来ても矢張家屋と云ふものが余り良くないとどうも和らいだ気分になれないし、疲れも亦なほりません。じつくりと気が解けな」(132)かった。

　したがって、成長期にあるとともに、激しい労働を強いられた隊員にとって、このような衣食住の現実は、満洲の気候風土に適さないばかりか、あまりにお粗末なものであったのである。

　第4に、隊員と幹部、隊員同士の親和にはもちろん、隊員の精神衛生上、娯楽が重要であった。哈爾濱の中央訓練所や嚮導訓練所のような特定の訓練所では娯楽設備は比較的整っていたが、「一般訓練所は（中略）娯楽施設が整つて居」(133)なかったからである。車田中隊では、「剣道、柔道のやうなものを習ひたくも指導者が居」(134)らず、酒井中隊aでも「蓄音機も、ラヂオの設備も全然ありません」(135)、という具合であった。また、図書館の「本は実に乏しく」(136)、本があったとしても、池田中隊（1次・山形徳島鹿児島他・鉄驪→小姑家→双葉義開）では「固苦しい本ばかりでは疲れた身体には読む気にはなれ」(137)なかったのである。

　第5に、故郷からの手紙や慰問が少なかったからである。ある幹部は「家の方からとか、内地の指導者の如き方々から（中略）手紙なり激励なりをして戴くと（中略）暴れん坊の猛者でも（中略）とても和か」(138)になると述べている。しかし、手紙や慰問品が送られて来ても、慰問団が来ても、混成中隊ならではの問題が発生した。たとえば、「山口県の人が郷土の人々を慰問、激励するなど、それ以外のものから見れば苦々しい限り」(139)であったからである。

　第6に、前述のように、中隊間や中隊内での確執が絶えなかったことは、隊員の意欲の低下や無関心を引き起こし、組織を動揺させたからである。

　第7に、「指導者達に、満州生活の経験者（中略）を見付け出す事は出来なかった（中略）皆言わば素人」(140)であり、上記の諸問題や次節の問題に対処できる力量を幹部・指導員がもたなかったからである。

(2) 病気の蔓延と農作業への影響

　このような生活環境では、隊員の体力も意欲も低下して、様々な病気にかかるとともに、なかには死者も出て、彼らをさらに不安に陥れ、実質的に農業訓練を阻んだ。中井中隊（1次・長崎岐阜三重他・寧安→大石頭→八千穂ヶ丘義開）では、「作業人員僅かに三十名」(141)にまで減少し、辻中隊では「二百名近い患者が枕を並べて病床に伏し（中略）死亡者だけでも八名を数」(142)えた。

　彼らが夏季に必ず罹ったのが、生水の飲用を原因とする赤痢で、「重症になると（中略）一ヶ月も二ヶ月も起てな」(143)かった。ほかに、マラリアや「食物の中毒によるものも相当」(144)あった。冬季には凍傷や流感はもちろん結核が猛威を奮い、渡満後、「マントー氏反応の陽性率が非常に高まつて（中略）殆ど全部陽性」(145)となった。皮膚病、トラコーマ、「脚気や鳥目の者が数多く」(146)あった。これらのうち、伝染性のものは容易に蔓延した。なぜなら「団体生活をしてゐる関係上、他に伝染し易」(147)かったからである。

　他方、屯墾病も農業訓練を妨げた。「目に触れるもの、心に感じるもの、将来の事等を考へれば（中略）望郷の念の堪へ難」(148)く、「飯も食べる気もなく友達と話をする気もしなく」(149)なり、なかには「果てしない真冬の雪原を（中略）見当もつけずに訓練所から脱走」(150)したり、線路の「枕木に（中略）寝とったことが何回もある（中略）ああいう気分ての　は伝染する（中略）ひどいのになると（中略）命とかどうでもいい」(151)状態となった。

　このような事態に対して、医療も幹部・指導員も無力であった。医者すらいない中隊が非常に多かった。「医者が赴任して来て二日程居つて、一寸出て来るからと云つて出たきり」(152)ということさえあった。また、看護指導員は「注射さへ出来れば一本立ちになつたやうに考へ」(153)、「衛生補導員として内原二ヶ月の訓練期間中にやつと覚えた位な者では余り当てにもなら」(154)なかった。さらに、「寮母は（中略）非常に少数」(155)であった（表54）。その結果、「去年入所した中隊と（中略）今年新たに入所した訓練生の間では、古い方が新しい方に較べて体力が稍々劣」(156)り、また「先に倒れた者は治つて働いたが、作業能率は今迄の半分しか上らなかつた。一度治つた者も又倒れ」(157)るという悪循環をうみ、義勇隊開拓団への移行以前に、すでに隊員は心身ともに疲れ果てた状態で、もともと身体的にも精神的にも未熟であった隊員の営農能力は、成年開拓民よりも一層劣るものとならざるをえなかったのである。

したがって、「三年間の現地訓練を受けた青少年が（中略）成人開拓団のそれにも生産が及ばない…或はそれと同等以上に出でない（中略）食糧の自給も出来」(158)ないといわれたのは無理もなかった。

表54：甲種・乙種訓練所における1中隊当たり平均医療・生活関係担当者数（1939年）

医師	医師助手	薬剤師	栄養師	看護師	寮母
0.32人	0.02人	―	0.07人	0.63人	0.46人

1939年当時、41の中隊が甲種・乙種訓練所へ移行していた。
〔藤澤忠雄『康徳七年度 満洲開拓年鑑』満洲国通信社出版部、1940年、185〜188頁より作成〕

おわりに

　以上、義勇隊のうち、混成中隊を取り上げ、従来の研究では取り上げられてこなかった義勇隊開拓団移行後にスムーズに農業経営を確立するための前提として非常に重要であった現地訓練所での農業訓練が容易に破綻し、いかに計画が無謀なものであったのかを明らかにした。また、義勇隊が試験移民の対処策となるどころか、悪化するという驚くべき事態に陥った理由についても明らかにできた。つまり、満洲農業開拓民政策は、優等経営を実現することで、その正当性を主張し、特に、義勇隊は最も期待されたもののひとつであるが、その条件である北海道農法の普及も、隊員への技術訓練もほとんど成果をあげられず、いわば政策の前提自体が崩れていたことを実証的に明らかにした。以下、具体的にまとめておこう。

　義勇隊では、試験移民の農業経営上の諸問題を克服し、開拓団への移行後、スムーズに農業者としての定着を果たすために、実務訓練中に4〜5人による組単位共同経営を確実に成立させることが求められた。そのためには、幹部・指導員の強力なリーダーシップの下に、共同意識の形成、農業技術の習得、現地の気候風土に適した生活の確立が必要であったが、混成中隊ではこれらはいずれも破綻したのである。

　隊員間の共同意識が形成されなかったのは、以下の理由による。
　①渡満前からすでに中隊が不安定要因を内在していたからである。それはま

ず、(ア) 構成員が未成年 (男子) であったために、国策に共鳴しやすい傾向があり、なかでも農家の次三男が多かったために、土地への憧れが強く、当初は農業に意欲のある者が多かったが、一方で、勧誘・送出担当者によって農業に無関心な者もかき集められたために、彼らの農業への意欲のあり方には両極端な差違があったことである。(イ) 複数府県出身者で編成されていたため、地縁的な結びつきを欠いていたことである。

②現地訓練所での実際の訓練や生活と隊員が、もともと抱いていた理想とのギャップがあまりに大きく、多くが意欲を失い、同時に組織も一層不安定になったからである。具体的には、(ア) 治安が悪かったこと、(イ) 報酬が平等もしくは皆無であった上に、共同作業が求められ、不満が高まったこと、(ウ) 収穫が得られず不安に陥ったこと、(エ) 農外作業が辛かったこと、(オ) 衣食住が満たされていなかったこと、(カ) 娯楽が不十分であったこと、(キ) 慰問が少なく、あったとしても手紙や慰問のある者とない者との間で気まずい雰囲気となったこと、(ク) 倦怠感が伝染・蔓延したこと、(ケ) 中隊間や中隊内での確執が絶えなかったこと、(コ) 上記のように、一度社会に出た者が多かったとはいえ、身体的にも精神的にも発達途上にある未成年で編成されていたために、上記①(ア)(イ)や②(ア)～(ケ)、下記(サ)の状況に過度に疲弊して、入営を逃げ場所と認識する者や脱走者が続出し、さらには自殺者が出て、動揺が広がったこと、(サ) 幹部・指導員が上記の諸問題に対処できるリーダーシップをもたなかったこと、があげられる。

また、農業技術の習得を阻害した理由として、以下があげられる。

①(ア) 前述のように、多くの隊員が農業への関心を喪失して、農作業や講義を忌避したこと、(イ) 中隊間や中隊内での確執に明け暮れていたこと、である。しかし隊員に意欲があれば、農法を習得できた訳ではなかった。それは、②(ウ) 役畜・農具の不足、(エ) 農事・畜産指導員が隊員に農法を指導する力量をもたなかったこと、(オ) 親もとからも離れ、かつ配偶者をもたなかったために労働力として利用され、農外作業とともに、軍には農繁期にも使役されたこと、(カ) 開拓団への移行までに1～2度の移転が必要であったこと、(キ) 入営があったこと、(ク) 長距離輸送の困難な野菜栽培を優先し、穀物・飼料栽培が困難な場合が多かったこと、(ケ) 訓練所によっては耕地の配置が農業に適したものになっていなかったこと、(コ) 満洲農業の知識を得られるよう

な本がない中隊が存在したこと、(サ)雇用労働力への依存を強め、隊員が農業労働から離脱しつつあったこと、などによる。

そして、③生活も大きな影響を与えた。つまり、満洲の気候風土に適さない生活による体力の低下や、上記のような意欲の喪失は、隊員の心身を確実に蝕み、屯墾病も含めて、様々な病気を引き起こし、それらが実質的に農作業への従事を妨げた。そのようななか、伝染性の病気は団体生活のために瞬く間に蔓延した。このような事態に、幹部・指導員はもちろん医療も無力であり、隊員の病気は悪化するとともに再発を繰り返し、なかには死に至る者まででた。こうした現象は、未成年で構成された義勇隊では成年開拓民よりも一層深刻になった。

このようにみてくると、混成中隊は農業集団として体をなすことはなく、かつ隊員の営農力量はもともと成年に比べても低いために、一層低下していたことがわかる。

註
(1) 拓務省拓務局『満洲青年移民の栞』拓務省拓務局、1938年、11頁。
(2) 白取道博『満蒙開拓青少年義勇軍史研究』北海道大学出版会、2008年、130頁。
(3) 三浦悦郎『満蒙開拓青少年義勇軍の現地訓練と将来』満洲移住協会、1942年、7〜8頁。
(4) 同上 20頁。
(5) 拓務省「座談会 御親閲参列部隊を囲む 青少年義勇軍現地報告」『開拓』5巻7号、1941年、34頁。
(6) 野村佐太男「満州国開拓地犯罪概要」山田昭次編『近代民衆の記録6―満州移民』新人物往来社、1978年、464〜465頁。
(7) 石山脩平「満州開拓青年義勇隊の教育」佐藤広美編『復刻版 興亜教育1』緑蔭書房、2000年、46頁。
(8) 佐倉浩二『義勇軍』北光書房、1944年、166頁。
(9) 前掲 拓務省「座談会 御親閲参列部隊を囲む 青少年義勇軍現地報告」32頁。
(10) 全国鉄驪会編『満洲開拓青年義勇隊鉄驪訓練所所史』全国鉄驪会、1993年、317頁。
(11) 前掲 拓務省「座談会 御親閲参列部隊を囲む 青少年義勇軍現地報告」33頁。
(12) 鈴木芳郎「この心・この力」岡本正編『若き建設』満洲開拓青年義勇隊訓練本部、1942年、6頁。
(13) 依田憙家「第二次大戦下、日本の満州移民の実態―移民団関係の犯罪を中心に―」『社会科学討究』18巻1号、1972年、42頁。
(14) 江坂弥太郎「義勇軍使命の再認識」『開拓』7巻11・12号、1943年、7頁。

(15) 第一次大東義勇隊開拓団史刊行会編『思い出の青山・大東―第一次大東義勇隊開拓団史』関西図書出版、1981年、65頁。
(16) 葉家訓練所辻中隊「我が村の建設」『開拓』6巻8号、1942年、13〜14頁。
(17) 川北哲編『大石頭 満洲開拓青年義勇隊訓練所の記録』「大石頭」刊行委員会、1981年、253頁。
(18) 前掲 野村「満州国開拓地犯罪概要」463頁。
(19) 斉藤俊江「満州移民の送出と開拓地の生活」『満州移民―飯田下伊那からのメッセージ―』飯田市歴史研究所、2007年、57〜58頁。
(20) 拓務省拓務局『満蒙開拓青少年義勇軍現地通信集 第2輯』拓務省拓務局、1939年、10頁。
(21) 前掲 葉家訓練所辻中隊「我が村の建設」19頁。
(22) 満洲移住協会「開拓相談 義勇軍と青年学校」『開拓』5巻9号、1941年、52頁。
(23) 前掲 上『満蒙開拓青少年義勇軍』6頁。
(24) 白取道博「「満蒙開拓青少年義勇軍」の創設過程」『教育学部紀要』45号、1984年、210頁。
(25) 前掲 拓務省「座談会 御親閲参列部隊を囲む 青少年義勇軍現地報告」32〜33頁。
(26) 櫻田史郎「聖鍬の先駆―伊拉哈義勇隊開拓団を訪れて―」岡本正編『若き建設』満洲開拓青年義勇隊訓練本部、1942年、14頁。
(27) 満洲移住協会宣伝部「満蒙開拓青少年義勇軍とは何か」『拓け満蒙』臨時増刊号、1938年、49頁。
(28) 満洲移住協会「東京から満洲へ！市出身義勇隊員の座談会」『開拓』7巻5号、1943年、30頁。
(29) 満洲移住協会「東亜新情勢と満洲開拓第二期計画＝研究座談会」『開拓』6巻2号、1942年、40頁。
(30) 前掲 斉藤「満州移民の送出と開拓地の生活」49頁。但し括弧内は筆者が記す。
(31) 前掲 拓務省「座談会 御親閲参列部隊を囲む 青少年義勇軍現地報告」31頁。
(32) 菅野正男『土と戦ふ』満洲移住協会、1939年、102頁。
(33) 前掲 川北編『大石頭 満洲開拓青年義勇隊訓練所の記録』211頁。
(34) 前掲 佐倉『義勇軍』129頁。
(35) 満洲移住協会「開拓地の文化性 "村つくり" の理念を語る座談会」『開拓』5巻10号、1941年、27頁。
(36) 上野正喜「訓練生手記 開拓一年の記 その一」『開拓』5巻8号、1941年、86頁。
(37) 打木村治『満洲国義勇軍ものがたり 拓けゆく国土』増進堂、1944年、32頁。
(38) 前掲 拓務省拓務局『満蒙開拓青少年義勇軍現地通信集』11頁。
(39) 同上 39頁。
(40) 平陽訓練所堀口中隊「我が村の建設」『開拓』6巻8号、1942年、55頁。
(41) 前掲 上野「訓練生手記 開拓一年の記 その一」85頁。
(42) 前掲 葉家訓練所辻中隊「我が村の建設」17頁。
(43) 前掲 野村「満州国開拓地犯罪概要」21〜22頁。

(44) 江坂弥太郎「義勇軍使命の再認識」『開拓』7巻11・12号、1943年、11頁。
(45) 櫻田史郎「聖鍬の先駆―伊拉哈義勇隊開拓団を訪れて―」岡本正編『若き建設』満洲開拓青年義勇隊訓練本部、1942年、16頁。
(46) 前掲 江坂「義勇軍使命の再認識」11頁。
(47) 赤羽源夫「現地情況」『信濃教育』662号、1941年、172頁。
(48) 前掲 拓務省「座談会 御親閲参列部隊を囲む 青少年義勇軍現地報告」24頁。
(49) 前掲 佐倉『義勇軍』136頁。
(50) 野村馬編『康徳九年度版 満洲開拓青年義勇隊統計年報』満洲開拓青年義勇隊訓練本部、1943年。満洲での農業労働者には「打頭的・跟倣的・大半拉子・半拉子・更官・大食夫・馬官・猪官等がある（中略）大半拉子は（中略）農耕の助手で（中略）半拉子は大半拉子と等しい職務を割割てられるが、未成年者又は体質不完全な者」（信濃教育会「満洲国農業移民地視察管見」第4輯、信濃毎日新聞株式会社、1938年、48頁）が担当したから、隊員の営農能力は半拉子以下に相当することになる。
(51) 出口恒夫編『第一次大崗義勇隊開拓団史 曠野に立つ野火』大崗同志会、1993年、18頁。
(52) 鈴木芳郎「この心・この力」岡本正編『若き建設』満洲開拓青年義勇隊訓練本部、1942年、4頁。但し括弧内は筆者記す。
(53) 満洲拓植公社「躍進日本を築く（下）満洲開拓義勇隊を語る」『拓け満蒙』9月号、1938年、18頁。
(54) 満蒙開拓を語りつぐ会編『下伊那のなかの満洲 聞き書き報告集3』飯田市歴史研究所、2006年、197頁。
(55) 石山脩平「満洲開拓青年義勇隊の教育」佐藤広美編『復刻版 興亜教育1』緑蔭書房、2000年、46頁。
(56) 桂広介編『青年期―意識と行動―＜青年心理論集＞』金子書房、1977年。「少年たちが心身ともに柔軟であるということは、別な表現を採るなら、心理的にも肉体的にも発達が不十分だということだ。そういう発達不十分な心理を、心理学では青少年期心理ととらえ、その特徴は＜不安定＞と＜ものごとに感じやすい＞点に見ている」（前掲上『満蒙開拓青少年義勇軍』84～85頁、高橋健男『赤い夕陽の満州にて 「昭和への旅」』文芸社、2009年、126頁)。
(57) 前掲 佐倉『義勇軍』137頁。
(58) 図司安正編『青少年義勇軍教本』財団法人雪国協会、1941年、60頁。
(59) 前掲 拓務省「座談会 御親閲参列部隊を囲む 青少年義勇軍現地報告」26頁。但し括弧内は筆者記す。
(60) 同上 26頁。
(61) 陳野守正『先生、忘れないで！「満蒙開拓青少年義勇軍」の子どもたち』『教科書に書かれなかった戦争Part6』1988年、梨の木舎、55頁。
(62) 矢口武「満蒙開拓指導員養成所開所に就て」『開拓』6巻12号、1942年、59頁。
(63) 小林英夫・強志強共編『検閲された手紙が語る満洲国の実態』小学館、2006年、72頁。

(64) 満洲移住協会「戦時下の開拓政策を語る座談会」『開拓』5巻8号、1941年、18頁。
(65) 本間喜三治「転換期の義勇軍運動」『開拓』6巻6号、1942年、15頁。
(66) 前掲 佐倉『義勇軍』84頁。
(67) 藤生好夫「東満義勇隊開拓団めぐり 若い拓士達」『開拓』5巻11号、1941年、92〜93頁。
(68) 前掲 拓務省「座談会 御親閲参列部隊を囲む 青少年義勇軍現地報告」23頁。
(69) 前掲 葉家訓練所辻中隊「我が村の建設」12頁。
(70) 尾山訓練所小林中隊「我が村の建設」『開拓』6巻8号、1942年、45頁。
(71) 前掲 拓務省「座談会 御親閲参列部隊を囲む 青少年義勇軍現地報告」22頁。
(72) 上柿正雄「現地報告 さあ生産に進軍だ―昌図訓練所の思ひ出―」『開拓』6巻5号、1942年、73頁。
(73) 藤生好夫「村づくり座談会」岡本正編『若き建設―義勇隊開拓団視察記集』満洲開拓青年義勇隊訓練本部、1942年、57頁。
(74) 前掲 拓務省「座談会 御親閲参列部隊を囲む 青少年義勇軍現地報告」22頁。但し括弧内は筆者記す。
(75) 前掲 尾山訓練所小林中隊「我が村の建設」41頁。
(76) 前掲 葉家訓練所辻中隊「我が村の建設」21頁。
(77) 前掲 佐倉『義勇軍』166頁。
(78) 小林国雄編『羽賀中隊竜湖青春五十年史：第二次竜湖義勇隊開拓団の記録』第二次竜湖義勇隊開拓団同志会、1988年、101頁。
(79) 前掲 川北編『大石頭 満洲開拓青年義勇隊訓練所の記録』70頁。但し括弧内は筆者記す。
(80) 藤生好夫『東満義勇隊開拓団めぐり 寧安訪問記』『開拓』5巻12号、1941年、88頁。
(81) 前掲 拓務省「座談会 御親閲参列部隊を囲む 青少年義勇軍現地報告」24頁。
(82) 同上24頁。
(83) 同上24〜25頁。
(84) 同上21頁。
(85) 前掲 葉家訓練所辻中隊「我が村の建設」21頁。
(86) 前掲 拓務省「座談会 御親閲参列部隊を囲む 青少年義勇軍現地報告」22〜23頁。
(87) 矢口武「満蒙開拓指導員養成所開所に就て」『開拓』6巻12号、1942年、59頁。
(88) 満洲移住協会「座談会 義勇隊開拓団と満洲農業」『開拓』6巻1号、1942年、43頁。
(89) 前掲 拓務省「座談会 御親閲参列部隊を囲む 青少年義勇軍現地報告」26頁。
(90) 前掲 図司編『青少年義勇軍教本』55〜56頁。
(91) 同上61頁。
(92) 前掲 拓務省「座談会 御親閲参列部隊を囲む 青少年義勇軍現地報告」24頁。
(93) 前掲 満洲移住協会「戦時下の開拓政策を語る座談会」18〜19頁。
(94) 前掲 矢口「満蒙開拓指導員養成所開所に就て」59頁。但し括弧内は筆者記す。
(95) 前掲 図司編『青少年義勇軍教本』54頁。
(96) 前掲 拓務省「座談会 御親閲参列部隊を囲む 青少年義勇軍現地報告」23頁。

(97) 関特演時の状況については、満州開拓史復刊委員会『満州開拓史』全国拓友協議会、1980 年、323 〜 324 頁、を参照。
(98) 長野県歴史教育者協議会編『満蒙開拓青少年義勇軍と信濃教育会』大月書店、2000 年、45 頁。
(99) 石川県学務部職業課編『満蒙開拓青少年義勇軍 現地報告座談会』石川県学務部職業課、1940 年、11 頁。
(100) 前掲 川北編『大石頭 満洲開拓青年義勇隊訓練所の記録』201 頁。
(101) 同上 85 頁。
(102) 前掲 第一次大東義勇隊開拓団史刊行会編『思い出の青山・大東―第一次大東義勇隊開拓団史』110 頁。
(103) 前掲 拓務省「座談会 御親閲参列部隊を囲む 青少年義勇軍現地報告」20 頁。
(104) 田村直治『若き義勇軍』東水社、1942 年、129 〜 130 頁。
(105) 中村迪「義勇隊は農民たるべし」『開拓』6 巻 10 号、1942 年、15 頁。
(106) 前掲 拓務省「座談会 御親閲参列部隊を囲む 青少年義勇軍現地報告」34 頁。
(107) 同上 30 頁。
(108) 前掲 葉家訓練所辻中隊「我が村の建設」16 頁。
(109) 前掲 拓務省「座談会 御親閲参列部隊を囲む 青少年義勇軍現地報告」23 頁。
(110) 満洲移住協会「座談会 義勇隊開拓団と満洲農業」『開拓』6 巻 1 号、1942 年、39 頁。
(111) 同上 39 頁。
(112) 井筒紀久枝『大陸の花嫁』岩波現代文庫、2004 年、32 頁。
(113) 井上勝夫編『昭和十四年度 学生衛生隊報告書』白取道博編・解題『満蒙開拓青少年義勇軍関係資料 第 6 巻―第Ⅳ編、諸調査文書 (2)』不二出版、1993 年、37 頁。
(114) 教学局編『興亜学生勤労報国隊 満洲建設勤労奉仕隊 医療特技隊衛生実態調査（昭和十六年度)』白取道博編・解題『満蒙開拓青少年義勇軍関係資料 第 5 巻』不二出版、1993 年、436 頁。
(115) 前掲 菅野『土と戦ふ』19 頁。
(116) 前掲 出口編『第一次大崗義勇隊開拓団史 曠野に立つ野火』9 頁。
(117) 前掲 拓務省拓務局『満洲青年移民の栞』25 頁。
(118) 前掲 菅野『土と戦ふ』12 頁。
(119) 同上 14 頁。
(120) 前掲 拓務省「座談会 御親閲参列部隊を囲む 青少年義勇軍現地報告」29 頁。
(121) 同上 28 頁。
(122) 同上 30 頁。
(123) 同上 29 頁。
(124) 前掲 拓務省拓務局『満蒙開拓青少年義勇軍現地通信集』17 頁。
(125) 前掲 佐倉『義勇軍』144 頁。
(126) 前掲 菅野『土と戦ふ』20 頁。

(127) 横山武平編『第三次義勇隊大蒙開拓団史』大蒙同志会、1977年、109頁。
(128) 前掲 図司編『青少年義勇軍教本』58頁。
(129) 前掲 上野「訓練生手記 開拓一年の記 その一」83頁。
(130) 同上。
(131) 前掲 葉家訓練所辻中隊「我が村の建設」22頁。
(132) 前掲 拓務省「座談会 御親閲参列部隊を囲む 青少年義勇軍現地報告」21頁。
(133) 同上26頁。
(134) 同上。
(135) 同上。
(136) 安東収一『拓士の生活』大日本出版株式会社、1942年、206頁。
(137) 前掲 拓務省「座談会 御親閲参列部隊を囲む 青少年義勇軍現地報告」33〜34頁。
(138) 同上32頁。
(139) 大上節男「現地報告 義勇隊教学奉仕行」『開拓』6巻12号、1942年、81頁。
(140) 田中寛「「満蒙開拓青少年義勇軍」の生成と終焉―戦時下の青雲の志の涯てに―」『大東文化大学紀要』42号、2004年、53頁。
(141) 前掲 拓務省「座談会 御親閲参列部隊を囲む 青少年義勇軍現地報告」31頁。
(142) 前掲 葉家訓練所辻中隊「我が村の建設」6〜7頁。
(143) 前掲 佐倉『義勇軍』103頁。
(144) 井上勝夫編『昭和十四年度 学生衛生隊報告書』白取道博編・解題『満蒙開拓青少年義勇軍関係資料 第6巻―第Ⅳ編、諸調査文書(2)』不二出版、1993年、18頁。
(145) 井上勝夫編『昭和十五年度 学生衛生隊報告書』白取道博編・解題『満蒙開拓青少年義勇軍関係資料 第7巻―第Ⅳ編、諸調査文書(3)』不二出版、1993年、18頁。
(146) 前掲 井上編『昭和十四年度 学生衛生隊報告書』18頁。
(147) 前掲 井上編『昭和十五年度 学生衛生隊報告書』23頁。
(148) 前掲 江坂「義勇軍使命の再認識」10頁。
(149) 信濃教育会『支那・満洲国視察管見』第7輯、信濃毎日新聞株式会社、1942年、89頁。
(150) 堀尾貴文「南風と訓練生―ある中隊長の話―」『開拓』6巻9号、1942年、78頁。
(151) 前掲 満蒙開拓を語りつぐ会編『下伊那のなかの満洲 聞き書き報告集3』194頁。
(152) 藤生好夫「第一次の人々と語る 新京に於ける建設座談会」岡本正編『若き建設―義勇隊開拓団視察記集』満洲青年義勇隊訓練本部、1942年、50頁。
(153) 前掲 井上編『昭和十四年度 学生衛生隊報告書』33頁。
(154) 前掲 拓務省「座談会 御親閲参列部隊を囲む 青少年義勇軍現地報告」29頁。
(155) 前掲 信濃教育会『支那・満州国視察管見』100頁。
(156) 前掲 井上編『昭和十四年度 学生衛生隊報告書』27頁。
(157) 前掲 菅野『土と戦ふ』38頁。
(158) 後藤嘉一「義勇隊開拓団の性格」『開拓』6巻11号、1942年、41頁。

第6章　満洲開拓青年義勇隊郷土中隊における農業訓練
―第5次義勇隊原(はら)中隊を事例に（元隊員への聞き取りから）―

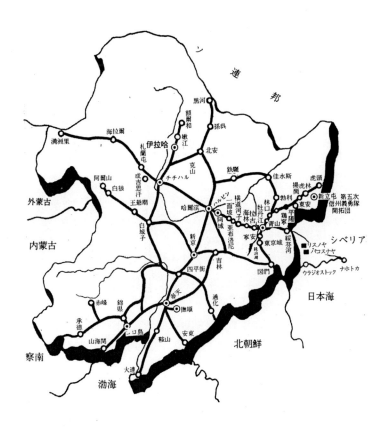

図37：伊拉哈(イラハ)訓練所の位置
〔第五次伊拉哈会「遙かなり望郷の軌跡」刊行委員会編『遙かなり望郷の軌跡』第五次伊拉哈会、1984年、204頁〕

はじめに

　義勇隊郷土中隊こそ、満蒙開拓の理想を体現しえる究極形態と考えられていた。なぜなら、①北海道農法の習得を前提とした農業訓練を徹底できる未成年男子で編成されていたこと、②同一県出身者で編成されたことから、混成中隊に比べて、地縁的な結びつきがはるかに強いと考えられたこと、③国策に順応した「良質な」隊員を確保するために拓務訓練が行なわれたこと、などが理由としてあげられる。

　ところが、そこまで期待された義勇隊郷土中隊にもかかわらず、従来の研究では、隊員の急激な低年齢化が進んだために、成年開拓民よりも営農能力が劣ったことから、農業開拓民としては形骸であったとの指摘にのみとどまり、郷土中隊の農業にかかわる具体的な内容が明らかにされていない。

　そこで、本章では、長野県から送出され、現地訓練期には伊拉哈訓練所（図1）に入所した第5次の義勇隊郷土中隊である原中隊（図37）を事例（原中隊は後に信州綜合義勇隊開拓団へ移行した）として、前章と同様に、義勇隊開拓団移行後の農業経営に決定的な影響を与えたはずの満洲現地訓練所での農業訓練の実態を明らかにすることを課題とする（隊員送出割合は、やはり長野県がトップで約6％、以下、広島、山形と続く）。ここにこそ、満蒙開拓の理想を体現しえるはずの究極形態としての義勇隊郷土中隊が、逆に農業開拓民としては形骸となるだけではなく、成年開拓民の農業よりも悪化する原因があったと考えるからである。

　なお、義勇隊郷土中隊における農業訓練に関する当時の史料は、ほとんどなく、当時の義勇隊の状況を詳しく知るために、2007～2010年にかけて、元義勇隊員の方たちに聞き取りを行なった。

第1節　第5次郷土中隊原中隊の編成

(1) 期待された原中隊

　第5次義勇隊郷土中隊である原中隊は、1942年に渡満し、伊拉哈訓練所（現黒龍江省）へ入所した。この訓練所には、ほかの中隊はおらず、原中隊（303名）だけであった。

　原中隊の会誌(1)には、「（長野県のなかでも）上伊那（郡）、下伊那（郡）だけで編成された唯一の珍しい郷土中隊として注目をあび」(2)、とあり、郷土中隊のなかでも地縁的な結びつきが特に強い形態として期待されたのである。たとえば同じ第5次郷土中隊である久保田中隊が松本市・東筑摩郡・木曽郡・南安曇郡・北安曇郡という同じ長野県からでも広範囲から隊員が集められ編成されていたことから考えると、原中隊は地縁的な結びつきが最も強い集団であったといえよう。なお、敗戦までに送出された郷土中隊は193中隊、約4万6,000人にのぼった。

(2) 構成員の特徴　―混成中隊以上の低年齢化―

　ここでは、構成員の年齢と経歴を確認する。

　郷土中隊においては、全般的傾向をみてもわかるように、隊員の低年齢化が進んでいたことがわかる（表55）。それは原中隊でも

Aさん：「普通15歳の人が多かったんだけれども、17歳、18歳ちゅう人が、18名おったんです」

ということから、原中隊もその例外でなかったことがわかる。また、混成中隊とは異なり、「（尋常小）学校を卒業して真直ぐ入隊した者ばかりで、一般の世間を知らない」(3)隊員が多かった。

　次に、語り手の渡満前の経歴をみると、農業の経験者が多いことがわかる（表56）。

表55：内原訓練所第1次入所者年齢（1940〜1942年）

単位：人、％

	15歳	16歳	小計	17歳	18歳	19歳	20歳	小計	合計
1940年（実数）	1,797	3,825	5,622	636	509	379	73	1,596	7,218
1941年（実数）	3,199	6,991	10,290	898	694	558	175	2,225	12,515
1942年（実数）	3,862	7,133	10,995	644	387	272	73	1,376	12,371
1940年（割合）	24.9	52.9	77.8	8.8	7.1	5.3	1.0	22.2	100.0
1941年（割合）	25.6	55.8	81.4	7.2	5.5	4.5	1.4	18.6	100.0
1942年（割合）	31.2	57.7	88.9	5.2	3.1	2.2	0.6	11.1	100.0

15歳および20歳については前者は14歳の者を、後者は21歳の者を若干名含む。
〔白取道博『満蒙開拓青少年義勇軍史研究』北海道大学出版会、2008年、163頁、表33より抜粋〕

表56：語り手の経歴

	生年	出身	きょうだい	家業	学歴	農業経験	訓練所での役割	備考
Aさん	1925	上伊那	三男(8人)	農業（3町歩）	青年学校補習科卒	有	小隊長・畜産部（日本馬）	1944年暮れに軍役勤労奉仕隊へ入隊し中隊を離脱
Bさん	1927	上伊那	次男(7人)	父親は国鉄勤務	尋常小学校高等科卒	無	衛生係・経理係	1944年（3年目秋頃）に特技生としてハルピンの種畜場勤務のため中隊を離脱
Cさん	1927	下伊那	三男(9人)	農業（小作人）・養蚕	尋常小学校高等科卒	有	一般作業	3年の訓練を経て義勇隊開拓団へ移行
Dさん	1927	下伊那	四男(10人)	農業（小作人）・炭焼・養蚕	尋常小学校高等科卒	有	ラッパ鼓隊・畜産部（日本馬）	3年の訓練を経て義勇隊開拓団へ移行
Eさん	1928	下伊那	五男(6人)	農業（水田3反3畝、畑5反）・養蚕	尋常小学校高等科卒	有	畜産部（満馬）	1944年暮れに軍役勤労奉仕隊へ入隊し中隊を離脱
Fさん	1925	下伊那	次男(5人)	農業（5反）	早稲田実業卒	有	小隊長・分隊長・日本馬の責任者・炊事係	義勇隊開拓団の出張所に勤務するが途中で召集
Gさん	1925	上伊那	四男(8人)	農業（父親は学校の先生）	尋常小学校高等科卒	有	畜舎（牛・日本馬・満馬）の責任者	3年の訓練を経て義勇隊開拓団へ移行
Hさん	1925	下伊那	次男(6人)	農家（1町5反）・養蚕	尋常小学校高等科卒	有	衛生係（1943〜1945年）	3年の訓練を経て義勇隊開拓団へ移行

Aさん：「（農業を）見様見真似ができる環境にあったのが原中隊じゃなかったかと思うね。だから（隊員の）80％くらいは（農業）できる」
Cさん：「渡満前、農業を手伝ってました」

第2節　共同意識の欠如とその理由

(1)　共同意識のあり方

　渡満後の農作業における共同意識のあり方を、農業への意欲、幹部・指導員と隊員との関係、隊員どうしの関係の3点について確認しておく。
　第1に、隊員の農業に対する意欲についてである。もとより農業に無関心な隊員が数多く存在した。

Cさん：「（農業に無関心な隊員が）いたんですよね」
Eさん：「農業に関心のない人は軍隊行っちゃった（中略）日本へ帰る早道だもん」
Gさん：「農業に無関心な者はたくさんいたな」

　次第に、「作業をだんだんさぼることが上手にな」[4]り、「一番難しく困った病気は「仮病」」[5]であった。

Fさん：「けっこう（作業を）休んだ人いますよ」
Hさん：「百姓やるのはいやだから仮病つかうわけね」

　後に詳しく述べるが、農業への意欲が低下したことを次のように語られた方もいた。

Eさん：「むしろ軍勤（軍役勤労奉仕隊）行ったことに喜びを感じたね」
Fさん：「軍隊に入りたかった」

　内地で農業経験のあったEさんやFさんでも、上記のように考えたのである

から、農業経験がない隊員であればなおさらであったであろう。

　第2に、幹部・指導員と隊員との関係について、次の証言から、その関係が必ずしもよくなかったことがうかがえる。

Aさん：「幹部・指導員（へ）の殴りこみはなかったけどね。そこまでいく手前で、私ら高年次がとめたけどね。（中略）（渡満後）1年半以降は、幹部（・指導員）の力では抑えきれなかった。自分たちを防備するのがやっとだよ」

Aさん：「ちょっと厳しい指導をした小隊長(6)は、その訓練生どうしで話しあって、つるし上げやるんですよね。5個小隊(7)あるうち、3人つるし上げがあった」

　第3に、隊員どうしの関係について、郷土中隊でありながら、隊員どうしの関係も必ずしもよいものではなく、いじめが頻発し、農作業を共同で行なうことは不可能であった。

Aさん：「中隊が2分した状態になった」

Bさん：「1年位はね、みんなまあまあまじめにね（中略）段々なれてきて、そうしているうちに（中略）なかには変なやつがおって、いろんなことをとやかく言い出して、煽動して、いじわるをして、いじめもね、始まってきたという時期がきたんですよ、ちょうど2年目あたりでね、それも露骨に。（中略）（仲のよい友人が）袋叩きにあったんだ。そういうことがあちこちで行なわれててね」

(2) 渡満前からの共同意識の欠如

　なぜこのように隊員間で共同意識が欠如していたのであろうか。まず、渡満前からすでに共同意識が欠如していたことが考えられるが、その理由として、次の3点があげられる。

　第1に、隊員間で農業への意欲に大きな差があったからである。

Cさん：「（自分は）百姓やるっていう気概だけはあった」

　隊員の勧誘に、教師らが積極的に関与していくのが、郷土中隊編成期の特徴である(8)。その際、次のように勧誘したといわれる。

Eさん：「募集のときは、満洲へ行けばね、農地を与えられてね、それまでに訓練3年間やって、3年間卒業したときにはどっかの土地をね、1人どのくらいずつあてがって（10町歩）、それを耕して生計ができるという。それで最後は花嫁です。国が花嫁連れて行って結婚させるといううたい文句ですね」(9)

Aさん：「満洲は、豚がいくらでもおって（中略）豚の丸焼きだなんて（中略）あの時分に豚肉が豊富なんていわれりゃ飛びつくね」

Bさん：「私は（家業が）農家じゃない（中略）義勇軍を長野県からうんと送ろうとしてる。この学校も、とにかく何人かは割り当てがきてると、君もひとつどうだと、手を上げてくれとこういうわけだよ。（中略）行けばいろんなことができるで、学校へも行きたけりゃ学校へも行けるし、病院も行けるし、いろいろあると、だから君、みんな百姓するわけじゃないと、だからいろんなのがあるから、とにかく行ってくれ」

Aさん：「（義勇隊に行く者に対しては）先生の待遇が違う」

　このような勧誘によって、彼らの満蒙開拓への思いは増幅され、親の反対を押し切って参加する者が続出した。家の印鑑を勝手に持ち出して、義勇隊に入る手続きをする者が多かった。しかし、この勧誘過程で、「校長と担任と二人で、交互に家庭の二男、三男を毎日の様に宿直室へ呼び、勧誘した」(10)り、

Cさん：「毎晩先生が来る（中略）国のため（と）たたきこまれる」

とのように、（半）強制的な送出が混成中隊期よりも強まった側面もあり、その場合、隊員の農業への意欲を低下させたことも否定できない。

　第2に、次の証言からわかるように、拓務訓練（内地の学校での数泊の合宿）

が行なわれたところとそうでないところがあって、このことも農業への意欲に影響したからである。

Gさん：「1週間くらいやった。満洲へいく連中だけ集めて」
Hさん：「拓務訓練はあった」
Dさん：「やらなんだな」
Eさん：「なかった。いきなり内原訓練所の分所の河和田分所に入所したわけだわ」

　第3に、地縁的な結びつきが弱かったからである。

Aさん：「上伊那の場合はねぇ、言葉でもよく子供時分には人を呼ぶ場合には、ちょっと上伊那の言葉はきつい言葉で「やい」って言うんですよね（中略）なかには極端に「やい」って言う。この「やい」って言う言葉がものすごく下伊那の人たちには威圧感を感じる。ところが下伊那の場合はねぇ、「手前」っていうのを早く言って「てめぇ」って言う、聞こえるんですね。上伊那の方では「てめぇ」なんて言われたらね、頭きちゃって。その言葉がね、上伊那と下伊那とのものすごく（中略）あいだをねぇ、悪くした」
Cさん：「やっぱり少しは上伊那と下伊那とかね、区別いうかね（中略）あれは上伊那じゃねえか、あれは下伊那じゃねえか、ちゅうみたいなことでね、やっぱりそりゃ14や15の子供だもんでね、なかなかひとつのリーダーがなんかそんなことやっていたのをついて行ったりとかもよくあった」
Dさん：「村が違うだけでもね、ある程度の壁があったの。ちょっと離れるとね、もう衝撃があったんだ」[11]

　ここで語られている「衝撃」とは、出身村が違う者どうしが出会うことは、非常にショックが大きく、その後も打ち解けることが困難であったことを示す。

(3) 現地訓練期における農業への意欲の低下

満洲現地で、隊員の農業への意欲が低下した理由として、次の7点があげられる。

第1に、隊員は農業の訓練上、共同作業が求められるとともに、報酬が少なかったからである。そのため、隊員の不満が高まった。

Cさん:「小遣いなんか全然ない」

そして、農業は自然に大きく依拠する産業であるから、共同作業では個人の努力や能力などが評価されにくく、不公平感をうみやすい。そのため、働いても働かなくてもどちらでもいいという意識をうんだのである。

Hさん「楽をして(中略)ほうがいいんじゃないか」

第2に、「治安」は表面的には悪くはなかったが、隊員が常に不安を抱えていたからである。

Aさん:「有刺鉄線で訓練所は囲ってあるんですよ」
Bさん:「訓練所行ったときは立派な耕地があったね。あれはおそらく「満人」がやったもんじゃね(中略)まあ強引にあれした(奪った)んじゃないかね、訓練所をつくるために。われわれが行って開墾したわけじゃない(中略)「満人」がさんざん苦労してやってたんじゃないかね」
Aさん:「(苦力は)かわいそうくらい虐げてつかったことは確かだね。何でも。農業にも、食糧運搬だとかね、道路つくりとか、満洲のトーピーズを造らせるとかね(中略)物凄く荒れてるところを開墾させるといったそういう下働きをさせていたんですよね」

第3に、農作業がうまくいかず、将来に大きな不安を抱えていたからである。

Eさん:「立地条件が悪かったから、作物もとれんし、満洲はねえ、だからあんまり意欲はなかったね、私自身は。(中略)それで(一般)開拓団の

記事もあるでしょ、耳に入ってくるでしょ、すごい苦労しとるぞ（中略）10町歩もらって、機械買ってやろうという、そういう意欲はなかったね。すごいとこきちゃった（と思った）」
Bさん：「農業は（中略）最初の一月はやらされたね、こんなはずではなかった（中略）明けても暮れてもこんなことはかなわんなと思ってね」

　第4に、食糧事情が悪かったからである。たとえば、「カボチャは霜にやられ無収穫。二町歩作った人参は隊員が農場で大半を食べてしまい、馬鈴薯はついに貯蔵庫が間に合わず凍らせてしまい、長い冬の食糧難は言語に絶するものであった」(12)のである。

Aさん：「（食糧については）とても覚束なかったね」
Eさん：「農業については落胆したわね（中略）だんだんとね（やる気はなくなった）。農業やって生活できるかちゅう不安はもちろんあった」

　第5に、「何回となく廻ってくるのは衛兵だ。その外は一般作業ばかり。収穫時はいいがその他夏の草取り、冬はオンドルに焚く野草刈りだ。だんだん嫌気がさし」(13)たなどとあるように、農外作業が頻繁に行なわれ、農作業を十分に行なうことができなかったからである。

Fさん：「米なんかが貨車でくると、60kgをしょって（背負って）倉庫までもって行った」（輸送に困難を極めたこと）
Eさん：「道路は（中略）雨降ったらビチョビチョ」（雨期における道路の問題）

　第6に、郷土中隊では混成中隊よりも低年齢化が進行していたからである。

Eさん：「体力はないわね、銃は重たかった」

　郷土中隊では混成中隊よりも低年齢化（＝心身ともに一層未熟）が進んでいた。隊員の未成年的傾向(14)として、体力がないこと、体格が小さいこと、情緒不安定に陥りやすいこと、それらへの対処のあり方が未熟で忍耐力も低く、

第6章　満洲開拓青年義勇隊郷土中隊における農業訓練

何事にも無関心となったり、バランスのとれない行動をとりやすいこと、不安や動揺を隠すため似た者どうしで集まってほかを排除し、大人からの助言を拒否する傾向が強いこと、などがあげられるが、様々なことが、混成中隊より深刻化したのである。

　第7に、幹部・指導員は、様々な諸問題を解決するだけの力量をもっていなかったからである。

Aさん：「もっと奇抜さがほしいとか、もっと指導力がほしいとかね、そういう欲望を持った人があると思う」
Aさん：「300人の生徒にたった（幹部・指導員が）5人てのはね、大体目が通る指導感覚じゃないですよ、だから要するにああいう計画はこりゃもう無茶苦茶だわ」
Aさん：「手で殴ると痛いもんでね。スコップで殴るんですよ。ひどいもんですよ。経理幹部と教練幹部はひどかったね。1年、2年たつと、大人になっていくからね（中略）あんな指導なんか、人道的な指導じゃないという感じの判断するよね」
Eさん：「（幹部・指導員は）足りないちゃあ足りないだろうね」

　これらのことから、隊員の農業への意欲は低下し続けたのである [15]。
　したがって、4～5人による組単位共同経営（農家間協業）を確立することは不可能であった。

Cさん：「（組でやることは）そこまでいかなんだね」
Eさん：「（組単位での訓練は）やってないな。受けた覚えもない」
Fさん：「組でやることはなかった」
Gさん：「組わけをしてやることはなかったね」

　以下で、「農法の習得度」や「生活のあり方」を分析するが、総合的に判断して、組単位共同経営を実施することは不可能で、義勇隊開拓団への移行後、農業経営自体を確立できなかったことが容易に想像できる。

第3節　農法習得の阻害要因

(1) 農法の習得状況

　原中隊では、北海道農法はいうまでもなく、満洲で使える農法はほとんど習得されていなかった。会誌には「徹底的に酪農を勉強しようという考えから訓練所の勉強には限界がある」(16)とあるし、元隊員の方々も次のように語られており、北海道農法が満足に訓練されなかったことがわかる。

Aさん：「やっぱ作付けになれないちゅうかね。あの満洲の広い耕地をね、だからまあ仕事の手順が（中略）下手ちゅうことだね。（中略）勧められていったことと全然違ったね。こんなことをしてて私は開拓団へ行ってやってけるかどうかなってことは、疑問に思ってましたよ。（義勇隊開拓団へ移行しても）とまどうと思うね」

Eさん：「（農法の習得は）そりゃできとらんわね、納得いくとこまではいっとらんわね。また酪農ちゅうとこまでいっとらんでね。ただ牛を飼っとる。そりゃ農作業に使うために飼っただけで」

Gさん：「役牛のためだ。酪農まではいかなかった」

Gさん：「（プラウやハローは）いたむなんてことはほとんどなかった。こわれるほどつかって（ない）」

(2) 農法習得の阻害要因

　このように農法習得を阻害した要因として、次の4点があげられる。
　第1に、農繁期でさえも、農外作業が非常に多かったからである。

Cさん：「百姓ばかりじゃのうて軍事教練が多かったからね。軍事教練が（中略）4割か。（農繁期にも）軍事教練だけはしっかりやっとったでね」

Dさん：「（軍事教練が）1週間に2回は非常呼集になる。夏でも」

Eさん：「軍事訓練はね。全員です。今日は軍事訓練、農業なし」

　第2に、混成中隊と同様、作付作物は野菜中心であったからである。「それ

ぞれ分担で野菜作りに頑張った」(17) や「農作業といえば、まず第一は野菜畑の開墾」(18) であった。そのため、穀物の栽培はあまり行なわれなかった（穀物は配給されたが、不足した）。

Aさん：「訓練所当時はやっぱり野菜だと思うんですよ。（だから北海道農法も満洲在来農法も）必要とされない。野菜なんかこの辺（日本）の野菜つくりと同じ。開拓団へ行ったら、すぐ機械（北海道農具）を使ったりしてね、やるという、あのう訓練は何もやってなかったね。それはわかりますよ。馬に馬車を引かして、荷物運ぶくらいのことはできるけど、その程度です」
Dさん：「（一番多かったのは）野菜。ほとんど野菜」

第3に、指導員の力量にも問題があったからである。

Aさん：「農業経営をやっていくための指導をする感覚があったのか疑問を感じる。先生も専門的なああいう広い農地のね、農業をやった人じゃないからね（中略）生産あげていく農業をできる人がなかったちゅうことは言えるね。だから訓練生にそれを教えていくちゅうことも（できない）。（おまけに）農事幹部は（中略）馬の扱いをどうしたらいいかという技能は持ってなかったね。幹部から教わってやったのはいくらもないし（中略）訓練所にあった（中略）好きな本を借りてきて、読んで勉強した」
Aさん：「農業の方、1人で200名も300名も、本当の管理指導なんてのは不可能な状態」
Eさん：「農業の先生（農事指導員）だって経験者じゃないもんだから、模索だわね、一緒になって考えてやろう（という様子であった）」

第4に、農具の問題もあった。

Aさん：「あまり研究された農具だとはいえないね（中略）大きな工場で多量生産的な同じ鍬でも自分の腰にあうようなものはない。壊れもしたね

（中略）われわれの訓練所には（修理するところは）なかったね。鎌だってね、（中略）あの広い満洲で（日本の）草刈鎌なんてね、手がつかんですね」
Eさん：「農具は足らんかったね」
Fさん：「機械類（北海道農具）はあまり入ってなかった」

第4節　生活指導体制の不備とその影響

(1)　訓練期の生活と農業訓練における意欲の低下

　生活面から、農業への意欲が低下した理由として、次の5点があげられる。
　第1に、衣は、「酷寒零下三十度、身体も外気に触れるところは容赦なく凍り、いわゆる凍傷に悩まされた（中略）シラミも防寒服の下で大いに繁殖し」[19]たといわれるように、悲惨な状態であったからである。

Aさん：「まだ子供でしょ。靴下だってね（中略）汗かいたまま。親がついているみたいに洗わないよね。汗のついたようなまま結局すぐ寒さに負けてやられちゃう。不器（用）なもの、子供だなあと思った」
Cさん：「寸法なんか全然あわない、だぶだぶのやつ着とるやつもおった。凍傷おった」

　第2に、食事は隊員たちにとって最も切実な問題であったからである。「高粱、粟などの食事が食器に半分位で腹が減って目まい」[20]がした。それに、「百合の根を食べ、犬や猫を殺し食糧とした事」[21]もあった。

Aさん：「豚肉なんかたらふく食べれるような話をしていたけど、行ってみりゃあそんな訳だ。食糧事情も悪い。高粱飯はあるぞということは聞いてたわね。大根飯がある（中略）これはうまくない。（中略）大豆のご飯だったら上々さね。（中略）高粱ときたら参るね（中略）副食なんかは余計悪いね（中略）鉄火味噌ちゅうのね。これが一番多いですよ。これが一番コストが安かったじゃないですかね。大豆と味噌と混

ぜたようなもんで、まあいくらか油が入ってたけど。冬はね、馬鈴薯がコチコチに凍っちゃうでしょ、うまくないですわね。野菜の無いときはもう結局、むこうの中国人から買うんだね（中略）馬鈴薯とかキャベツとかね。まあ野菜の無いときなんかは（野生草を）しょっちゅう。春先にね。取りに行くんですよ。まったくまずい」(22)

Cさん：「一番悲しいことはね、育ち盛りでしょ、それに食糧が一番不足しとったこと、悲しかったね。（盗み食いをしなかった人は）栄養失調で亡くなった」(23)

Eさん：「みんな手紙の文句は、食糧がないからね、腹減っとうで、あれを送れ、これを送れ（中略）ばっかだったらしいわ」

　第3に、住居が必ずしもゆっくりとくつろげる空間ではなかったからである(24)。ただそうでないという証言もあり、宿舎には大きな相違があった。

Aさん：「オンドルでペーチカがあって零下30度や40度もあっても、満洲はそれこそパンツひとつで、夏の支度で過ごせるという話は聞いてきた。そんなわけにはいかんわ。寝てるところへ朝起きてみりゃ、真っ白い霜が。もって行った新聞紙をね、みんな張ってね（中略）これが人間の住むところかと思うような。隙間だらけ、そこに新聞をはって。窓もひずんでくるでしょ、壁つっても隙間だらけ」

Eさん：「募集のときにはいいこというけどオンドルがあってあったかいんだよと、零下30度でも平気だよと、なんのことはないわね、防寒具と毛布だけだからそりゃ寒いわ」

Dさん：「ペチカもオンドルもあったね、窓は二重窓。雨漏りは全然なかったね。そんな修理しなかったな」

　第4に、娯楽がなく、隊員の農業への意欲を向上させるものではなかったからである。

Aさん：「講堂があったんですよ（中略）みなそれぞれの地域のいろいろ唄をね、歌ったり、それから演芸も出たないろいろ（中略）最初のうちは

　　　　強制されてやるようなもんでね。それからまあ読書なんかもね、日本の戦争の成果の読書が多くてね、今南京を攻略したなど、そういう読書が多くて（中略）スケートやるとかはないんですよ。スキーとかもね」

Ｅさん：「娯楽ってないな、ないような気がするね。演奏があるわけじゃなし、音楽が聞けるわけじゃなし、もっぱら帰ってくりゃあ、ご飯食べて、故郷の話をして、自分の身分の話をして、消灯ラッパが10時になるで、寝るという、まあその繰り返し」

　第5に、慰問にも、次のような問題があったからである。

Ｅさん：「手紙も来よったでね。だからそれをみせあったりね。お菓子や食べ物も来よったでね（中略）個人には渡さなかったね、送ってくれない生徒もおるわけだから、不平等になるでしょ、かわいそうじゃん、送ってくれたものはみんなまとめて、それをみな訓練生に平等に配りよった。独り占めにはできなかったみたいだな。見も知らぬ人からも届いとるわね、慰問袋ってね（中略）それがくるのが楽しみでね」

Ｅさん：「慰問団は（中略）2回くらいきたんじゃないかな。（中略）若い女の衆の慰問隊が一遍来たことがありますよ（中略）喜んだことがあった。女に飢えとるでな、早い話が」

　混成中隊での失敗から、慰問についてはわずかに改善されたようにみえるが、衣・食・住・娯楽は、混成中隊とほとんど変わらず、隊員の農業への意欲は低下した。

(2)　病気の蔓延と農業訓練への影響
　病気（屯墾病を含む）が蔓延し、農業訓練に悪影響を及ぼした。「今後生徒の年齢の若くなることによつて、特別の扱ひを要する虚弱者も増加することが考へられる」[25]と述べられるなど、隊員の低年齢化が、農業訓練に大きく影響した。

Aさん:「なんといっても不衛生ですわね。衛生管理感覚なんてのはお粗末なもの（中略）赤痢だとか、あれははやったですよ（中略）２年次になっても結構赤痢になったとこあるね、赤痢で亡くなった人（5～6人）もあります」
Cさん:「一番は赤痢だ（中略）回復するまでに大分日にちがかかるわけですわ」
Fさん:「赤痢がものすごくはやった。全員ていうくらい」

ということから、農業訓練を満足にうけられなかったといえよう。
　そういった事態に対し、医療は、以下のような状態であった。

Bさん:「診察室しかない。（中略）先生もお医者さんじゃねえんだ。俺は医師じゃないと思うよ（中略）いろんな薬が全部そろってるようなもんじゃねえんだ」
Hさん:「薬がなくてね。下痢をするとね、炭、あれを粉にしてほんとに少量の下痢止めですか、それをいれて、それでもって薬を作ってみんなにあげたわけ」
Eさん:「肺結核なんかはすぐに隔離されたわね、大騒ぎだわね」

　全般的に、「患者・死亡者が続出するやうな状態になると、中隊では、幹部まで狼狽して、茫然自失して、成るがまゝに放置するやうにな」(26)った。
　また、郷土中隊であっても、屯墾病には効果がなかった。会誌には、「一人、二人と屯墾病にかかっていく。隊員は働く意欲を失い、農事作業は進まず」(27)、「体の具合が悪いと言っては一日中宿舎に寝ており、故郷と父母、兄弟を思って泣いている者がいた。友人達が互に言葉をかけて励ましても（中略）反応もない」(28)状態であった。

Aさん:「満洲に行ったら、屯墾病にかかるのはうんとあった（中略）屯墾病になると食べないです（中略）本当にもう半病人。人目もかまわずシクシク泣き出すわね」
Fさん:「脱走して、内地帰るんだ、日本海泳いで帰るんだ」

以上から、幹部・指導員は、上記の諸問題を解決する力量をもっていなかったことがわかる。

おわりに

　本章では、元隊員の方々から貴重な証言をいただくことによって、義勇隊郷土中隊原中隊の農業訓練のあり方を検討した。その結果、満蒙開拓の理想を体現できる究極形態と期待された郷土中隊でも、農業経営確立のために不可欠となる北海道農法を採用することも、協業体制を整えることができず、混成中隊の対処策にも試験移民の対処策にもなるどころか、成年開拓民よりも農業が悪化する可能性があったことが具体的に明らかとなった。以下、まとめておこう。
　まず、郷土中隊において、共同意識が形成されなかった理由として、次の点があげられる。第1に、渡満前から不安定要因をすでにもっていたからである。それは、①構成員が未成年（男子）であったために、国策に共鳴しやすい傾向があり、なかでも農家の相続者以外の者が多かったために、土地への憧れが強く、当初は農業に意欲のある者が多かったが、一方で、勧誘・送出担当者によって、農業に無関心な者もかき集められたために、彼らの農業への意欲のあり方には両極端な差違があったことである。勧誘に教師が大きくかかわったことが、この時期の特徴である。②上伊那郡および下伊那郡の者で編成されていたとはいえ、農作業を共同で行なえるほど地縁的な結びつきは強くなく、それ以前に隊員どうしで打ち解けることが困難であったことである。第2に、現地訓練所での訓練や生活が、隊員がもともと抱いていた理想とのギャップがあまりに大きく、多くの隊員が意欲を失ったからである。具体的には、①常に「治安」に不安を抱えていたことである。②報酬が皆無であった上に、共同作業が求められ、不満が高まったことである。③収穫が得られず、将来に対して不安に陥ったことである。④農外作業が辛かったことである。⑤衣食住が満たされていなかったことである。⑥娯楽や慰問が不十分であったことである。⑦倦怠感が伝染・蔓延したことである。⑧一度も社会に出たことのない身体的にも精神的にも発達途上にある未成年で編成されていたために、過度に疲弊して、動揺が広がったことである。混成中隊よりも事態が深刻化する場合もあった。⑨幹部・

指導員が上記の諸問題に対処できるリーダーシップをもたなかったことである。
　次に、農業技術の習得を阻害した理由として、次の点があげられる。①多くの隊員が農業への関心を喪失して、農作業や講義を忌避したことである。しかし隊員に意欲があれば、農法を習得できた訳ではなかった。それは、②農具が不足したことである。③農事・畜産指導員が隊員に農法を指導する力量をもたなかったことである。④親もとからも離れ、かつ配偶者をもたなかったために労働力として利用され、農外作業とともに、軍には農繁期にも使役されたことである。⑤入営があったことである。⑥野菜栽培を優先し、穀物・飼料栽培が困難な場合が多かったことである。⑦上記の諸問題に対処する幹部・指導員の強力なリーダーシップがなかったことである。
　そして、生活も大きな影響を与えたことはいうまでもない。つまり、満洲の気候風土に適さない生活による体力の低下や、上記のような意欲の喪失は、隊員の心身を確実に蝕み、実質的に農作業への従事を妨げた。そのようななか、伝染性の病気は団体生活のために瞬く間に蔓延した。このような事態に、幹部・指導員はもちろん医療も無力であり、隊員の病気は悪化するとともに再発を繰り返し、なかには死に至る者まででたのである。こうした現象は、より低年齢化した未成年で構成された郷土中隊であったからこそ、一層深刻であったといえる。
　したがって、郷土中隊は、訓練期に協業体制を整えるような訓練をすることができず、義勇隊開拓団へ移行しても、農業そのものを営むことができなかったことがわかる。満洲農業開拓民政策を推し進めていた当時の官僚や研究者などは、この現地での悲惨な状況をどのようにみていたのであろうか。

註
(1) 第五次伊拉哈会「遙かなり望郷の軌跡」刊行委員会編『遙かなり望郷の軌跡』第五次伊拉哈会、1984年。
(2) 同上 32頁。但し括弧内は筆者記す。
(3) 同上 128頁。
(4) 同上 126頁。
(5) 同上 160頁。
(6) 小隊長は隊員のなかから選ばれた。
(7) 最初は6小隊あったものが2年目から5小隊へと変更された。小隊とは中隊の下部組織のことである。

(8) 義勇隊員を送り出した学校の先生には、1人につきいくらか金が渡されたといわれている。安藤房美『洛陽の王道楽土　ああ満蒙開拓青少年義勇軍』光陽出版社、1995年、36頁。
(9) 彼らの結婚相手として送り出された「満蒙開拓女子義勇隊」(大陸の花嫁)も、「地域や学校ごとに人数が割り当てられ（中略）勧誘で集められた一七歳から二五歳の女性たちは満州に渡り、訓練所で開拓移民教育を受け、その後、現地で結婚することが決められていました。しかし、集められた女性の中には、結婚のことは知らされず、八ヶ月の訓練を終えたら帰ってもいいと言われた人も多く」(東志津『「中国残留婦人」を知っていますか』岩波ジュニア新書、2011年、7頁) いたのである。
(10) 前掲 第五次伊拉哈会編『遙かなり望郷の軌跡』81頁。
(11) 荻野によれば、「小学校から一人参加でしたので(中略)孤独に耐えた日々」(荻野節夫『碾子山物語』光陽出版社、2004年、65頁) であったという。
(12) 前掲 第五次伊拉哈会編『遙かなり望郷の軌跡』110頁。
(13) 同上 126頁。
(14) 前掲 桂編『青年期―意識と行動―＜青年心理論集＞』参照。
(15) 満洲での「現実は「空腹と非協力」「孤独と無関心」「猜疑心」の交錯する中で時間が過ぎ」(前掲 荻野『碾子山物語』30～31頁) たという。したがって、「ばらばらの集団」(同、49頁) であった。
(16) 前掲 第五次伊拉哈会編『遙かなり望郷の軌跡』141頁。
(17) 同上 110頁。
(18) 同上 118頁。
(19) 同上 115頁。シベリア抑留時代、ソ連はシラミについて非常に厳格で、シラミの駆除を徹底的にはかったという（前掲 荻野『碾子山物語』43頁）。
(20) 前掲 第五次伊拉哈会編『遙かなり望郷の軌跡』138頁。
(21) 同上 113頁。
(22) 嫩江訓練所に入植した堀米中隊では、「毎晩のように牛や豚、鶏が食い殺された。私たちは、肉のひと切れも口にしたことがないので、オオカミが憎かった」(安藤房美『洛陽の王道楽土　ああ満蒙開拓青少年義勇軍』光陽出版社、1995年、47頁) とされる。また、第5次義勇隊豊栄訓練所に入所した荻野節夫によれば、「日常の主食は、たまには白米飯もありましたが、多くは麦飯や雑穀、豆類などを加えたものや、馬鈴薯が入った馬鈴薯飯や、切り干し大根が入っただいこん飯が一椀」(前掲 荻野『碾子山物語』39頁) であったという。
(23) 荻野節夫によれば、豊栄訓練所では、「満鉄医師の体格検査（健康診断）で、集団としても栄養不良」(前掲 荻野『碾子山物語』40頁) であったという。
(24) 嫩江訓練所に入所した堀米中隊（東京出身者で編成）では、「部屋はまるで冷凍室で、防寒服を着て靴をはいたまま、寝袋をかぶって震えていた。初めのうちは、故郷からきた手紙を洗面器で燃やして、手を暖めていた。それもなくなると、ツルハシで兵舎

を倒し、たきぎにした」(前掲 安藤『洛陽の王道楽土　ああ満蒙開拓青少年義勇軍』42 頁)といわれる。
(25) 田澤鐐二「義勇隊の保健状況(下)」『開拓』8 巻 5 号、1944 年、43 頁。
(26) 同上 41 頁。
(27) 前掲 第五次伊拉哈会編『遙かなり望郷の軌跡』110 頁。
(28) 同上。

終章　総　括

　本書では、従来の研究では十分に示されてこなかった開拓民の入植後の展開、つまり「自立可能となるまでに共同経営を解体して個別化し、農業からの離脱傾向が強まって、多くの開拓民が地主化していく」というように、「満洲で、「東亜農業のショウウィンドウ」として、内地では望めない大規模経営を創出する」という政策が目指したこととは正反対の事態が起こった理由について、開拓民が経営と生活で直面した問題を明らかにすることによって解明した。これによって、従来の研究では揺れていた開拓民の「農業開拓民」としての評価を確定できた。

　開拓農家は、強固で安定した小農経営として、近代的大農業経営を実現することが求められた。もちろんそれは「満人」雇用に依存したり、地主化したりすれば、五族協和のタテマエ上、好ましいことではなかったからであり、そして日本農業の発展形態であることに意味があったからである。具体的には、開拓農家は家族労働力を駆使しつつ、それで不足するときには農家間で協力して、1戸当たり平均計10町歩を耕作するというものであった。

　しかし、試験移民で理想的な農業経営が実現しなかったために、その後、いくつかの「補強」が重ねられた。なかには、転業開拓団のように最初から無謀としかいえないものもあったが、その「補強策」とは、大量移民政策期に実施された農法問題解決の最大の切り札としての北海道農法であり、この北海道農法の採用を前提とした上で、家族労働力と農家間での協力関係の充実を目指した分村開拓団であり、そして、身体的にも精神的にも柔軟性に富む未成年男子に対して徹底した農業訓練を取り入れ、協業体制の確立を目指した義勇隊であった。しかし、開拓民の現場からみれば、敗戦前に至るところで破綻し、様々な問題が克服されることなく終わった。それどころか、分村開拓団や義勇隊も、農法問題解決の最大の切り札とされた北海道農法も役に立たなかっただけではなく、かえって逆効果にさえなった。いずれにしても、もともと「農業者としての定着」が無理なものを、いかにも実現可能であるかのように実施されたも

のが、満洲農業開拓民政策であった。構想そのものが非現実的なものであったのである。

　開拓民の行動の論理は、「生活の防衛」から「大金の取得」まで様々であったが、いずれにしろ「私経済」的な合理性に依拠して行動していた。それは、義勇隊が義勇隊開拓団へと移行した後においても同じであったであろう。政策はこうした開拓民の行動に対して十分な対策を講じることができなかった。つまり、分村政策や義勇隊、北海道農法を中途半端にもちこんだところで、彼らの行動を制御できなかったのである。

　また、「入植者と現地・現地住民」との関係からみると、様々な収奪が浮かび上がる。すなわち開拓民の入植自体が「土地の収奪」であったが、開拓民農業経営における雇用労働依存経営化および地主化は、現地住民の労働力への依存（「労働力収奪」）を、さらには森林資源の枯渇という事態にみられるような回復に長期を要するか、もしくは回復が相当困難な「資源収奪」を現地にもたらした。内地では望めない大規模な農業経営の確立を目的として入植しながら、現地住民にそれを委ね、自らは地域資源を収奪しつつ、儲かる仕事に携わることによって離農するという過程に、開拓民の寄生的性格を見出すことができる。

第1節　試験移民における問題点

　試験移民の入植形態の特色として、次の3点があげられる。第1に、独身の成年男子（農家の次三男が中心）で編成されていたこと、第2に、既教育在郷軍人（予備役）が大部分を占めたこと、第3に、地縁的な共通性に配慮することなく、広く全国から募集・選抜されたこと、である。これらは、試験段階であったこと、そして日本内地における貧農対策、満洲における「治安」対策、対ソ防衛を主要な目的として、実施されたことによる。

(1)　自立可能性のない個別化

　試験移民では、共同で農作業を行なうことができなかった。その理由として、第1に、団員間の地縁的な結びつきが弱く、団員は習慣や価値観の異なる単なる寄せ集めにすぎなかったからであり、第2に、団幹部や指導員のリーダーシ

ップが不足し、農業生産を発展させるような方策、たとえば、団員に対して、満洲に適した農業技術を指導し、団員たちをまとめ、持続的な労働条件を整えることができなかったからである。

そのため、共同作業が不可欠であった入植当初ならともかく、その必要性が少しでも低下すれば、農業経営上の合理性を否定してでも、開拓民が個別化しようとするのは当然であった。そしてこのことは、個別期において、農業者として定着するための主要な条件のひとつであった農家間での協業が成立しないことを意味した。

(2) 花嫁招致の明と暗

試験移民で、個別化への欲求を急激に高めたのが花嫁招致であった。花嫁招致は団員の精神的安定（屯墾病の防止）に大きな効果があったが、結婚による労働力の増加（家族内協業の成立）は個別経営への欲求を高めるとともに、共同経営の必要性を低下させた。一方で、家族ができたことで、個別生活への欲求を高め、妻が家事を担うことができたために、共同生活の必要性をも低下させたのである。

しかし、その後、開拓団では、一斉に出産ラッシュを迎えることになる。夫婦2人での家族内協業が可能になったとはいえ、基本的に直系家族で担われている内地の小農と比べれば、もとより労働力は少なかったが、出産によって、妻は農業から離脱した。

このように試験移民の開拓農家の決定的な弱点は、家族労働力の脆弱さにあったが、加えて、内地農村では一般的であった農家間の協業も成立しなかったことである。家族内協業や農家間協業、資本、技術などがある程度確立されるまでは、共同経営が不可欠であったが、それを途中で解体したのであるから、個別経営が立ち行くはずもなかった。

その上、満洲在来農法も「鮮式」在来農法も、多量の労働力を必要とする農法であった。特に人力のみで行なわれた除草・収穫には、多量の雇用労働力を導入せざるをえなかった。そのようななか、妻は育児・家事に忙しく、賄い作業を含む家事全般に携わる年雇を導入する必要があった。その結果、開拓民は多額の現金を確保する、つまり農業経営においては商品作物栽培へと特化しなければならなかったのである。

(3) 「購入に依存した生活」がもたらしたもの

　開拓民は、満洲でも日本内地と同様に、主に米・野菜・味噌汁を食べようとした。また木綿服を着用し、多くの足りないものを購入せねばならなかった。多額の現金を確保せねばならなかったのは、こうした生活面からの要請もあったのである。しかし、このように、「購入に依存した生活」とは「満洲の気候風土に適さない生活」を意味した。このため、開拓民は栄養不足に陥って、体力が低下し、農作業で雇用労働力への依存を高めることになった。

　以上のように、開拓農家は、雇用労賃をはじめ、生活では様々な面で多額の現金を必要とした。本書では、このように雇用労賃や生活物資の購入のための現金獲得を強いられた行動を、経営と生活双方における「過剰な商品化」とよびたい。

(4) 開拓民の行動

　このような経営と生活双方での「過剰な商品化」の進展に伴い、商品作物栽培、たとえば水稲・大豆・麦類などの栽培へと特化せざるをえなかった。この結果、農繁期の労働需要のピークを押し上げ、さらに雇用労働力を必要とするという悪循環に陥った。また、前述のように、体力が低下していたことも加わって、雇用労働力への依存は一層高まった。

　こうした雇用労働力への依存とその拡大、一方で、満洲国における鉱工業部門への労働力の吸収と、日中戦争開始による治安対策としての長城以南からの雇用労働者の移入制限によって、需給バランスが崩れ、雇用労賃の高騰が引き起こされた（約2～5倍の高騰）。こうした労働政策の失敗が、雇用労働に依存していた開拓農家のみならず、満洲農村全体、すなわち農業部面に多大な悪影響をおよぼしたのである。

　このため、開拓農家は雇用労賃の支払いが困難となり、労働粗放化せざるをえず、適期作業が困難となった。一方で、ほとんど無肥料で栽培されたために、地力が減退して、収量・品質が低下し、経営が不安定化して地主化せざるをえなかった。こうした開拓民の行動は、いくら食糧増産、そのための農業経営の確立という政策側からの要請があったとしても、「背に腹はかえられない」もので、「生活の防衛」に基づくものであった。

　したがって、農業よりも楽に多額の現金の得られる稼ぎ、たとえば、森林伐

採・木材運搬などがあれば、容易に離農するというビヘイビアをとる者が多く現れた。しかし、このあり方は、あまりに短期間に森林資源を枯渇させるほどのものであり、こちらの開拓民の行動は、非常に刹那的で「大金の取得」を目指したものであったといえる。

第2節　北海道農法導入の試み　—逆効果の対処策①—

　こうした諸問題を一挙に解決し、持続可能な営農を実現するために導入が試みられたものが、北海道農法であった。しかし、開拓農家の営農の実態は、理想とはほど遠いものであった。

(1) 能率の向上がもたらしたもの
　耕耘過程の畜力化の実現によって、能率が向上して、1人当たりの可耕面積は2.5～3町歩へと拡大した。しかし、このように経営規模の拡大が進む一方で、特定作物栽培への特化も確実に進んだ（北学田開拓団の場合、豆・麦類の作付割合は70～80％にも達した）。これは、主に生活に不可欠となる多額の現金を確保するとともに、供出する穀物を確保するためであった。しかし、北学田開拓団では耕耘過程の畜力化の効果も播種までで、除草には雇用労働力を導入せねばならなくなっていた。こうして経営の弾力性は損なわれ、経営と生活は不安定化した。そのようななか、開拓民は寒地満洲に適さない生活をおくったことで、体力を著しく低下させていたし、まだまだ北海道農具の操作に未熟であった。さらに、妻が育児や家事のために農業から離脱する傾向にあったこともあり、雇用労働力への依存を急速に高めていった。結局は、経営の永続性を確保できなかったのである。
　一方、五福堂開拓団では、5～6町歩を家族労働力のみで耕作したが、特定作物栽培への特化が進み、かなり労働粗放的に農業が行なわれた。やはり経営の永続性を確保できなかった。

(2) 北海道農法による破壊作用
　その結果、北海道農法の体系は連鎖的に次々と破壊された。つまり、一部作

物栽培への特化によって、適期作業が困難になるとともに、輪作体系が破壊され、一方でほぼ無肥料での耕作が続けられたことで、地力の維持増進は絶望的となった。ましてや、プラウによって深耕が可能となった開拓農家では、逆に地力の収奪が、満洲在来農法による耕作よりも深刻になったのである。

　農業技術は相互に有機的連関をもつひとつのシステムであり、その一部だけを可能にしたとしても効果はないどころか、逆に破壊を強めることになった。上記および(1)で述べたことが相乗して農業経営に悪影響をおよぼし、最終的には地主化へとつながった。日本農業の発展形態である強固な小農経営によって営まれる理想的な農業（「東亜農業のショウウィンドウ」）が確立することはなかったのである。

(3) 普及員・農具・役畜の不足

　北海道農法実施のためには、普及員、農具、役畜のいずれもが不可欠であったが、開拓農家に行き渡るはずもなかった。そのため北海道農具を使用したくともできない開拓農家がほとんどであった。

　農具を入手できたとしても、農具の品質が非常に悪かったし、北海道農法の満洲現地への適合性をめぐる研究体制が整っていなかったのであるから、現場では大混乱に陥った。農具を引っ張っているだけでよいと考える者も少なくなかった。一方、北海道農法の導入に不信感をもち、利用を躊躇する開拓民がいて当然であった。それらに対する解決策を見出せないまま終戦を迎えることになったのである。

(4) 日本人開拓民の増産効果

　当時、開拓研究所長であった中村孝二郎は、「日本人開拓民の数が遺憾乍ら未だ少い（中略）満洲全体の増産計画から観ますと日本人の働きはそんなに大したことはない。仮に皆さんが馬鈴薯ばかりを食つて生産した穀物を全部供出したとしてもそんな大した数量には上りません（中略）満農は六百万戸近くも居り日系開拓民は其の百分の一位しか居らないのですから、満農に増産させ供出させる事が最も効果的な方法です。然し指導民族たる日系開拓民が先づ其範を示さないと満農も増産と供出に充分力を入れません。そこに非常な苦心があるのです」[1]とし、開拓民自体の増産効果は非常に小さいことを認識していた。

1943年になると、帝国および満洲国内の食糧事情はますます悪化し、「戦時緊急農産物増産方策要綱」により、「満農」の動員が本格的に開始(2)される。そのためには、「満農」の把握が不可欠であった。安冨歩(3)、山本有造(4)によれば、戦争末期には農産物集荷目標を達成したことが明らかにされているが、それは政府の命令浸透が実現したからではなかった。その実現のためには、末端の農村を動かしている屯の発見と育成が不可欠であったが、屯の発見は戦争末期であり、「屯の育成が具体化する前に満洲国は崩壊してしまった」(5)のである。

第3節　分村政策　―逆効果の対処策②―

　分村政策とは、文字通り、「村を分ける」こと、つまり、同一村から、階層バランスをとりつつ、直系家族を送出することであった。その政策的意図とは、①同一村出身者のため備わっていると考えられる地縁的共同関係を利用し、②試験移民における貧農送出という棄民的性格を払拭し、すべての階層を参加させることによって結合力を得るとともに、中・上層からのリーダー的人物を確保し、③家族の入植によっていずれの農家も家族の協業が可能な2人以上の労働力を確保すること、などを期待したものであった。実際には同一村から開拓団を組織することは非常に困難であったが、大日向型の分村開拓団は、分村開拓団の理念をもっとも典型的に体現した開拓団であり、北海道農法を導入することによって確実に農業者としての定着を実現できると期待された。
　しかし、大八浪分村開拓団では、分村開拓団の農家の経営力量の強化や安定には結びつかず、むしろ試験移民よりも早く個別化して未熟な小農経営へと移行した。そして、北海道農法の導入が絶望的となったことで、かえって雇用労働力への依存を強め（試験移民以上の雇用労働依存経営化）、さらには農業経営からの完全な離脱（試験移民以上の地主化）という経過をたどったのである。

(1)　家族入植の明と暗
　直系家族の送出を理念とした分村政策であったが、妻の労働力を期待できたことが、試験移民の農家とは異なるにしても、多くは核家族であり、直系家族に支えられていた内地農村とも異なるものであった。家族入植であったことは、

屯墾病の防止には試験移民よりも効果があったものの、農業からの離脱傾向はかえって強まったのである。

　名ばかりの分村開拓団とはいえ、共同経営・共同生活が不安定性を増した大きな要因が家族入植であったことであった。つまり、経営面では、妻が雇用労働者への賄い作業を担当できて雇用労働力の導入が可能であり、生活面では入植当初から個別化への強い欲求が存在したのである。

　こうして家族入植であったことが、個別化の要求を一層強いものにし、他方ではそれを抑えるような協業の効果は得られず、結局、試験移民と同様に「未熟な小農経営」へと移行することになったのである。

　それに、妻が農業労働力となりえたにもかかわらず、試験移民以上に雇用労働力への依存を強めたのは、やはり家族入植であったからである。つまり、前述のように、妻が雇用労働者への賄いを含む家事全般を当初から担え、最初から「雇用労働依存経営」と割り切ることができるとともに、住み込みとなる年雇を排除でき、妻が農作業から離脱しやすかった、もしくは離脱できたからにほかならない（妻の扶養家族化）。

　また、雇用労働力への依存と購入に依存した生活様式（＝満洲の気候風土に適しない生活様式）であったことに加え、妻や親の世代が扶養家族化し、さらには当初から育ち盛りの子供がいて消費人口が多かったために、試験移民よりも支出が増大する傾向にあった。

(2)　地縁的な結びつきの脆弱性　―実現できなかった農家間協業―

　全期間にわたって共同作業を実現できなかったのは、構成員が貧農・下層民主体であり、リーダーとなる人物は存在しなかったことや、日中戦争による景気回復で送出は困難となり、強制的に渡満させられた者も多く、さらには村外者さえも存在したからである。しかし何よりも農民たちの農業経営における種々の共同関係は基本的には出身部落にあったにもかかわらず、行政村もしくはそれ以上の範囲からの送出であったために、共同での農作業が成立するような強固な共同関係をもつ団員・農家がもともとほとんど存在しなかった上に、たとえ同一部落出身者同士であったとしてもそうした強固な共同関係をもつ者どうしが渡満してきたわけではなかったからにほかならない。特に、「同一村の地縁的結合力を生かす」という政策的意図自体が農村の現実からすれば、非

常におかしな話であった。

結局、分村開拓団においても、試験移民と同様、個別期に農家間の協業が成立する可能性はほとんどなかった。そして団員は満洲での農業や家畜飼養に不慣れであり、またたかだか核家族の家族労働力では家族での協業は不十分で、雇用労働力の導入は避けられなかったのである。

(3) 開拓民の行動

大八浪分村開拓団において、個別期の開拓農家では、妻がほとんど農業から離脱し、家族労働力は団員（夫）1人だけとなった。これはまさに妻が雇用労働者への賄い作業も含め、家事全般を担うことによって雇用労働力を確保する役割を担ったからであった。そのため開拓農家の妻は水田作や畑作どころか、試験移民の農家の妻が行なっていた野菜作りすら行なうことはなかった。その結果、団員（夫）が家の敷地内での野菜作りを担当し、開拓農家の団員（夫）よりも割り当て耕地における農作業への団員の関与が小さく、逆に雇用労働力への依存が高まった。

しかし、この団では慢性的な営農資金の不足と雇用労賃の高騰によって、雇用労働力の導入は大幅に制限され、1戸当たり耕作面積は、満洲では過小な経営規模となった。それでも開拓民は個別経営を強く望んだことになる。こうした開拓民の行動は、経営を放棄したわけではなかったが、特に個別生活を重視した結果であったといえる。

そのようななか、開拓農家で経営・生活双方での支出の拡大によって、ますます営農資金は欠乏した。その結果、自家経営地では労働粗放化が進行して、適期作業が困難となり、また、ほとんど施肥されず、収量・品質が低下して農業経営の不安定化が促進され、さらなる地主化の進行は避けられなかった。上記のように、もともと耕作規模が小さい上に、農業経営への自家労働力の関与が小さく、扶養家族が多い分村開拓団では、農業経営と生活の衰退が加速するのは当然で、試験移民よりも地主化の進度は速かった。こうした開拓民の行動は、何の裏づけもない食糧増産を強制された「生活の防衛」に基づくものであったといえる。

第4節　義勇隊における農業訓練　—逆効果の対処策③—

　義勇隊では、北海道農法を採用させるにしても、農業集団として成立させねば、試験移民と同様の問題を抱えることになり、開拓団への移行後、農業経営の確立が困難で、容易に地主化することは明らかであった。なぜなら、隊員は、義勇隊開拓団への移行後に、花嫁を迎えて家族をもち、一斉に出産ラッシュが始まることから、妻の労働力を期待できなくなることがわかりきっていたからである。そのため、4～5戸単位の共同経営（農家間協業の成立）が不可欠であった。

　そこで、隊員に対して3年間の訓練が課せられた。未成年は心身ともに柔軟性に富み、妻帯までに期間があるため、徹底した訓練によって、入植前に技術を習得するとともに、満洲の気候風土や衣食住に順応でき、さらには屯墾病にかかりにくいから動揺も少なく、団体生活を通じ訓練と実習を通じて開拓団への移行後もそのまま共同が可能で、試験移民が果たせなかった理想的な農村を建設できる、と考えられたからである。

(1)　農学校を目指した義勇隊訓練所

　義勇隊に対する農業開拓民としての期待は高く、義勇隊訓練所は日本内地の農学校を凌駕し、その結果、義勇隊開拓団で行なわれる農業経営は「東亜農業のショウウィンドウ」として、内地農村の農業経営をも凌駕するはずであった。

　しかし、義勇隊に対する農業訓練は、その理想的な農業の確立に資することはほとんどなかった。事実、すでに当時から「義勇隊訓練所は実践農学校を予測したが、事実ははるかに及ばなかつた。訓練終了後理想的な開拓団を作ることは考へてゐたが、日本の家族制度、村の構成とかけ離れた少年たちの村が出来」[6]たのである。

(2)　隊員（未成年男子）の適応性

　未成年男子で編成された義勇隊の適応性は、成年開拓民にはるかにおよばなかった。つまり、少年たちが心身ともに柔軟であるということは、心理的にも肉体的にも発達が不十分ということを意味する。そういう発達不十分な心理の

特徴として、上笙一郎は「不安定性」と「ものごとへの感じやすさ」があげられるとしている(7)。あまりに悲惨な現実に直面した彼らは、心身ともに蝕まれていった。戦争の深刻化とともに、隊員の低年齢化が進んだのであるから、事態は悪化し、隊員の営農力量の低下に拍車をかけた（成年開拓民よりも低下）。したがって、彼らは農業集団として体をなすことはなく、農業者となるどころではなかったのである。

　このように、「東亜農業のショウウィンドウ」の前提条件となるべき農業訓練自体が崩れていたことから、隊員は、義勇隊開拓団への移行後、強固な小農経営を築くことはできず、「未熟な小農経営」にしかなれなかったことがわかる。それゆえに、義勇隊開拓団への移行後、3年間の現地訓練を受けた青少年は、食糧の自給もできず、成人開拓団のそれにも生産がおよばなかったのである。

第5節　開拓民の寄生的性格

　開拓民がたどった経緯のなかに、彼ら・彼女らの寄生的性格を見出すことができる。

　農民が自らの利害（私経済的合理性）に基づいて行動することは一般的なことであり、内地の農民も同様であった。しかし、第1に、当時の日本内地では雇用労働力の顕著な減少（小農化）と自作農化、つまり自家労作的な自作農化が進んでいたのに対して、満洲では雇用労働力への依存の急速な高まり（自らの農業からの撤退）と地主化（農業経営からの離脱）が進んでいたという点で対照的であった。第2に、森林資源の枯渇などにみられるような再生産的視点を欠く行動が顕著にみられることも、「ムラの資源保全」を種々の共同体規制によって取り組んできた内地農村とは全く異なる対照的な行動様式であった。第3に、生活も満洲現地の生活条件や生活慣習を無視して、「金で獲得しようとする」という点で、第1・第2の行動と共通していた。そして第1・2のような行動がこのような生活を支えていたのである。

　以上のように満洲開拓民の行動様式は、内地農民のそれとは明確に区別されるものであって、「寄生的」とよべるものであった。

(1) 地域資源、「満人」・「鮮人」への寄生　―再生産・持続視点の欠落―

　開拓民は、地力の収奪や森林資源の枯渇を引き起こした。このように、開拓民の経営は資源収奪的性格が非常に強かった。彼ら・彼女らは内地では、資源管理を一部分欠落させてしまうことがあったとしても、総体的にはなんとかして農家を維持・再生産しようとした。しかしながら、満洲での彼ら・彼女らの行動は、内地とは異なり、地域資源へ寄生し、経営の永続性には非常に無関心であった。

　そして開拓民の生活は、上記のような経営の上に成り立っていた。経営に、特に大きな影響を与えていたのが、米・野菜・味噌汁・缶詰を主とする食生活であった。しかしこうした食生活は、満洲での気候風土には不適合であり、それに食糧・衣類の不足などが加わって、多くの者の体力が低下したのである。生活の永続性にも関心がなかった。したがって、開拓民の経営と生活のあり方は、あまりに短期に地域資源の収奪を引き起こし、自らの存続すら危うくするものであったのである。

　他方、ほとんどの開拓民農業経営では雇用労働力の導入が不可欠で、結局は多くの作業を「満人」・「鮮人」に行なわせることになった。その延長上に、先に述べた農業経営からの離脱＝地主化があったのである。彼らの多くが、開拓民の入植に際して土地（所有権もしくは利用権）を奪われた者でもあって、初期の土地収奪に続き、さらに労働力収奪をうけたのである。しかも、収奪者が収奪した土地を利用できなかったことから引き起こされたことを考えれば、日本人開拓民の寄生的性格が幾重にも重なっていたといえる。

(2) 寄生化を生み出したもの

　1）政策の根本的欠陥　―「農家論」の欠落―　　このような経営と生活のあり方は、政策の不備からやむをえず引き起こされたという側面をもっていた。最も致命的なのは、政策（推進者）に「農家論」がなかったことである。現実に開拓民として送出された農家は、農家論の裏打ちを欠いた「農家とはいえない農家」であった。

　小農経営を成り立たせる最も基本的な条件は、家族内と家族外（農家間）における協業の成立である。実際、内地の農家では平均家族労働力3〜4人全員で農作業に携わった。それに対して、開拓農家では大部分が1〜2人にすぎず、

2人目を構成した妻は早期に育児・家事にかかわるなど、農業労働から手を引いた。妻が出産と同時に農業労働から離脱したのは、親の世代を欠いた核家族であったからでもある。いずれにしろ種々の役割分担と協業によって成立していた戦前期農家にとって、核家族が安定した営農を営むことはもとより不可能であった（核家族で営農が安定的に可能になるのは、農業機械化の急進展に支えられた戦後＝高度経済成長期のことである）。かつ個別農家の不備・不安定を支えるものが農家間協業であったが、日本内地農村ではこれは長い前史をもつ地縁的結合のなかで形成され（逆に農家間協業の経験蓄積が地縁的結合を強め）たものである。

　このように当時の小農経営を支える基本的な条件である家族内協業と農家間協業に配慮しない、もしくはそのことへの具体的考察を欠いた農業開拓民政策では、結局は自立経営の解体、そして寄生化につながる以外にはなかった。これが寄生化せずに新たな営農形態へと発展するためには、以上の欠陥を克服できる強力な協業体制が必要であったが、それは以下にふれた上野満のような傑出した指導力と政策トップへの影響力を有する、類稀な指導者が存在した場合にしか無理ではなかったか。

　上野満[8]は、満洲で強固な共同経営および共同生活を実践しようとした人物である。まず、彼は非常に強力なリーダーシップをもっていた。現地住民部落に住み込んで、彼らの農業経営や生活を深くみて学び、一方で開拓団を訪問して、開拓民の農業経営や生活を注意深く観察し、開拓農家の問題点をよく知っていた。満洲では農家の協業によって、農産と畜産と園芸を組み合わせて経営していくことが安定的な農家を築く上で必要であることも、日本式ではなく耐寒の家屋をしっかりとつくり、暖かい栄養のある食事をとるべきことなども、彼自身がよく認識し、実践できるほどバイタリティーもあった。そして権力（軍）や開拓総局、拓植委員会などともつながりがあって、開拓団の設立や土地の取得など様々なことに関しても便宜をはかってもらえたのである。しかし、このような開拓団はほかにはほとんどありえなかったと考えられる。

　したがって、モデル農業の確立のために実施された満洲農業開拓民政策が、いかに非現実的な構想であったかが理解できよう。

　2）政策上の不備　—自立支援の不十分—　　こうした寄生化は、当然、支

終章　総　括

援策の不備から引き起こされたことでもあった。

　第1に、幹部・指導員育成政策の不備があげられる。幹部・指導員としてリーダーシップをとり、種々の技術指導を行なえた者はほとんどいなかった。特に大量移民期には、試験移民期の失敗に鑑み、基幹開拓民（幹部・先遣隊など）は、入植の約1年前に、現地訓練所でリーダーシップの習得や種々の技術に関する訓練が課せられたが、それらはわずか1年ほどの訓練でマスターできるほど簡単なものではなかった（きっちりとした訓練が行なわれたかさえ疑わしい）。それに基幹開拓民は既入植開拓団の農家に数ヶ月住み込んで農作業を手伝うことも求められたが、そこで開拓農家の現実に直面するという奇妙な現象が起きていたのである。したがって、彼らが開拓団においてリーダーシップをとって営農・生活指導を行なえるはずもなかった。

　第2に、家畜や農具、そのほか様々な資材が不足して、開拓民に十分にいきわたることはなかったからである。ましてや北海道農具に至っては数が不足し、修理すらおぼつかなかった。また、上記の指導の問題から、開拓民は、満洲に適した家畜の飼養ができず、多くの家畜を死なせていた。その結果、十分に耕作できなくなるという事態に陥ったのである。

　第3に、技術開発に関しても不備があった。当時、開拓研究所に勤務していた永友繁雄が、北海道農法の導入にあたって、「総合的な視野からの研究の欠如」を指摘したように、農法そのものはシステムであるにもかかわらず、総合的な視野から研究されて、それが指導に生かされることはなかった。たとえば、本書でみたように「畜力農具の利用」という一部分を改善すればすべてがうまくいくような性格のものではなかったのである。

　第4に、価格政策の誤りも指摘できる。国家が最重要作物として期待した農産物の価格は低く統制され、農業は割に合わないものであった。そのため、満洲農村では高粱やとうもろこしなどの自給作物への転換がみられた。しかし、現金を必要とする開拓民にとって、高粱やとうもろこしはそれほど必要のないものであったから、あくまで商品作物である豆類や麦類の栽培に固執した。こうして開拓民にとって、ますます農業は割の合わないものとなり、脱農傾向に拍車がかかったのである。

　以上のような様々な政策支援策の不備が、寄生化を促進する要因ともなっていたのである。

3）開拓民のメンタリティー　　一方、このような永続性に無関心な経営と生活は、開拓民自身の姿勢やメンタリティーによるものであった。

　第1は、すでに送出段階にあった。前期には過剰人口対策として、後期には帝国の食糧自給力向上策として、主な目的は変わったが、いずれにおいても、現場からの要請というよりは国家と国家の意向をうけた中間指導層による強力なプロパガンダと強制によってすすめられた。一部には、日本内地では不可能な「本格的な農業」に携わりたいという思いがあったことは事実だが、多くの者にとっては、「不本意な」参加でしかなかった。こうした「不本意な」思いが安易で刹那的な行動に結びつくことになったと考えられる。

　第2は、日本人としての優越意識にある。満洲は「無主の地」であるかのように宣伝されていたが、「本格的な農業」をしたいと思って渡満した者も含めて、そのことの奇妙さや満洲現地で目にした現地住民の「不幸」について想像するセンスを持ち合わせていたわけではなかった。日本人こそ東亜の指導民族であり、指導と実践を通じてこそ、彼の地の将来は保障されると疑いも無く信じていた。このような選民意識・優越意識は、一方では農業で成功をおさめようという自覚につながるが、他方では農業の苦労から抜け出て、選民としての処遇を求め正当化することになる。そして、本書でみたように、多くの開拓民が後者の行動をとったのである。

　第3は、花嫁招致にみられたように、現地での生活をすばらしいものとして描くために、日本農業・農村の最先端部分ですらありえなかった「（現実性を欠いた）近代家族」の形成が可能であるかのようなイデオロギーを広めたことである。それはたとえば「ホームスパンを紡ぎながら夫の帰宅を待つ妻」というイメージであったが、これは、まず妻の農業からの離脱を促し、その後、「現金の獲得」へと向かわせた。そして「現金の獲得」は、さらなる農業離脱すなわち資源乱費や他産業進出へとつながることになった。そして、「購入に依存した生活」とその破綻も、現実的にはありえない近代家族という設定がもたらしたものとして理解できる。

第6節　後継者について

(1)　開拓民の暮らし

　開拓民たちは「豊かな」生活をおくったわけではない。仮におくれたとしても、満洲の気候風土に適さない生活と北海道農法導入の失敗によって、持続可能なものではなかったことは、本書から容易にわかる。
　「政治家は、満洲は何でも良い地方であり、何をやっても成功するように吹聴するけれ共、之等の者の口車に乗って欺かれて入満し（中略）現在非常に苦しんで居る者が半数以上もゐます」(9)や「食糧不足の為、此の世を去る人はまだまだ居ることと思います」(10)などという状態であり、したがって、このような深刻な事態は、本書の事例のみではなかったのである。

(2)　高い死亡率

　そのため、いずれの開拓団においても、体力のない者への影響は大きく、多くの子供・乳幼児の死亡につながった（高い死亡率）。
　試験移民の開拓農家は、新婚家族で構成されていたため、内地の農家のように親の世代がおらず、出産・育児の知識・経験が少ないことが大きく影響した。分村開拓団の開拓農家でも、多くの開拓民が、出産・育児の知識・経験をもっていたが、衣食住の不備が流産の続出と子供の発育を阻むことになった。義勇隊でも、まともな食事を与えられることなく、多くの隊員が精神的にも、身体的にも追い詰められたのである。

(3)　子の将来を案じる

　このような境遇を自分の子供に経験させたいと思う親が果たしてどれだけいるであろうか。事実、「開拓民達の関心事の一つは子供の教育だが（中略）子供は官吏にしたいとか会社員にしたいとか考えて」(11)いた。団員自身が、農業から離脱していただけでなく、自分の子供に対しても農業をやってほしいとは考えていなかった。
　後継者の問題は、子供の立場からみても明らかである。そのことは、義勇隊員の多くが、義勇隊開拓団移行後の営農に自信をもたず、農業以外の職業につ

くことを望んでいたことはすでにみたとおりである。

したがって、開拓民政策において、農業の後継者が十分に育つことはなかったのである。

第7節　今後の課題

(1)　ほかの分村開拓団および義勇隊開拓団における営農分析

今後、分村開拓団の営農分析を質・量をともに深めていく必要がある。本書では、大八浪分村開拓団を事例として取り上げたが、この開拓団では、妻が雇用労働者への賄いを含む家事全般を担ったことが、開拓農家が「個別化」を達成できた大きな要因のひとつであった。また、妻が完全に離農したことが、試験移民以上の雇用労働依存経営化および地主化を進めた要因であった。したがって、ほかの分村開拓団では、妻の役割がどのようなものであったのかが大きな論点であろう。

次に、本書において、義勇隊に関しては訓練所時の農業訓練を中心に分析した。今後、義勇隊開拓団への移行後における営農についての分析がどうしても欠かせない。

そして、開拓団にかかわった「満人」や「鮮人」の暮らしについても詳しくみる必要がある。

(2)　戦時緊急農産物増産方策要綱（「満農」の本格的動員）と満洲農業開拓民

1943年には、帝国圏および満洲国内の食糧事情はますます悪化し、「戦時緊急農産物増産方策要綱」により、「満農」の動員が本格的に開始されたことはすでに述べたとおりである。

そうした動きに歩調をあわせるかのように、北海道農法の導入を積極的に推進していた機関のひとつである日満農政研究会などから、満洲在来農法の生産力を再評価する論考が数多く発表されるようになった。このことが満洲農業開拓民政策の位置づけそのものを変えた可能性も否定できない。本書の課題のひとつであった北海道農法導入に関する議論を補うことになると考える。

註
(1) 前掲 小西『篤農家座談会速記録』79 頁。
(2) 前掲 安冨『「満州国」の金融』、前掲 山本「「満州国」農業生産力の数量的研究」を参照。
(3) 前掲 安冨『「満州国」の金融』。
(4) 前掲 山本「「満州国」農業生産力の数量的研究」。
(5) 塚瀬進『満洲国 「民族協和」の実像』吉川弘文館、1998 年、59 頁。
(6) 本間喜三治「転換期の義勇軍運動」『開拓』6 巻 6 号、1942 年、14 頁。
(7) 前掲 上『満蒙開拓青少年義勇軍』。
(8) 上野満『協同農業の理想と現実』家の光協会、1981 年、『農に燃える 協同農業六十年の軌跡』家の光協会、1985 年を参照。
(9) 前掲 小林・張『検閲された手紙が語る満洲国の実態』74 〜 75 頁。
(10) 同上。
(11) 前掲 松下編『弥栄村史』542 頁。

あとがき

　私の満洲農業開拓民研究は、京都大学大学院在学中に始まった。きっかけは、野田公夫先生が、京都大学農学部図書館所蔵の「橋本伝左衛門文庫」を活用して、満洲農業開拓民研究をやってみたらどうかと勧めてくださったからである。ただ漠然と中国に関する研究をしたいとしか考えていなかった私は、日中双方に通ずる研究ができると、このお話にとびついた。早速、農学部図書館地階の「橋本文庫」へと急いだ。史料群を目の前にして、満洲関連史料の多さに驚くしかなかったことを今でもはっきりと覚えている。

　満洲農業開拓民を決して風化させることがあってはならないと心に刻み、その研究に取り組もうと決めたものの、私にとって、満州移民史研究会（小林英夫先生、浅田喬二先生）の『日本帝国主義下の満州移民』や玉真之介先生の「満洲への北海道農法の導入」に関する研究はいずれも乗り越えがたい大きな壁であった。来る日も来る日も、私は開拓民にとって最重要であった「経営と生活」の意味を考え続けた。そのようななかで、たとえば地主となった開拓民が、定説となっているような、あるいは地主ときいて一般的に連想されるような「豊かな」生活を決しておくっていたわけではないということが次第にわかってきた。そして、経営も生活も常に不安定で、かつ悪化する傾向にあり、経営と生活の永続性を確保できなかったこともわかってきた。多くの開拓民は農業者として定着したくともできなかったのである。こうした状況は、北海道農法の導入が試みられてからも変わらなかった。つまり、北海道農具の使用によって経営面積が拡大したとしても、経営と生活の永続性が確保される方向へ向かわなかった（永続性を確保する使い方ができなかった）こともわかってきた。一方で、新たな（農）技術を用いることの評価のあり方として、一部分ではなく、トータルあるいはできる限り多角的な視野でとらえることがいかに重要かを再確認させてくれた。もちろん不十分なところがたくさんあり、今後、厳しいご批判を仰げれば幸いであるが、こうした知見は、満蒙開拓という壮大な計画に対する開拓民の反応、つまり農業経営と生活の実態を丹念に調べることによって得ることができたと思っている。

　2011年頃から、私の満洲農業開拓民研究は中断することになる。というの

あとがき

は、地理学や環境教育学、環境問題、領域環境（保育内容）などの講義を受け持つことになり、その準備をする必要があったからである。歴史学ではなくても、学生に、様々なかたちで、これまで自分が学んできたこと、研究してきたことを伝えられるというのは誠にうれしいことであった。そして、これらの講義に際し、これまでの満洲農業開拓民についての研究が大いに役立ったことはいうまでもなく、そのことで喜びは倍増した。そうしたことから、本書の出版を決意したのは、2017年の春であった。

本書は、京都大学への学位請求論文「「満州」農業移民における経営と生活に関する実証的研究—共同経営の解体と地主化の論理—」（2007年11月）をもとにしている。特に副題を「「東亜農業のショウウィンドウ」建設の結末」に変えた。本書では義勇隊の章を新たに設けたし、何よりも、こちらの方が、本書の目的がわかりやすくなると考えたからである。

本書と初出論文との関係は次のとおりである。
① 「「満州」農業移民の経営と生活—第一次移民団「弥栄村」を事例として—」『土地制度史学』173号、2001年　…第1章
② 「「満州」試験移民の地主化とその論理—第3次試験移民団「瑞穂村」を事例として—」『村落社会研究』9巻2号、2003年　…第2章
③ 「北海道農法の導入と「満洲」農業開拓民（第3章4節部分）」田中耕司編著『実学としての科学技術』『岩波講座「帝国」日本の学知』第7巻、岩波書店、2006年　…第3章
④ 「戦時下における「満州」分村開拓団の経営および生活実態—長野県泰阜分村第8次大八浪開拓団を事例として—」『村落社会研究』12巻1号、2005年　…第4章
⑤ 「「満洲」開拓青年義勇隊派遣の論理とその混成中隊における農業訓練の破綻」『村落社会研究ジャーナル』16巻2号、2010年　…第5章
⑥ 「「満洲」開拓青年義勇隊郷土中隊における農業訓練—第5次義勇隊原中隊を事例に—」『神戸親和女子大学児童教育学研究』第31号、2012年　…第6章

原形をとどめているのは、第5章と第6章で、そのほかは大幅に修正を加え

た。ただ、残念ながら、本書では義勇隊開拓団における営農や開拓団で働いていた「満人」や「鮮人」の暮らしを扱っていない。本研究をさらに進めるためには、これらの分析が不可欠となるが、次に機会を得たいと考えている。

　本書は、長期にわたり、実に多くの方々に助けていただいた成果であることはいうまでもない。特に卒業論文、修士論文、博士論文、何よりも研究の途上全般で、自分自身の道を見失うたびに、丁寧な指導をして導いてくださった野田公夫先生に心より感謝を申し上げたい。卒業論文では、荒木幹雄先生にお世話になった。また、『岩波講座「帝国」日本の学知』（岩波書店、2006年）の執筆の際には、田中耕司先生に大変お世話になった。その後もいろいろと気にかけていただき、相談にのっていただいた。学位論文の審査に際しては、末原達郎先生、蘭信三先生にお世話になり、様々なアドバイスをいただいた。足立芳宏先生をはじめ、お名前を記すことのできなかった諸先生にも、心よりお礼を申し上げたい。

　また、長野をはじめ東京や名古屋などで、かつての義勇隊郷土中隊原中隊の方々に満洲での貴重な体験についてうかがえたことが、研究の大きな推進力となった。お話の内容は想像を絶するものであったが、鮮烈で、一言一言に引き込まれた。実に有意義な時間であった。論文執筆に際し、聞き取りへのご協力をはじめとして様々なアドバイスをしてくださった方々に心よりお礼を申し上げたい。

　論文作成の過程で、飯田市歴史研究所の齊藤俊江先生、長野県下伊那郡泰阜村の方々にもお世話になった。また、信濃教育会、長野県立歴史館、京都大学農学研究科生物資源経済学専攻司書室、京都大学農学部図書館、国会図書館、その他多くの方々にお世話になった。記して感謝申し上げる。

　さて、今、播州は秋の真っただ中にある。JR加古川線や神戸電鉄粟生線からは、加古川からのびる用水路や数々のため池、そして、今か今かと収穫を待っている頭を垂れた黄金色の稲穂が見える。また、あちらこちらで秋祭りが行なわれ、たくさんの笑顔であふれている。生まれ育った神戸の街中とはまたちがった播州の豊かな環境のなかで、実にゆったりと本書を書くことができたのは望外の幸せである。そのため、執筆に思いの外時間がかかった。にもかかわ

らず、本書の出版を快く引き受け、気長につきあってくださり、その上、記念すべき「吉田山叢書」第1巻としてくださった三人社の越水治氏に心より感謝を申し上げたい。

　最後に、私事ではあるが、私をこの豊かな環境に連れ出し、いろいろな面からいつも支え、応援してくれている妻聡子、そして私の両親と妹、妻の両親と妹弟に心から感謝したい。

2017年10月

今井　良一

人名索引

あ

相庭和彦　55
浅田喬二　25-27, 29, 32
安孫子麟　33
蘭信三　33
安藤房美　34
池田玲子　55
石黒忠篤　37
石原莞爾　38
井出孫六　42
岩本由輝　136
上野満　79, 227
太田尚樹　10, 11
小都晶子　33

か

加藤完治　23, 39, 46, 113, 174
上笙一郎　28, 225
小平権一　37
後藤晃　26
小林英夫　25, 26
小林弘二　25

さ

櫻本富雄　33
白木沢旭児　33, 142
白取道博　28
須田政美　136
宗光彦　117
孫継武　34

た

高橋是清　38, 112
高橋康隆　33
玉真之介　27
張志強　34
陳野守正　32
鄭敏　34
寺林伸明　33
東宮鉄男　37, 56

な

永友繁雄　139, 227
中村孝二郎　117, 125-127, 135, 219
那須皓　37
西田勝　34

は

橋本伝左衛門　37
藤原辰史　33
古久保さくら　80
本間喜三治　178

ま

森本繁　33

や

安冨歩　220
山本有造　220
Young, Louise　34
柚木駿一　33

ら

劉含発　33

事項索引

あ

弥栄村　43
伊拉哈　193, 194
内原訓練所　171, 174
燕麦　61, 121, 122, 155
応召　132, 145, 160
王道楽土　15, 37, 39
大日向型　19, 31, 144, 220
温突、オンドル　17, 72, 105, 128, 162, 174, 202, 207

か

開拓研究所　129, 136, 219, 227
開拓総局　17, 23, 117, 124
開拓農場法　8
開拓保健団法　162
開拓民営農指導要領　24
家族内協業　19, 60, 149, 150, 163, 216
カルチベーター　23, 118, 129, 134
関東軍　16, 37
関東軍特別大演習、関特演　180
幹部不信任運動　56
既教育在郷軍人　16, 87
基礎訓練　171
北学田開拓団　23, 115-129, 218
共同炊事　51, 63
郷土中隊　20, 193-211
組単位共同経営　58, 121, 203
組単位共同生活　62
軍役勤労奉仕隊　196, 197
訓練所　171, 179-184, 194
訓練生　97, 173
耕耘過程の畜力化　117, 120, 121, 126, 129
小作料　69, 91, 97, 100, 114
五族協和　15, 37
五福堂開拓団　26, 115-117, 129-134
個別化　17, 26, 30, 44, 144, 149, 214-216, 220
雇用労働依存経営　17, 25, 152
混成中隊　20, 169-173, 178, 179, 202

さ

試験移民　9, 15-21, 26, 44, 87, 129, 133, 148, 151, 161, 214-216, 220-223
実務訓練　171
地主化　15, 17, 30, 87, 102, 144, 152, 160, 214, 222
小隊編成拓植訓練実施要項　21
庄内型　19
商品作物栽培　98, 103, 161, 216
深耕　116, 125, 131, 218
赤痢　51, 57, 104, 184, 209
「鮮式」在来農法　17, 88, 90, 216
戦時緊急農産物増産方策要綱　219, 230

た

第一次特別移民用地議定書　49
大豆　61, 72, 91, 100, 116, 121, 131, 155, 159, 206, 217
退団　17, 19, 20, 54, 58, 151
大八浪分村開拓団　26, 31, 143, 144, 154, 220
大陸の花嫁　55, 199
大量移民政策　16, 17, 21, 26, 30, 55, 112, 117, 147
高畦　23, 88, 137
拓務訓練　29, 194, 199
「治安」　9, 16, 37, 48, 51, 59, 147, 175, 201, 215
鋤頭　89, 179
長期輪作　23, 116
月雇、月工　93, 121, 123
東亜農業のショウウィンドウ　9, 15, 114, 214, 219, 223, 224
篤農家座談会　101, 117, 124, 125, 218
土地買収　17, 54, 113

237

土糞　　41, 125, 157
土竜山事件　　54, 59, 87
屯墾病　　18-20, 151, 184, 209

な

南郷型　　19
日満議定書　　37
日本馬　　65, 94, 117, 124, 131, 150, 160
入営　　145, 181
乳牛　　23, 72, 95, 124, 128, 133
年雇、常雇、年工　　66, 93, 125, 153
農家間協業　　18, 150, 203, 216
農事試験場　　31, 136

は

花嫁招致　　54, 216
原中隊　　195, 196
ハロー　　23, 96, 118-120, 130, 134, 204
非農家　　102
日雇、日工　　66, 93, 97, 121, 130, 153
平畦　　23, 116, 130, 137
プラウ　　23, 96, 116, 118, 120, 125, 129, 134, 135, 179, 204
部落単位共同経営　　20, 53
部落単位共同生活　　50, 56
分村政策　　18, 19, 144, 220
北満に於ける集団農業移民の経営標準案、四大営農方針　　16, 21, 88
北海道実験農家　　125, 137
北海道農法　　23, 27-31, 71, 112, 116, 128, 149, 170, 179, 204, 205, 214, 218, 219

ま

賄い　　66, 134, 149, 216
満馬　　65, 94, 150
満洲移住協会　　17, 112, 145
満洲開拓政策基本要綱　　8, 9, 22
満洲開拓青年義勇隊、義勇隊　　18-20, 28-31, 113, 169-173, 177, 178, 193-195, 223, 224
満洲在来農法　　21, 30, 88, 116, 124, 130, 137, 148, 152, 159, 178, 205, 216, 230
満洲拓植公社　　17, 69, 117, 124, 135
満蒙開拓　　9, 28, 124, 149, 151, 194, 199
満蒙開拓青少年義勇軍編成に関する建白書　　113
未熟な小農経営　　17, 19, 63, 68, 88, 144, 147, 150, 152, 224
瑞穂村　　30, 87

や

泰阜村　　145, 146, 149, 160

ら

犁丈　　88, 116, 135, 151
寮母　　184
林業　　69, 70

〈著者略歴〉

今井 良一（いまい りょういち）

1972年　神戸市に生まれる
1996年　京都大学農学部農林経済学科卒業
2004年　京都大学大学院農学研究科生物資源経済学専攻博士後期課程満期退学
2007年　京都大学博士（農学）
現在、関西学院大学、神戸親和女子大学、関西国際大学、姫路獨協大学非常勤講師
専門分野　近代日本農業史、環境問題、地理学

主要図書・訳書
歴史学関連
　『実学としての科学技術』『岩波講座「帝国」日本の学知』第7巻、岩波書店（共著）2006年
　『満洲泰阜分村 — 七〇年の歴史と記憶』不二出版（共著）2007年
　『日本帝国をめぐる人口移動の国際社会学』不二出版（共著）2008年
　『日本帝国圏の農林資源開発—「資源化」と総力戦体制の東アジア—』『農林資源開発史論Ⅱ』京都大学学術出版会（共著）2013年
環境問題関連
　『低線量放射線の脅威』鳥影社（共訳）2013年
　『環境教育論—現代社会と生活環境—』鳥影社（共著）2014年
　『環境教育学と地理学の接点』ブイツーソリューション（単著）2015年
　『食・環境・健康』あさひ高速印刷株式会社出版部（共著）2015年　　　　など

吉田山叢書 001

満洲農業開拓民
—「東亜農業のショウウィンドウ」建設の結末—

2018年1月20日 初版第1刷発行
定価（本体3,000円＋税）

著　者	今井　良一
発行者	越水　　治
発行所	株式会社 三人社
	京都市左京区吉田二本松町4白亜荘
	電話 075（762）0368
組　版	山響堂 pro.
印　刷	オフィス泰
製　本	青木製本

乱丁・落丁はお取替えいたします。

Ⓒ Ryoichi Imai, 2018　　ISBN978-4-908976-65-0